中小企業と政策構想

―― 日本の政策論理をめぐって ――

寺 岡 寛 著

信 山 社

はしがき

　中小企業政策研究にはいろいろな方法論がある。歴史分析では法制史あるいは制度史からの接近方法がある。その国のもつ政策思想や政策論理の析出には，国際比較からの接近方法がある。さらに，中小企業政策もまた政治的利害の調整過程にほかならないことから，政策主体と政策被主体とのかかわりを圧力団体という視点から分析するやり方もある。

　あるいは，中小企業政策の効果測定面からは計量経済分析のやり方もあろう。少なくとも，中小企業政策の現状分析にはこうした政治学あるいは経済学の方法論は不可欠である。また，他の諸政策，たとえば農業政策などとの比較もまた中小企業政策の特徴とその抱える問題点を明確にする上で重要かつ有益な接近方法である。

　こうしてみると，中小企業政策研究は実に学際的接近方法によって最も効率的な成果が得られることになる。もちろん，理想的にはである。しかしながら，歴史，現状，国際比較，他分野との比較を個別分野の研究者を組織し行うには種々の困難が伴う。国家プロジェクトとしてならともかく個々の研究者の手には余る。また，実際上，学際的といっても個々バラバラに横一線でやることは大した意味をなさない。個々の研究者相互の共通認識を絶えず深めていくことが学際研究の前提である。こうした途方もない時間の費消があってはじめて学際研究の実が挙がる。

　友人の米国人研究者が指摘したように，実際には個々の研究者自身がその専門の周辺領域を一生かけて少しづつでも拡大させるのが，学際研究の枠をすこしでも広げることの早道であるかもしれない。本書ではこうしたことを念頭に置きつつ，わが国の中小企業政策の形成と展開をいくつかの周辺領域との関係から論じた。

まず，オーソドックスに日本の中小企業政策の何たるかを，そこに至るまでの中小企業問題を整理して，その対応策を中心にまとめあげる必要性と重要性は改めてここで強調するまでもない。この点に関して，私自身，すでに一連の著作で時系列的な分析によって日本の中小企業政策の展開を不十分ながら発表してきた。戦前史については『中小企業政策の日本的構図—日本の戦前・戦中・戦後—』（有斐閣，2000年）で，他方，戦後史は『日本の中小企業政策』（有斐閣，1997年）で取り上げた。

　とはいえ，この作業を行いながらも，日本の中小企業政策を単に時系列的に取り上げ分析するだけでは政策研究は不十分ではないかと思うようにもなった。むしろ，政治力学や時代精神といった側面からも政策形成を分析することによって，中小企業政策研究をより豊かにすることができるのではないか。こうした学際研究を個人のレベルでこなすには，私自身が年を重ねて学際的蓄積を深める必要があったのも事実であった。

　前述の通史への取り組みは私を疲労困憊させたが，他方でわが国中小企業政策の大枠をまとめたものの，その余熱がまだ自分の中で残った。と同時に，日本の中小企業政策構想というものを，たとえば，戦前では特定の政策官僚の取り組みや，戦後でいえば民主化や地方分権化というモチーフから少し自由に描き出すことで，時系列的な分析から抜け落ちた部分にも光を照射できるのではないかという欲張った考えも生じてきた。

　具体的には第二次大戦前では，大正後期は中小企業政策が従来の粗製濫造問題への対応策に終始し，昭和期は金融恐慌や昭和恐慌の下での応急対策が形成された時期であった。その政策形成の中心にいた商工官僚の一人は吉野信次であった。

　吉野信次を通して，当時の中小企業政策の本質として鮮明に見えてくるものがあるのではないかという視点である。その後の結果を既に知っている後世のわれわれがややもすれば見落とす視点は，現代からだけ当時の問題点と政策の意味付けを行った結果，その当時の時代的精神と価値観を完全に捨象してしまうことである。ここでの結論は当時として極めて新しい政策対応で

あるにもかかわらず、その今日的解釈との落差から緩慢な変化や守旧的対応として片付けてしまうことである。重要なのはわれわれが当時の時代精神や人々の価値観を見据えた上で、その政策的意義をきちんと位置付け、そしてその現代的意義を見出すことではあるまいか。第2章で吉野信次を中心として、戦前の中小企業政策を取り上げた理由の過半はここに存する。

また、現代的意義としても、戦後中小企業政策のいまに至るまでの継承性を位置付ける上で吉野信次が最適であると判断したからである。つまり、吉野信次が育成した周辺の若手経済官僚は、戦後の米国占領による時期が終わり、日本側に政策形成の主体が移った時にはもっとも働き盛りであり、吉野等の時代精神と政策構想がそこに反映させる媒体となったからである。人は若い時の思想的背景や職業的経験から全く自由ではありえない。こうした視点から導き出される戦前・戦後連関性は、わが国の戦後中小企業政策を分析する上でも重要なものである。

また、第二次大戦後の政策展開を取り上げた第3章では、地方自治体の中小企業政策構想をとらえた。これは戦後における戦前的な特定官僚の個人構想の終焉とも関連する。戦後改革理念の一つであった地方分権化が日本で定着せず、中央集権的構想の普及と補助金行政で高度経済成長を成し遂げたものの、高度経済成長後期には地域に密着した政策への転換を必要としていた。しかしながら、中央集権の構図が不必要に長期間にわたって継続されたことが、その後における地方分権への転換点を逃した。

したがって、再び地方分権化の必要性が浮上した時に、それを支える政策主体の立案能力の衰えが目立った。地域経済政策としての中小企業政策の重要性が中央から強調されたものの、皮肉にも「地方による」「地方のため」の中小企業政策を導入することのむずかしさにわれわれが直面したのは当然でもあった。このケーススタディとして大阪府のかつての中小企業政策構想を支えた地方自治体の一研究機関の「先進性」を分析の俎上にのせた。

転換点ということでは、地方分権と並んで重要であるのは国際化への対応である。国際化というのは政策用語として1960年代の貿易・資本の自由化以

来，言い古されてきた感がある。ただし，その概念の内実は必ずしも明白なものではない。とはいえ，現実が先行するなかで従来の中小企業政策を考えた場合，経済のますますの国際化のなかでその有効性が揺らいできたことに大きな異論はないであろう。このことは必然，わが国中小企業政策の有効性をより視野の広い国際比較の視点から再検討することが必要であることを意味する。第4章では，前章での歴史分析から一変してこうした現代的な課題の一端をとりあげた。

また，国際化視点は中小企業政策が先進国のみならず，途上国，さらには冷戦終結後の中東欧諸国や旧社会主義諸国でも，その役割と重要性が強調されるようになってきたことにも関連する。では，さまざまな諸国で中小企業政策の有効性はどこにあるのか。こうした中でいま一度，わが国の中小企業政策を国際化あるいは国際比較という分析視点からとらえなおす必要があったからである。本書は以上のような構成となっている。

なお，序章では戦前・戦後を通じてわが国の中小企業政策全体を貫く視点について，とりわけ，第二次大戦前のわが国中小企業政策論理のあり様を『社会政策時報』に掲載された重要論文を振り返ることで明らかにする意図があった。これは，すべての事象には歴史的経緯があり，歴史的変遷を踏まえることは現在の事象を解明する上での大前提であるからだ。ここでは主として第二次大戦期までの中小企業問題と政策課題を時系列的にとらえておいた。また，第1章では，序章の歴史経緯から導き出される中小企業と中小企業政策についての基礎概念を整理しておいた。いわば，両章は本書全体の総論部門にあたる。最終章では，これからの中小企業政策を考え実行する上での論点をそれまでの章での議論を踏まえてその整理を試みた。その他の各章については先に述べた通りである。

参考までに，本書各章の基礎となった拙稿の初出一覧を掲げている。実際には，その後新たな資料や史料を読み込んだり，あるいは，関連分野の専門家のご教示をいただいたりしながら，大幅に手を加えたところも多い。なお，現在では使用頻度が極端に少ないような旧漢字や旧仮名遣いについては，若

い読者層の読みやすさを考慮して適時，現代表記にしておいた。

　本書は中京大学・中小企業研究叢書の第4号として発刊される。思い起こせば，同研究叢書の第1号を執筆する名誉を与えられ，わが国の戦後中小企業政策の特徴をその立法過程からとらえた前述の『日本の中小企業政策』を上梓する機会に恵まれた。今回もまた，本書のような地味な研究書を発行する機会を再度与えられた。ここにいたるまでには，中京大学関係者のさまざまなご支援を賜った。特に中小企業研究所の同僚諸氏，特に私が所長職にあったときにスタートさせた中小企業政策研究会のメンバー，私が現在，学部長職にある経営学部の同僚諸氏には，行政機関から大学へ転じ，中年老い易く学成りがたしの私にそれぞれの分野から多くの有益な学問的刺激を与えていただいた。また，日本中小企業学会では多くの研究者仲間から，いろいろな機会にわが国中小企業政策に関する有益なご意見をいただいた。心から感謝申しあげたい。

　信山社の渡辺左近氏には出版の機会を与えていただいた。と同時に，渡辺氏には法律や法学の門外漢の私に，法律と制度の歴史的接点への着目の重要性をいつもご教示いただいた。経済・経営学畑にいる私の法律知識は渡辺氏からの耳学問に多くを負っている。こうした助言とヒントは本書の底流になっている。

　大阪経済大学中小企業・経営研究所の小川都与子氏には，いつもながら資料や史料の面でご面倒をおかけした。中京大学・中小企業研究所のスタッフの方々にも資料収集や，出版までの細々した事務手続きでお世話になった。お礼を申し上げたい。

　また，中京大学経営学研究科で中小企業研究専攻の大学院生の方々にもお礼を述べたい。とりわけ，社会人院生の方々との意見交換を通じて，わが国中小企業政策に対する私自身の考えを深めることができた。

　2001年6月

寺　岡　　寛

目　次

はしがき

序　章　中小企業問題と政策認識 ──────── 1
　第1節　中小企業 …………………………………… 1
　第2節　中産階級論 ………………………………… 4
　第3節　政策と構想 ………………………………… 7
　第4節　政策と論理 ………………………………… 11

第1章　中小企業政策の基礎概念 ──────── 25
　第1節　政策と対策 ………………………………… 25
　第2節　政策と形成 ………………………………… 26
　第3節　政策と政治 ………………………………… 40
　第4節　政策と関与 ………………………………… 54

第2章　中小企業政策と政策構想 ──────── 59
　第1節　吉野信次 …………………………………… 59
　第2節　政策と構想 ………………………………… 67
　　　1．産業合理化 …………………………………… 69
　　　2．工業政策 …………………………………… 85
　第3節　時代と論理 ………………………………… 109
　第4節　戦後と連関 ………………………………… 122
　補　論　豊田雅孝と戦後 …………………………… 134

第3章　中小企業政策と地域構想 ———139
　第1節　地域と研究調査機関 ……………………139
　第2節　研究調査機関の活動 ……………………144
　第3節　問題認識と政策課題 ……………………162
　第4節　中小企業と地域構想 ……………………182

第4章　中小企業政策と国際比較 ———189
　第1節　政策と比較 ………………………………189
　第2節　問題の比較 ………………………………191
　第3節　課題の比較 ………………………………193
　第4節　政策の比較 ………………………………202
　第5節　比較と視点 ………………………………208

終　章　中小企業政策と政策論理 ———213

　あとがき

　索　引

〔初 出 一 覧〕

序　章　中小企業問題と政策認識
　　　　「『社会政策時報』と中小商工業問題―問題認識と政策課題の形成を中心として―」『中小企業研究』（中京大学・中小企業研究所）第21号，1999年12月

第1章　中小企業政策の基礎概念
　　　　「中小企業政策の基礎的概念をめぐって―中小企業への公的関与の有効性と限界性を中心として―」『中小企業研究』第22号，2000年12月

第2章　中小企業政策と政策構想
　　　　「日本の政策構想―吉野信次とその時代―」(1)(2)(3)『中京経営研究』（中京大学経営学部）第9巻第2号，2000年2月，第10巻第1号，2000年9月，第10巻第2号，2001年2月

第3章　中小企業政策と地域構想
　　　　「地方自治体と中小企業政策―昭和20年代・30年代の大阪府立商工経済研究所の調査活動を中心として―」(1)(2)『中京経営研究』第7巻第1号，1997年9月，第7巻第2号，1998年2月

第4章　中小企業政策と国際比較
　　　　「比較中小企業政策論の課題」『中京経営研究』第6巻第2号，1996年2月

終　章　中小企業政策と政策論理
　　　　書き下ろし

序　章　中小企業問題と政策認識

第1節　中小企業

　日本のみならず多くの国で,「中小（規模）企業」という言葉は大規模経営に対する相対的概念として使用されてきた。この限りにおいていずれの国の用語も大差はない。

　これは一般的ビジネス用語としての意味であり，日常感覚的に経営規模の相違を反映させた。これは資本金や従業者規模などの違いに着目した極めて機能論的な分類である。わが国で経営規模表現に「中小」が頻繁に使用され，ビジネス用語として日常的に定着した時期は詳細にはわからない。ただし，機能論的な経営規模の説明は，輸入学問体系整備の最盛期であった明治中期の経済・経営学テキストにもその原型を見出しうる。たとえば，明治30[1897]年発行の田島錦治『最近経済論』は，海外文献からの直訳的翻訳臭さが残る「小中ノ企業」を「大企業」と比較して素っ気無くつぎのように記述した。

　　「企業ニ大中小ノ区別アリト雖モ是レ素ヨリ関係的ノモノニシテ到底精確ニ分界ヲ明ラカシムルコトヲ得ス……（小企業は）企業者カ同時ニ労働者ヲ兼スルモノヲ云ウ……（中企業は）拾カモ大小企業ノ中間ニ役スルモノニシテ其企業者ハ自ラ労働ニモ従事スト雖モ小企業者ノ如ク大ナラス……小中企業カ大企業ト共ニ競争シ得ヘキ場合尚ホ少ナカラス

......」[1]

　大学テキストとして執筆された田島の『最近経済論』の時代に，小中企業が普及したわけではなかった。この時期の出版著作から判断するかぎり，「小工業」や「小経営」という表現がより一般的であった[2]。もっとも，社会一般に「中小」企業という用語が定着しはじめるのは昭和に入ってのことと推測される。

　たとえば，大阪毎日新聞『エコノミスト』が「中小商工業」特集を組んだのが昭和5［1930］年であり，『中央公論』は昭和13［1938］年に「中小商工業の失業と転失業問題」の特集を組んだ。これはいずれも金融恐慌さらには昭和恐慌の下で従来の小企業のみならず，その上層の中企業の倒産が無視できない程度に達したことを示す[3]。

　他方，政策用語としての「中小企業」は，政府などの中小企業への政策的関与の必要性があった歴史的経緯によって規定されてきた。政策は問題の発生をみてその認識が生み出される。中小企業政策もまたこの例外たりえない。政策主体における問題認識の具体的な端緒段階は，まず統計の整備においてである。日本において工業統計が全国的に整備されるのは明治42［1909］年の農商務省『工場統計』であり，工場規模別分類が導入された。これは実態面での工場規模に対する政策主体の認識を反映した。少なくとも，官営工場（軍工廠を含め）のような大規模工場と在来産業分野や近代移植産業での手工業的小規模工場の間にさまざまな規模の工場が生まれつつあったことに呼応

---

1) 田島錦治『最近経済論』有斐閣（明治30年），197〜203頁。
2) たとえば，横山源之助『日本の下層社会』（明治32年）を参照のこと。また，田島とも親交のあった桑田熊蔵の『工業経済論』（明治40年），あるいは関一の『工業政策』（明治44年）でも「小工業」が使われた。なお，その後についてみても，社会政策学会の第11回全国大会の統一テーマは「小工業問題」であって，ここでも「中小工業」はまだ定着していなかった。
3) 他方，学術書についてみても，「中小商工業」が付される著作が多数発行されるようになるのは昭和10年代になってからであった。詳細はつぎの拙著を参照。寺岡寛『中小企業政策の日本的構図―日本の戦前・戦中・戦後―』有斐閣，2000年。

した政策主体側の認識であった。

この時期，農商務省工務局の「工務局ノ事務及其ノ方針」(明治44 [1911] 年) は，当時のわが国工業を「大工業」と「中小ノ工業」に分類・列挙した。これは明治維新以降のわが国近代化路線によって，工業分野での何度かの企業勃興期を経て，種々の経営規模をもった工場群がある程度の堆積をみたことにほかならなかった。こうした傾向は，大正期とりわけ第一次大戦中の企業勃興期に多くの零細企業が生まれつつ，既存の小企業が動力機械を導入してその生産力を拡大させたことによりさらに促進される経緯を辿った。以降，「中小商工業」という表現は政府文書や議会での立法審議の過程でもその使用頻度を高めることになった。

他方，「中小企業」という言葉は，大正14 [1925] 年の「輸出組合法」案の審議で「中小ノ企業家」という表現で「中小商工業」という言葉と並んで使われた[4]。この「中小企業家」は「中小企業」とともに昭和6 [1931] 年の「重要産業ノ統制ニ関スル法律」案に関連し登場した[5]。さらに，「中小企業」はその後の政府文書や議会などでの法案審議で使われ始めるが，頻度

---

4) 同法案に対する政府側答弁を求めた飯塚春太郎衆議院議員は，つぎのように「中小ノ企業家」という表現を使った。すなわち，「今日実際我国ノ貿易不振ノ原因ヲ考ヘテ見マスト云フト，此物価ノ高イコトハ労働賃金ノ高イコト，労働能率ガ減退シテ居ルト云フコトガ一ツデアリマス，其次ニハ我国ノ現在ヤッテ居ル輸出貿易ト申シマスモノハ，現在ノ事実ニ徴シマスルト，中小ノ企業家ガ雑然トシテ居ル，其者ガ製造スル所ノ品物ガ又相雑然タルモノデアリマシテ……」。第50回帝国議会衆議院『輸出組合法案（政府提出）外1件委員会会議録（速記）第2回』(大正14年2月10日)，2頁。

5) 俵孫一商工大臣の衆議院でのつぎの政府側答弁である。「統制ハ，工業組合法デ出来マセウケレドモ，御案内ノ通リニ大企業家ハ之ニ這入ラズ，大工業ノモノハ大工業組合ニ於テハ到底統制ヲ為シ得ハズ，唯単ニ大企業家ガ中小企業家ト共ニ或ル工業ヲ営ンダ場合ニ於テ，工業組合ハ中小企業家ノミヲ統制スルコトガ出来……」。第59回帝国議会衆議院『重要産業ノ統制ニ関スル法律案委員会議録（速記）第2回』(昭和6年3月4日)，10頁。また，「中小企業」については，「中小工業ノ統制ニ付テハ，是ハ工業組合其ノ組合ガ経済的施設ノ方面カラモ，法規方面カラモ之ヲ統制スルト云フコトガ出来得マスガ，大企業ト中小企業トヲ統制トユフコトガ，必ズシモ工業組合デハ出来ナイ，……」。同『第4回』(昭和6年3月9日)，2頁。

としては前述の「中小商工業」が依然として一般的であった[6]。

したがって,「中小企業」が政策用語として頻繁に使用され定着するのは第二次大戦後といってよい。たとえば,昭和21［1946］年の「商工協同組合」制度の創設をめぐる国会審議での政府文書に「中小企業」が使用された。さらに,同年の「中小企業対策要綱」などの政府文書や政策立法案でも「中小企業」が「中小商工業」に代わって使われ始め,昭和23［1948］年には中小企業庁が設置された[7]。以降,中小企業が定着した。

第2節　中産階級論

戦前期,政策主体（＝政府など）の中小商工業への着目は実態としての中小経営層の拡大に呼応して呼び起こされたほかに,つぎのような政策的関心を生んでいた。それは,大正期における工場労働者増大による労働運動高揚に加え,マルクス主義と社会主義思想普及への警戒心があった。また,大正期に成長を遂げた都市商工業者の廃税・反税運動の高まり,大正デモクラシーで象徴される普通選挙運動など,明治国家的秩序を揺り動かすさまざまな運動に対して,政策主体は無関心ではありえなかったことにも拠った。必然,政治安定への貢献者として,中小商工業者といった中産階級に期待が寄せられた。

明治から大正にかけての経済発展が生み出した諸経済層が,その政治的主張を鮮明にするなかで,労働者層との対立を融和する協調会が生まれた。協調会は会長に徳川家達,副会長に清浦圭吾,大岡育造,渋沢栄一が就任した。顧問にも大熊重信,加藤高明,後藤新平,床次竹二郎,原敬といった大物政治家,桑田熊蔵などの学識経験者や実業界からも幅広く参加した。協調会設

---

[6]　詳細に関してつぎの拙稿を参照。寺岡寛「中小企業と中小企業政策—『中小企業』という用語をめぐって—」『中小企業季報』（大阪経済大学,中小企業・経営研究所）No. 3, 1997年。

[7]　戦後のこうした一連の動きについてはつぎの拙著を参照。寺岡寛『日本の中小企業政策』有斐閣,1997年。

立の目的には社会政策の研究者・実務者の養成が掲げられたほか，雑誌『社会政策時報』を通じての啓蒙活動にも力が注がれた。この『社会政策時報』には中小商工業関連論文も多く掲載された。以下では，『社会政策時報』を中心に中小企業問題の認識とそこにみられる政策構想について検討を加えていきたい。

『社会政策時報』での重要点は大正期の階級問題の浮上というなかで，中間階級としての中小商工業者への着目であった。たとえば，大正9［1920］年の『社会政策時報』創刊号に社会政策講習所での小林丑三郎の「中産階級問題」に関する公演内容が収録されている。小林は講演の中でヨーロッパの状況を概観しつつ，中産階級を資本家階級と労働者階級の中間に位置する「半資本半労の独立した規模の生活を小さいながらなして居る所の者」[8]と定義した上で，日本でもある程度の階層が形成されていることを指摘した。この種の階層が資本家階級と労働者階級の対立を融和させ，労働者階層にとっても中産階層が「努力さへすれば便宜超え得る所の階級，融通のきく範囲の相当の懸隔が必要である」[9]ことが強調された。

小林は中産階級保護の政策的重要性を彼等自身の組合結成の促進に求めた。すなわち，「成るべく組合を造るようにしなければならぬ。中産階級の欠点は団結力が少ないことになる。其れは目的が異ひ，生活方法が異ひ，識見が異ふと云う風に雑多であって且地方的に隔在して居る，其れで統一した目的を知ることは容易にできない，従うて結合力が鈍い。だからして資本家と労働者との間に挟まって活動ができない」[10]とした。

さらに，小林は大正デモクラシー下の普通選挙運動と反税運動を踏まえその中産階級論を積極的に展開した。中小商工業者の組合結成と普通選挙との関係については，「中産階級擁護の上から言っても，各方面に組合を拵へて之を本当に活動させて往くには，一つには普通選挙と云うものが結び付かな

8）　小林丑三郎「中産階級論」(1)『社会政策時報』創刊号（大正9年9月号），109頁。
9）　小林丑三郎「中産階級論」(2)『社会政策時報』（大正9年10月号），110頁。
10）　同上，111頁。

ければいかぬ」11)ととらえた。租税問題に関しても,「今日の我国の租税は全く時代に適しない,今後は中産階級擁護と云う概念を入れて一大斧鉞を下す必要がある」12)と中小商工業者への理解を示した。大正期での中小商工業者の増加を中産階級の「階級融和的」役割に結び付け,そこへの政策的関与を示唆した「中産階級論」は,その後の『社会政策時報』にも継承・展開された。

昭和に入っての金融恐慌と昭和恐慌に日本経済が翻弄された時期にも,たとえば,河田嗣郎は『社会政策時報』の昭和10［1935］年4月号「小工業問題特集」に「我が国情と中産主義」を寄稿した。河田は旧来の中産階級（ここでは中小商工業者のほかに農業者も含む）保護論を「資本主義の発展に伴って旧来の中産階級が漸次其の地位を危うくせられるの対して,之を保護し,其の没落を防止せんとすることが,其の社会的考慮の眼目であると共に,同じく又資本主義的産業の発展の為に,中産的な中小企業が,農工商あらゆる方面に於て圧倒され没落し行くのに対して,之を保護して其の命脈を維持せしめんとする」13)考え方ととらえた。これに対し,河田は「新中産主義」の必要性を唱えた。すなわち,

　「寧ろ進んで積極的に時勢そのものの転換をはかり,中産階級を以って中堅とし中心勢力とする所の社会組織と社会生活とを造り出すと共に,資本主義的な大企業組織に片寄らんとする生産経済の態様を改めて,中産主義的な生産組織を普及せしめ,依って以て一般的に社会生活と経済活動とを其の立場とする所に於て革め,又その体系の改善を実現せんとするものである。」14)

河田は社会主義的改変あるいは統制経済強化による経済改革諸案などを論じたなかで,「資本主義を是正することに依り,その中に採るべきものは取

---

11) 小林前掲論文9)。
12) 同上,112頁。
13) 河田嗣郎「我が国情と中産階級」『社会政策時報』（昭和10年4月号),12頁。
14) 同上,13頁。

り，保存すべきものは之を保存し乍ら，而も漸次に純資本主義の皮殻をぬぎ捨てて実質的に中産主義的傾向なるものを造り出さんと」15)する政策の必要性を強調した。

　当時のこうした論議は必然，政策主体側にも自覚と政策構想を生み出していくことになる。大正期の日本経済の発展による，諸階層の経済的地位の強化とこれにともなう政治要求が大正デモクラシーの底流を形成し，明治以来の官僚政治がつくり上げてきた国家統治機構もまたその変容を迫られていた。普通選挙，政党政治などはこの典型例をなす。他方，経済政策については，従来の農業者層に加え，勃興著しい中小商工業者層への政策主体側の明示的な政策構想の提示を必要とさせた。ここでは，戦後の，とりわけ高度経済成長期に中小企業に求められた役割とは異なる，政策主体側における中小企業への中産階級としての役割への期待があった。

第3節　政策と構想

　大正期での大規模経営層の成長と労働者層の拡大は，労使利害対立の激化をもたらしつつあった。また，従来の輸入学問に呼応した欧州の社会主義思想の紹介は，第一次大戦後の日本の急速な工業化がもたらした工場労働者の増大による「無産階級」思想として，ここにきてようやく現実の運動の血肉となっていた。前述の協調会の発足はまさにこの時期であったのは偶然ではない。また，マルクス主義の紹介でいえば，高畠素之の『資本論』完訳が大正8［1919］年から開始され，大正14［1925］年に完成するのもまたこの時期にあたった。

　他方，中小商工業者上層は納税資格のあった選挙制度の下で着実な拡大を遂げ，大正14［1923］年に納税資格を完全撤廃した普通選挙制（衆議院）の導入では，零細・生業層の事業主や農村の小作層，労働者の政治参加の影響

---

15)　同上。

とその範囲が拡大するなか，中小商工業者層の動向は政策主体においても最大関心の一つを形成した。

　普通選挙は国会，とりわけ，立法府としての衆議院のあり方を「階級間」利害対立の場へと化すことが予想され，明治以降の官僚国家を支えてきた行政府である関係官庁での政策構想への取り組みを加速させた。商工省（大正末に従来の農商務省から農林省と商工省に分離された）もまた例外ではなかった。商工省は鉄鋼業など素材・中間財部門の育成という課題を抱えていたほかに，中小商工業者，特に中小工業の振興をいかに計っていくかにも政策的関心をもっていた。

　中小商工業者に関しては，先にみた中産階級安定化による大正デモクラシー期の政治上のソフトランディング指向がその底流にあったほか，明治以来の近代化路線には不可欠な外貨獲得産業としての輸出分野（＝在来産業あるいは近代移植産業）への政策的関心が大きかった。輸出工業が中小工業であるという意味で，必然，商工省は中小工業政策に取り組まざるを得なかった。商業分野も大正期を通じて反税運動の高まりへの対処を迫られたが，商工省が中小商業者に対し何らかの明示的な対応措置を迫られるのは昭和恐慌下の反百貨店運動や反産運動（農村の購買組合である産業組合への規制を求めた）に際してであった。

　たとえば，第3章で取り上げる商工官僚の吉野信次（1888年〜1971年）が農商務省工務局・工政課長の職にあった時に，前述『社会政策時報』への寄稿論文「小工業の意義並びに其対策」は，当時の商工省内の政策構想の一端を知る上で参考になる。吉野は小工業者の「中産階級」的意義と政策上の重要性を「（欧米各国では—引用者注）識者は小工業なるものの中間の社会階級としての重要なる価値を認むるに至り之れが維持発達を図るの方策を講ずることとなった。若し此階級が絶滅したとすれば社会の表面は，一方資本家階級即富者と一方労働者階級即貧者とが対立し然も各断崖絶壁の如く屹立し互に通ふ所の手段方法がないこと」[16]への対処方途の一つとみた。

　こうした政策が中産階級維持への社会政策的構想とすれば，中小工業者へ

の産業政策的構想として吉野が提示したのは組合制度の普及であった。吉野はわが国中小工業の存立形態を二つに分けてとらえた。一つめは欧米諸国にも共通した本来的に小規模経営に合致した分野の存在とそこでの小規模経営の存立形態。二つめは本来なら大規模経営の確立による工業生産が支配的であるべきにもかかわらず，わが国経済における資本蓄積の遅れから欧米諸国と比べ小規模経営が広範に存立している現実形態であった。

　吉野は前者に合理的な存立条件と形態を認めつつも，後者にみられる不合理な存立条件と存立形態を問題視した。後者のような存立状況がもたらす最大の問題点は粗製濫造であり，とりわけ，日本の輸出製品における品質の不安定であった。すなわち，吉野のつぎの指摘である。

　「我国の商品が世界市場に於て粗製濫造の非難が高いのは茲に蝶々する迄もない……かくの如き結局我国工業の企業組織が一般に小なるが為に品質の均一整斉なる商品を多量に生産し得ざるに基くのである……之等の小工業の保護の方策を講じ之れが存立発達を図らむとすれば，我国に於ては必ずしも時期遅れたりの憾はない訳である。換言すれば社会的意義に於ける小工業の価値は欧米諸国にも増して我国に於ては重且大である。」17)

　当時，機械生産による品質安定は小工業者には困難であった実態があった。また，小工業者の群生と問屋からの買い叩きは，小工業者間の競争を一層厳しいものとしつつ，低賃金層への依存をさらに高め，品質上の管理を不安定なものとさせていた。吉野は，こうした群小の小工業者は生産方法における経営合理化の意識を遅らせ，中工業あるいは大工業もまた健全な発達を為しえない悪循環の問題をそこにみていた。では，小工業者に対する政策的取り組みはどうあるべきなのか。吉野は小工業が国民経済上の意義において「善」である側面には保護政策を，「悪」である側面には取り締まり政策をとるべきであると主張した。

---

16)　吉野信次「小工業の意義並に其対策」『社会政策時報』（大正13年3月号），152頁。
17)　同上，153〜154頁。

「善」に関していえば，労働条件が劣悪であるなかでは経営の合理化精神が育つはずはなく，同業組合もこうした問題の是正に役だたず，むしろ「団体組織を認めて保護すると云うことは結局此不完全不満足なる状態を将来永く維持することになる」現状もあり，「種々改善の方策を講じたいけれども資力が小なるため実行し得ざる場合に」のみ組合への保護政策をとるべきと，吉野は主張した。

「悪」に関する取り締まりについて，吉野は「小工業にありては設備も不完全であり一般的労働条件も劣悪であるが故に大工業に比して生産費が低いことが多い。従って大工業に対しても不当の競争を為し得るのである。但しかくの如き不当なる競争は元来永続すべき性質のもの」[18]ではないのであり，「工場法規以外に工場法規の適用範囲外にある小工業に付いて其労働条件を取締るを必要とする。或る種の最低賃金法の如きもかくの如き工業政策上の意味を有する立法の一つであろう，又製品検査制度も有力なる小工業取締の一つの方策である。……其一つは警察上の取締の意味である。……其二は製品の一定規格に合するや否やの検査である」[19]と述べ，小工業の存立条件への一定の取り締りの必要性を示唆した。

この「善悪」両面にわたる吉野の政策的関心は，資本集約的工業が未発達の時期にあって，日本経済の発展に寄与しうる可能性をもつ在来型あるいは移植型の輸出中小工業への期待であった。これは第二次大戦後の発展途上国で広範にみられた産業政策型論理と言い換えてもよい。また，このような中小企業への産業政策的関心は，戦後復興政策や高度経済成長期の機械・金属分野で育成・振興政策がとられた時期にも確認できよう[20]。

---

18) 吉野前掲論文16)，155〜156頁。
19) 同上，156〜157頁。
20) この時期の中小企業政策の特徴については，つぎの拙著を参照。寺岡寛『日本の中小企業政策』有斐閣，1997年。

第4節　政策と論理

　一国の政策形成の背景には，その時期の経済発展段階や産業構造のあり方がつよく作用する。同時にその社会がもつ社会的価値観や時代精神にも大きく規定される。わが国中小企業に関する政策論理の形成においてもまた同様であった。

　前述の吉野信次にみられた中小企業（＝小工業，中小工業）に関わる政策構想と，これを支えた中小工業の存立構造への理解は吉野のような商工官僚だけでなく，多くの識者によって示されていた。この背景には，中小工業あるいは中小商工業が抱える構造的問題が金融恐慌から昭和恐慌という時期に一層深刻さを増したことがあった。すでにみたようにこの時期には，『中央公論』などの一般誌でも中小商工業問題が取り上げられたし，また，協調会の『社会政策時報』という専門誌でも広範囲の人々の寄稿が目立った。このことは種々の社会階層において中小商工業問題への認識が深まりつつあったことの傍証ではある。かつ，ここで論じられた中小商工業問題への認識のあり様は必然，その是正あるいは解決措置としての政策論理を形成していった。

　たとえば，昭和6［1931］年の『社会政策時報』6月号は同誌で初めて「中小商工業問題」特集を組んだ。特集寄稿者は当時，中小商工業問題への活発な発言を行っていた高橋亀吉だけでなく，言論界では三浦鉄太郎（東洋経済新報社），深井信之（中外商業新報社），調査畑では美濃口時次郎（協調会調査課）や一色信一（日本興業銀行調査課），大企業経営者団体の秋山斧助（日本工業倶楽調査課），官公庁関係では長谷川公一（内務省社会局），磯村英一（東京市役所），政治団体関係者では麻生久（全国大衆党），大竹平八郎（共和一新党），山崎恒夫（全日本商工党），谷村勇（中堅建設同盟）など多方面にわたった。

　こうした寄稿に共通したのは日本経済に果たす中小商工業の重要性への認識であった[21]。そして，昭和恐慌で最も甚大な影響を受けたのもまた中小

商工業であるという認識が共有されていた。労使問題を主題とする『社会政策時報』が中小商工業問題を取り上げざるを得なかったのは，昭和恐慌下での中小工業の行き詰まりによる賃金の引下げ，不払い，未払い，さらには解雇から「群小争議」が激増していた厳しい実態があったためであった。また，商業でも消費不況から厳しい状態があり，店員などの失業問題があった。解雇者の中には帰農する者がいたものの，一部は都市での不安定な日雇労働市場に身を投じる動きも顕著になりつつあった。こうした状況への政策的必要性は長谷川や磯村の指摘を待つまでもなかった。

　もちろん，上述の政治団体関係者の寄稿者もまた中小商工業者への有効な政策実施の必要性を訴えた。都市部での百貨店や農村部での産業組合への何らかの規制，減税（営業収益税）の実施要求が掲げられた[22]。ただし，これらの政治諸団体が実際に広範な大衆運動を背景にしたものであったかどうかは疑わしい。その「綱領」も中間階級政党を掲げていたものの，その主張は明確なものではなかった[23]。その具体的な政策要求は地方商工会議所などと重なるところも多かった。とはいえ，こうした政治団体の出現の底流として中小商工業問題への関心の広がりがあった。

　当時の中小商工業問題は容易にかつ短期間で解決しうるべき性格のものでなかったことは，その後も『社会政策時報』で中小商工業問題（あるいは小工業問題）の特集が組まれたことからも忖度できよう。昭和9［1934］年の

21）　たとえば，三浦はその寄稿論文でつぎのように論じた。「大規模経営，単種多量生産に於ても米国の異名の如くなっているが其の米国においても，中小工場は非常に多い。……米国に於てさえこの通りである。以て一般を推し得るであろう……さて問題は中小産業が何故に我国に於て，特に重要性を有するやである。……」。三浦鉄太郎「我中小産業の重要性」『社会政策時報』（昭和6年6月号），154頁。また，美濃口は大正期から昭和初期にかけてのわが国製造業での企業数の増加を統計面から検証して，「産業革命の完成と工場工業の発達とは，他方に於いて我国の所謂中小工業を衰退させしめたかというふに，必ずしもそうでない。往々にして右の如くに結論するけれども，併しそれは大なる誤である。工場工業の著しく発達した今日に於いても後に見る如く，中小工業は尚は我国の主要部分を成している。……」と指摘した。美濃口時次郎「我国中小工業の地位」同上，178頁。

第4節　政策と論理

時報5月号では「日本製品の進出と中小工業事情」の特集が組まれた。時報はこのねらいをつぎのように記した。

「昨春以来，我国商品の海外進出の急激なる発展は実に目ざましいものがある。特に綿布を筆頭に人絹，絹織物を始め，陶磁器，莫大小，ゴム製品其等の雑貨物は世界の各市場を席捲して……日本商品の急激なる世界市場への氾濫は……日印問題による英国の阻止運動を契機として，和蘭，独逸，仏蘭西，合衆国等何れも之が対抗策として高率関税，輸入制限等の防遏手段を講ぜんとし，……斯くて我が商品進出問題は，今や国際問題として国際的焦点に置かれるに至ったのである。今般外国が我国商品排斥の理由として掲げるものは為替の低落，政府の保護政策並びに低賃金，長労働時間等多岐に亘っているが，近時特に所謂ソシアル・ダンピングに基くものなり，……問題は今や単なる産業経済的問題に止まらずして政治的問題にまで拡大展開せんとしている。現に来る6月の第18回国際労働会議には，当然に此の問題が議題の中心となり，英国を始めとして日本商品進出に悩まされている欧米諸国から包囲攻撃を受けるであ

22）　たとえば，東京で組織された共和一新党の書記長の大竹は小売業での「過多乱立」が零細小売商の共倒れをもたらし，さらに百貨店，消費組合，購買組合の拡充が零細小売商をさらに苦境に追い込むとした上で，「我等は此大多数の準失業者的，小商工業階級の完全な生活権擁護の方法は，政治的解決以外に絶無なることを確信し，先ず重要産業の国営，軍備の徹底的縮小等を高調し，同時に，不当利得税，財産税の創設，日常経済闘争に至っては，百貨店商品券の撤廃，百貨店制限法等」の政治的要求を掲げた。大竹平八郎「共和一新党の結党」『社会政策時報』（昭和6年6月号），227頁。中堅建設同盟（東京）の谷村は具体的政治要求として，減税，公共料金引下げ，恩給・国防の整理断行，金融の「徳政整理」，政府調査会への「中産階級」参加，民間保証会社の設立による中小商工業者への運転資金提供などを掲げた。谷村勇「中堅建設同盟」同上，229～231頁。他方，大阪で組織された全日本商工党は，中小小売業者の利益を優先する営業税撤廃，税率低減，百貨店の規制，専門金融機関の整備，中小商工業者の保護立法制定の必要性を主張した。山崎恒雄「全日本商工党」同上，234～235頁。これに対し，全国大衆党顧問の高橋亀吉は「中小商工業固有の欠陥」は「規模小にして，而も同業者が莫大な数に達すると云ふこと」の弊害を問題視し，その統制の必要性を強調した。高橋亀吉「現代中小商工業問題の革新—中小工業の統制問題—」同上。

ろう……」24)。

23) たとえば，中堅建設同盟の「綱領」は「不偏不党政党を内部より浄化一新を計り，国是を樹立し，挙国一致国家のための国政に精進せしめ党争の悪弊を排除」することを掲げ，「宣言」において「方今の情勢を静観するに中産者の経済難は実に真摯深刻にして，炎々の襲来を迎へんとするが如きを感ずる。其の依て来る所を検するに大金融，資本家，大企業家は種々なる威力及統制ある団結力を以て其権益を擁護せんと往々にして過激なる労資闘争を危うくするものあり。而して独り中産者は其の間に点々と必死の努力を以て国家の財政的負担，国防上の義務とを最も真摯に寧ろ愚直に遂行し，何等独自の意思と識見を示さない。無言は犠牲の承認を意味するの結果を来す。ここに於いて吾人は奮起し一致団結し現日本の中堅を形成する数に於いて穏健なる主張を実行し名実共に国家の中堅として，国家の進展に資せん……」というように，その主張は中産階級の利益主張というよりも国家主義的であった。谷村前掲論文22)，229～231頁。これに対して，全日本商工党についてみれば，「所謂政治的に華やかな運動といふよりも主として経済的に立脚した歩みを続けて行く事を立党の精神としているのである。現在の資本対無産階級との闘争の中間に立って穏健に着実に日本の経済的確立を計るべき中堅団体を作りたいのが念頭である。現在の政友，民友の所謂資本主義中心の政治，無産政党諸君の絶叫せられるやうな政治を民衆，即ち勤務して生活する所の多数を基礎とした健全なる政治を熱望する集団を作らんとするものである」というように，経済的利害を主張するものの，その実現に向けての政治的な理念は必ずしも明確なものではない。山崎前掲論文22)，234～235頁。なお，秋山は当時の中小商工業者の政治的利害を代表するとした政党（実際には既述のように政治団体と位置づけた方がより実態に近い）の問題性をつぎのように述べる。この見方は妥当なものと思われる。すなわち，「現代は団体行動の時代である。労働者や農民は組合を組織し資本家はカルテルを組織する。孤立するものは存在を許さないで，組織されているもののみが時に得意顔に闊歩している。従って新政党が弱小の商工業者其の他一般の勤労階級を組織して政治団体に組成使用している着眼点は正しい。……是等新政党の創設者は「旧来」の伝統といふ大きな力を利用することを忘れている。換言すれば新政党は其の背後に伝統的な団体を有しない。……新中産階級党がいずれも申し合わせた様に其の背後に既存の団体的勢力を有しない点は是等が大を為し得ないだろうところの致命的欠陥だと断言し得る。（中略）新政党は何れも漠然と中小商工業者，中堅階級或は一般勤務階級の利益を代表すると主張しているが，事実是等の範囲は何処にあるのか。……是等の間に於ける経済上の利害関係は必ずしも一致するものでない。（中略）全日本商工業者の保護と勤労大衆の保護とに兼て任ぜんとしている態度は大きなディレンマに陥っているものと云へよう。斯様な観点から観ても中産階級党は小党分立する運命にある様で将来之を一党に纏めて大政党を形造ることは非常な難事業であると思われる」。秋山斧助「発展の見込みのない中産階級党」『社会政策時報』（昭和6年6月），249～251頁。

第4節 政策と論理　15

　欧米各国からのこうした批判が日本の中小工業製品に集中した理由について，時報はつぎのような解釈を下した。

　　「輸出産業に在っては，紡績業を除くの外は殆ど凡てが中小工業に属している。是等中小工業中には大企業に適するにも拘らず，種々なる事情に依り小規模の企業として存続せるものもあるが，然して大部分は，事業の性質上比較的小規模の工場経営に適せるが故に斯かる形態を採って発達したものと見得るのである。而して是等は何れも規模様式が小規模であり極度の分業が発達し，製品の種類も多種多様であり，複雑なる経営組織を有し，大経営にては到底採算のとれざるものをも，小経営なるが故に充分に低廉なる生産費を以て生産し得る……何れにしても我国の国際経済競争力の源泉をなすものである。……斯かる我国産業特に輸出産業の特殊事情を鮮明にするに非ざれば，当該問題に関する適格な認識並に対策を樹立し得ざる事は云ふまでもない……更にこれに関連して国内問題として社会政策的見地より当該問題の吟味検討を重ねる……」[25]。

　この特集の冒頭に記されたように，輸出型中小工業の根本的に抱える問題が昭和恐慌下で一層先鋭化した形でソシアル・ダンピング問題を生み出したととらえられ，その底流には農村や都市での膨大な失業層あるいは不完全就業層を背景にした「人口問題」と「低賃金」の構造があることが寄稿論文で論じられた。文末最後の「社会政策的見地より当該問題の吟味検討」という指摘は過剰人口とその下での低賃金構造に関連したものであった。ここでの政策論理は当時の国家主義的な思想傾向を背景としつつ，自由主義に対し強い危惧が示された結果，統制経済（主として工業組合などの組織化）や計画経済によって中小工業などのもつ「欠陥」是正をおこなう政策構想につながっていった[26]。

　昭和10［1935］年の『社会政策時報』4月号は「小工業問題特集」を組んだ。小規模家内工業の存立問題が取り上げられたことから，「小工業」とい

---

24)　「特集号に当たりて」『社会政策時報』（昭和9年5月号），1～2頁。
25)　同上，2～3頁。

う用語が使われたが、寄稿論文には「中小工業」に関連するものも多かった。時報はこの時期に特集を組んだ事由をつぎのように冒頭に掲げた。

「近年日本の輸出が世界不況の裡に在り乍ら独り躍進的発展を遂げて欧米諸国の驚異となっているのも、実は斯かる小工業の生産に負う所が甚だ大なる訳で……従って本邦産業政策の対象として小工業の問題が頗る重要なる意義を有する……併し是を更に社会政策の観点より見ても、我邦

---

26) たとえば、この代表的な政策提言はつぎの入江弘である。入江はソシアル・ダンピング問題の根底にあるわが国の低賃金構造の問題性を論じた上で、中小工業の欠陥を「無統制の弊害こそが其の最も重大なる欠陥」と等値し、政策については「工業組合の行ふ統制事業や検査事業の如きは、たとへ一組合でいくら厳重に行っても、他の地方に同業者が在って、之が無統制に濫造、濫売し、粗悪不良品を出す様な状態であっては、折角の努力も水泡に帰する結果となるので、成るべくならば各生産地に工業組合を組織し、其の全部を包括した連合会を設立せしめて、此の連合会に於て統制や検査を行はしめるのが適当である」と主張した。入江弘「中小工業の統制に就いて」『社会政策時報』（昭和9年5月号）、107頁。なお、ソシアル・ダンピング問題と低賃金構造については、大正期の『社会政策時報』発刊時より多くの個別業種の労働事情ということで、その実態が紹介された。ここではその詳細を紹介する紙幅の余裕はない。つぎの諸論稿を参照のこと。吉田寧「本邦硝子工業労働事情」『社会政策時報』（上・下）（大正12年6月号・7月号）、「本邦燐寸工業労働調査」（下）同（大正12年7月号）、「本邦酒造工業労働事情」（上・下）同（大正14年5月号・6月号）、「本邦醤油工業労働事情」（上・下）同（大正14年11月号・12月号）：警視庁工場課「印刷製本業女工事情調査」同（大正10年5月号）：右左田武夫「人造絹織物」同（昭和9年5月号）：磯崎俊次「莫大小製造業」同（昭和9年5月号）：子安浩「琺瑯鉄器製造業」、「自転車製造業」、石橋全三「刷子製造業」、斎藤健一「電球製造業」、沖塩正夫「セルロイド玩具製造業」、美濃口時次郎「陶磁器製造業」同（昭和9年5月号）：河島幸助「有田地方陶磁器産業労働事情」同（昭和10年4月号）：小宮山啄二「日本燐寸工業の機構」（上・下）同（昭和10年9月号・10月号）：礒部喜一「本邦固有の中小工業への反省—本邦陶器工業論の一節—」同（昭和17年2月号）：美濃口時次郎「日本綿布進出の経済的及び社会的背景」（上・中・下）同（昭和10年9月号・10月号・11月号）：南川慶治「三河綿織物と其の労働事情」同（昭和10年4月号）：井口東輔「最近における中小毛織物工業事情」（上）同（昭和9年2月号）：酒井正三郎「我が国羊毛工業の現勢と特に中小毛織物工業問題」同（昭和10年4月号）：白水憲一「福岡県に於ける中小工業としての博多織及び其の労働事情」同（昭和11年10月号）：木下準之助「家内工業としての丹後縮緬機業」、青木米之「家内工業としての久留米絣」、堀江英一「有機的中小工業の生産構造—輸出莫大小肌衣工業を中心として—」同（昭和14年9月号）。

の小工業には幾多の改善を必要とする事態が現存するに不拘,今日まで殆ど何等の対策を講ぜられていない（中略）此の問題の頗る重大にして然かも其の解決の甚だ複雑困難なる事実に鑑み,本会は重ねて本門に関する特集号を編集して,敢へてこれを世に問う次第……」[27]。

ここで「複雑困難なる事実」と指摘されたものの,寄稿論文のかなりの部分は欧米諸国から突きつけられたわが国の中小工業の低賃金や「劣悪なる」労働条件に支えられたソシアル・ダンピング問題を強く意識していた。この意味では,「小工業問題」は「わが国の過剰人口問題」と等値された。たとえば,冒頭論文での長岡保太郎は「工場法適用外の極小の経営を対象とすると斯かる極小工業経営に従事する総従業者数は,本邦総工業人口に対して6割内外の莫大なる割合を占めている。（中略）多数に上る小規模経営は特に最近に於ける我国の輸出貿易の上に極めて重大なる役割を演じている……両側（大資本・大工業と過剰人口—引用者注）の圧力の下に所謂人道上の問題となるような労働条件低下が同業者間の無秩序な競争に因る低価格の犠牲として生ずる場合が多いのである。而してその最も著しいのは家内工業的な小工業に於て見られる所で」[28]あるとして,小工業こそが社会政策の対象とすべきことを説いた。

同様の指摘は上田貞次郎の論文にも共通した。ただし,上田はこうした問題をもつわが国中小工業への政策論理の設定は,彼我の経済発展段階の相違などを踏まえた上で行うべきであることを示唆した[29]。すなわち,

---

27) 大島辰次郎「小工業問題特集号の発刊に当りて」『社会政策時報』（昭和10年4月号),1～2頁。なお,この前年には時報で「農村問題特集」が組まれ,過剰人口,土地所有形態のあり方,農村での社会政策のあり方,産業組合運動,農家の負債などについて20本近い論文が掲載された。詳細は『社会政策時報』（昭和9年1月号）を参照。

28) 長岡保太郎「人口問題の解決と小工業問題」『社会政策時報』（昭和10年4月号),8～9頁。

29) 上田は立論に当たって,「昨年欧州において日本商品のソシアルダンピングが叫ばれた当時,国際労働局のモーレット氏を我が国に派遣して工業の実情を観察せしめた。……同氏の報告中我国の小工業に関しては多少危惧の念を抱かれた」と論文の最初でふれた上で,欧州と日本の比較を展開した。上田貞次郎「我国に於ける小工業の現在及将来」同上,31頁。

① 欧州での小工業論の傾向―「（小工業の存続について―引用者注）欧州では幾多の研究討論を行ったが，結局小工業はスウッティングに陥りやすいものだから，寧ろ大工業との競争に敗れて摩滅する方がよいと考へられるに至った。（中略）小工業の弊害がかくの如きものであるとすれば，その衰亡は寧ろ望ましいといふべきものである。……」[30]

② 日本の政策論理のあり方―「小工業が急速に大工業に圧倒される徴候は見えない。小工業は我国において欧州以上に存続の可能性ありと考へざるを得ない。（中略）その労働条件の改善を計る道はないのであるか。これは困難にはちがひないとしても不可能ではあるまい。この場合，吾人は欧州の経験にのみ依頼することなく，日本独自の見方をなし，固有の事情に応ずるやうな立法行政を行ふ必要があるのではないか……」[31]。

③ 我が国の（中）小工業の将来性―「その組織統制の如何によりては発展の可能性がある。小工業は労働条件を犠牲にする以外に競争の力なしと断言するはあまりにも簡単な見方であろう」[32]とした上で，電動化（＝動力化）や同業者間の分業体制などによる対応の重要性と必要性が指摘された。

小工業の「劣悪」な労働条件と低賃金は，他の多くの寄稿者によっても指摘された。それゆえに，中小工業政策は労働保護立法に関連した社会政策的論理により構築されるべき政策構想が示された[33]。また，小工業存立論という点で，上田は欧州諸国との彼我の相違に考慮を払った上で，日本型政策論理を模索したが，高橋亀吉等は（中）小工業の存立そのものに日本的特殊性を求めた[34]。高橋は日本経済における中小工業の構図をつぎのように描いてみせた。

---

30) 同上，32～33頁。
31) 同上，33～34頁。
32) 同上，45頁。こうした上田の見方は戦後の，とりわけ，高度成長期の機械・金属産業分野での中小企業の発展経緯を振り返れば，慧眼であったといえよう。

(a) 日本経済での中小工業の存立分野―「我国に於ける大規模工業の多くは，内地需要を主として発達したものであって，所謂輸入防圧産業として発達したものであって，専ら輸出を対象とする大規模工業としては，僅かに人絹，紡績，製紙，製粉などの極めて少数を数へるに過ぎず，その他の輸出の大部分は，中小工業に依存」[35]せざるを得ないこと。
(b) わが国中小工業の存立条件―「労働者そのものに則して云へば，過剰労働が他に仕事なき故，低劣労働条件と云ふ肉弾を以て，大工業の機械と競争する産業型態」[36]が支配的であること。

高橋は，わが国中小工業の「特殊性」を人口過剰による「肉弾勇士的」低賃金と動力化の進展とが結びついた「恒久的」形態であると位置づけた。すなわち，

---

33) たとえば，菊池はソシアル・ダンピングの基底にわが国小規模家内工業の労働状態とそれを放置している労働立法の不備の問題を見据えた。すなわち，「客単に云えば，家内労働の苦汁的弊害は家内工業的制度に内在する特質であるから，この弊害の除去は家内工業そのものの廃止，すなはち職場と家庭を分離して，盛年労働者がその家族を養ふに足る仕事と賃金とを保障されることによってのみ得られるのである。従って又，家内工業労働の保護は，一般労働保護立法の発達に付随的なものであること，すなはち一般労働保護立法が進歩して居る場合には家内労働の保護も厚く，その反対の場合も相関連して居るのである。それ故，家内労働の保護立法に努力することは，少なくとも一般労働条件の防止たる一面を持って云ふことが出来る」。菊地勇夫「家内工業労働の保護立法」『社会政策時報』（昭和9年1月号），197頁。また，山口は「現代家内工業の存在は，小市民層の収入不足を補ひこれを正当な家計費の支出に充てんが為に，定額な収入をも顧みず，広く行はれ且つ熱烈に要求することが出来る」という現状を踏まえ，わが国低賃金形成のあり方こそが家内工業の存立基盤を構成し，この底辺にある内職層を含む労働者の保護立法の必要性を示唆した。山口正「現代家内工業労働の社会的考察」同上，141頁。

34) (中) 小工業のこれらの存立条件が「資本主義」経済の一般性から導かれる欧米諸国にもみられた歴史的経緯の段階的なものか，あるいは，日本経済についてのみの特殊性かの議論は当然あったが，高橋等は日本の特殊性を強調した。

35) 高橋亀吉「中小工業の優位と日本経済の特殊性」『社会政策時報』（昭和9年1月号），70頁。

36) 同上，88頁。なお，高橋は低劣労働条件についてはつぎの4点を列挙した。①低賃金，②極度に長い労働時間，③勤務時間の自由伸縮性，解雇の容易性，④福利施設の劣位。

「従来の一般的公式論に従ふと，本質的に中小工業を有利とする少数特殊の産業を除けば，中小工業は大規模工業の卵としての存在である。ところが，現段階の日本に於いては，中小工業のかかる公式的過渡の性質が歪曲せられて，前掲の如き，特殊的役割を務める恒常的機関にまで変質するに至っている。一体，右の如き特殊事情の起れるわけは，根本的には電力の普及の結果，従来の蒸気動力の下に於ては大規模工業にのみ許された動力が，場所と時と量の制限から開放せられ，中小工業に於て容易に利用し得られるに至ったと云ふ生産方法の変革がその基礎の一つをなしているが，その上に，人口過剰と云ふ特殊建物が築かれて，ここにはじめて，既述の如き日本特殊の中小工業型態が発達するに至ったのである」[37]。

高橋の中小工業観は「わが国に特有」の強固な存立基盤と条件に支えられたものであり，こうした存立条件の是正と解決は企業間の自由競争に委ねることを通じては困難であると解釈された。それゆえに，統制政策の必要性が強調され[38]，結果的にこの点で商工官僚の吉野等の政策構想と一致をみせた。時報「小工業問題特集号」への寄稿論文で，中小工業統制に関わる論文が最も多かったのは単なる偶然ではなく，その存立問題の深刻さの結果であった。わが国中小工業の存立条件[39]への認識は，やがて中小工業統制に関わる政策構想に帰結していった。

吉野もまた自らの「産業統制」構想を開陳した。吉野が最も危惧したのは高橋の指摘にもあったように，日本経済，とりわけ，その輸出に中小工業が

---

37) 高橋前掲論文 35) 88頁。
38) 高橋はこの特殊論に立って，この下での労働政策も「我が労働組合運動が，主として，中小工業を地盤としていると云ふことは好むと好まざるとに拘らず」特殊性を有することを指摘し，その方向は「単に，雇主の搾取を奪還すると云ふ戦のみでは効果なく，中小工業そのものの位置及び収益力の向上を」図らざるを得ず，また，それは「農民組合のそれの如く，一種の産業運動化せざるを得ない」性格であることを強調した。高橋の中小工業政策観においても，国の介入度合いの強い産業政策的論理（特に統制政策）の強さが確認できる。同上，98〜99頁。

第4節　政策と論理　21

重要な役割を果たしている現状では，そのソシアル・ダンピング的低価格（＝「不当の安値」）輸出が欧州諸国のさらなる批判を呼び起こし，「追々と日本商品の輸入を手控える結果」[40]になることであった。さらに，吉野はこの「不当の安値」輸出は単に前述の過剰人口論から導かれる日本の低賃金構造だけでなく，中小工業の「問屋商人」への従属性がもたらす帰結であるともみていた。すなわち，

> 「問屋商人側は中小の生産者の弱点を巧みに利用し，之に乗じて思ふ儘の値段で商品の生産を押付ける方略を知って居る。彼等が海外市場に於て同業者との売込み競争の必要上いくらでも安値を提供する所以は実に茲に存する。」[41]

吉野の見方は，同業組合の役割への疑問と商業者を排除した工業組合構想につながっていった。ここにみられる吉野の政策構想は，昭和恐慌下で呻吟する日本経済回復の鍵を握る輸出中小工業の振興という産業政策的色彩の濃い考え方でもあり，「業者間の無謀なる競争」の結果生じる「不当の安値」輸出を抑制するものとして工業組合統制の必要性に直結するものでもあった。吉野は「自由競争は近代産業経営の金科玉条であるけれども，公正の程度を

---

39) 特殊性については，高橋のみならず難波も農村の一般的過剰人口を背景とする低賃金利用構造に言及しつつ，つぎのように分析した。「先ず農村及び農業と密接に関連せる諸工業に投資され，農村と結びついた中小工業の発展を見たと同時に，極度に貧窮化せる農民は，これを利用することによって，その生計の困難を幾分なりとも補足軽減するの路を選ばざるを得なかったのである。ここに我国中小工業発展の一の契機が潜んでいる」。もちろん，家計補助的賃金労働の広範な成立のほかにも，難波は中小工業者における「生産品の順応性」「企業の弾力性」「恐慌への抵抗性」「オーバー・ヘッド・コストの梢少性」「電気動力の発達」「運輸利便の発達」「小規模経営と専門的分業の発達」などの諸要因も掲げ，わが国中小工業の強い残存性を主張した。と同時に，中小工業はその相互の「自殺的競争」によってその存立は常に不安定であるともみた。ゆえに，ここでも工業組合結成を通した統制による秩序ある競争の維持という政策構想が示されてもいた。難波紋吉「我国中小工業の特殊性とその将来」『社会政策時報』(昭和9年1月号)，111頁，125頁。

40) 吉野信次「産業統制の動向」同上，115頁。

41) 同上，156頁。

超ゆる同業者間の不当無謀なる競争は国民経済の上に却って非常なる害毒を流すことは云ふ迄もない」[42]と述べた上で，工業組合制度による中小工業統制の有効性に関してつぎのように指摘した．

　「少し我商品の輸出に統制あらしめ業者間の無謀なる競争を自制して輸出数量を調節し相当の値段を維持することが出来れば，尚一層我輸出貿易の発展を期することが出来る」．[43]

　もっとも，吉野の輸出中小工業振興に重点をおく産業政策的視点に対しては，同特集への寄稿者の一人であった高津は，日本の中小工業が企業形態をとるというよりも家内工業の色彩が強い現状にあっては，中小工業の抱える問題に対してはあくまでも社会政策的な観点[44]からの政策構想の重要性を強調した．

　「中小工業は，斯く我国工業の中堅を成し，特に重要品工業部門の根幹を形成して居る．之は産業政策的見地からも社会政策的見地からも見逃せない重要点である．殊に中小工業者は所謂中産階級に属する者である．茲に吾々は重大なる社会政策的意義・関心を覚えるのである」[45]．

　中小工業政策構想ということでは，中小商業をも含み，吉野のいう産業政策的視点のみならず，そのほとんどを占める零細層を意識せざるをえない高津のいう社会政策的視点もまた，単にこの時期のみならず，戦後においても繰り返される主題であったことが確認できよう．

　しかしながら，工業組合制度についてみても，高津自身が「工業組合を社会政策的に眺めようとすること自体が，最初より多少無理な企てからも知れない．抑々工業組合なる制度は社会政策見地より主として生まれ出たものは

　42）吉野前掲論文40），160頁．
　43）同上．
　44）高津の表現では，中小工業者は「貧弱なる企業主」（＝実質上の勤労者階級）とされた．ゆえに，社会政策的観点ということでは，当然ながら「我国中・下層勤労工業者の福祉増進」が高津の政策的関心となる．高津彦次「社会政策的にみた工業組合」『社会政策時報』（昭和10年4月号）．
　45）同上，245頁．

ないからである」[46]と述べているように，産業政策的見地と社会政策的見地を同じ中小企業政策の中に包摂するには種々の問題があった[47]。

---

[46] 同上。

[47] 高津のほかにも，社会政策的視点から工業組合などをとらえようとした赤松や北岡等の寄稿もあった。参考までに紹介しておこう。赤松は家内工業と工業組合との関係を重視し，「工業組合の結成が如何に従来の家内工業或は問屋制工業に変化を及ぼしつつあるか」と問題提起して，赤松自身の認識として具体的には①家内工業の工業組合結成が「配給的，金融支配者たる問屋の地位は動揺せざるを得ない。即ち，家内工業者は，その問屋への従属的な地位よりして，対等的，或は優越的地位にさへのぼり，進んでは，問屋自らを排除するに至る可能性が存する」こと，②工業組合の結成は「家内工業に従事せる労働者の労働条件に変化が起こらない……家内工業に付随の現象とみられる sweating に類する低労働条件が，或程度まで排除せらるる可能性が存しないかが問題」を重要視した。赤松はこうして提起した問題に対して，アンケート調査からつぎのように結論づけた。まず，①に関しては「問屋に対する生産者の地位は組合を通じて対等的になっている」こと。②に関しては「工業組合は極めて下層の下請職或は自宅労働者にまでは進展し得ないのであって，単に工業組合によって間接的影響を受くるに過ぎない。工業組合の成立によってこれ等下層業者の労働条件は工場職工の労働条件と共に，あまり改善されていないのである。従って下請職或は零細自宅労働者の組合結成問題は職工の労働組合と共に残された問題となるのである」と指摘された。赤松要「工業組合の家内工業に及ぼせる影響」『社会政策時報』（昭和10年4月号），271～272頁，301頁。また，北岡は中小工業者の組織化による労働条件などの改善に関して，「工業組合が生産の制限，価格の協定を為すことによって事業主の利益を計る」ことで，中小工業の「脆弱」な経営的基礎を改善できるものの，「労働者に対する分配を考へないことは不公平であるのみならず，生産の制限は労働に対する需要を減ずるから労働者の立場は一層不利益となる。尤も事業主の利益の増加は労働者の待遇の改善となるの方面もあるけれども，我国の実情に徴するに，やはり労働賃金は経済上の原則に支配せられ，経営上の好転は事業拡張，労働需要増加の途を初めて賃金の上騰となって現れるのであって，生産の制限に依って事業主の利潤が増加した場合に於ては賃金は大体騰らない」として，組織化（この場合は同業組合も含む）によるわが国の低賃金などの労働条件の改善を疑問視した。北岡壽逸「中小工業改善の一方途」同上，169頁。赤松や北岡論文のほかにも，村山重忠「中小工業における労働事情」，林英太郎「工業組合の活動と中小工業」，飯田北理「中小工業と工業組合」という組織化政策に関する論文も目立った。

第1章　中小企業政策の基礎的概念

第1節　政策と対策

　政策は問題発生を前提とし対策が先行する。歴史的に，問題発生の予防的措置としての政策は極めて少ない。後発国が先発国での問題発生とそこでの対応を学習し，その問題発生に対処した事例はあるが，概して実行に移されるのはやはり問題発生を前提とした。

　政策研究ではまず「対応」と「政策」を峻別する必要がある。通常，問題発生により政策主体はその政治的，社会的影響を考慮して状況対応的に何らかの対症療法的対応策を図ろうとする。この時点では，政府主体が統一的対応を行うことは困難であり，政府内諸部門の個別バラバラな対応である場合が多い。

　重要なのはこうした対応が積み重なり，後に一定の政策論理なるものが主張され，一連の対策が政策と称されることである。ここでは対応と政策の間にはある程度の時間的経過があることに留意する必要がある。前章でもふれたように，これはつぎのように整理できよう[1]。

---

1) 第一段階から第三段階になるにつれ，その期間は長期化することはいうまでもない。ここでは第一段階をその会計年度内の対応であり，通常1年以内であると考える。第二段階は5年以内，第三段階は5年以上と考えている。もちろん，政策により第三段階はさらに長期化し，10年以上を要する場合もある。

第一段階＝短期的な対応策。既存の法制度，組織，予算の中でのルーティン的範囲内の状況的対応である。

第二段階＝中期的な対応策。既存の法制度，組織，予算の間で調整を行いつつ，個別部署内でなく省庁間にまたがった状況的対応である。

第三段階＝長期的な対応策。第一段階と第二段階をへていることにより，状況的対応策の有効性と限界性が明らかになり，より統一的な対策の立案と実行の仕組みが模索されるところにこの段階の特徴がある。新たな立法制定，新組織の設立，新予算の獲得が意図されるため，政策理念の確立が重要視され，さまざまな対策が政策という枠の下に位置付けられる。

中小企業政策も，農業政策や社会福祉政策など多くの政策と同様にこうした段階をへて，模索・定着した歴史的経緯が各国にある。本章では中小企業政策形成のこうした歴史的経緯を踏まえつつ，中小企業問題と政策との間にある緊張性，対策から政策への移行推移，そして中小企業政策全般にかかわる基礎的概念を整理したい。

第2節　政策と形成

中小企業政策は中小企業を対象とする政策の総称である。この場合の中小企業は，概して農業[2]などを除く商工業分野での一定規模以下の企業層を指す。政府の関与は中小企業層の実態的存在を前提とする。これは各国における産業発展，あるいは企業成長の諸段階に呼応してきた。

企業規模の拡大に関しては，いずれの諸国でも農業経済から都市の商工業の発達あるいは農村での副業的家内工業の規模拡大にともなった。各国の経

2）　ここであえて農業を除くと明示したのは，米国中小企業庁の災害融資では農家もその対象となっているからである。だが，通常は農業関連省庁が農業政策の所管である。米国中小企業庁の災害融資に関しては次の拙著を参照。寺岡寛『アメリカの中小企業政策』信山社，1990年。

済発展あるいは産業発展の歴史は，農村の共同体によって生み出された素材などに依拠した自足的生産，さらにはここから派生した手工業的副業の成立を示す。つぎの段階はそこで生まれた余剰が近隣の農村共同体との物々交換という経済行為に拡大し，さらには貨幣経済の発達とともに手工業的家内工業の成立を促してきた。

この段階では，優劣劣敗の競争は極めて限られた経済空間において行われ，また，生産力拡大を促進する手段なども制約されていたことから，経済単位の差異はさほど生じない。しかしながら，生産面における創意工夫，経営管理や販売面における種々の革新によりやがて組織単位の大小が生み出されてきた。

こうした組織単位は，地方市場が貯蔵や交通（とりわけ運輸技術）などの発達により全国市場に統合されるにしたがって一層引き上げられる。手工業的家内工業が存立する一方で，動力化とこれにともなうさまざまな技術革新を取り込んだ機械化の進展と結びついた大規模経営単位の成立がみられるようになる。とりわけ，鉄鋼などの素材分野とこれに関連した中間財分野で大規模経営の存立がみられた。

機械化を進めた装置産業においては膨大な資本が要求されるために，株式会社形態が主であり，また，米国を典型としてプールやトラスト等の手段により大規模経営が市場における一層の独占を求めた歴史がある。他方，手工業の存立についてみれば，封建的遺制が少なく，比較的高賃金を必然化させた労働市場のあり方により手工業が衰退し，早期に機械制生産に移行した米国がある一方[3]，日本や欧州諸国のように長期にわたって手工業が強い存立を見せた諸国もあった。留意すべきはこうした手工業的家内工業とは別に，種々雑多な加工分野で多くの小規模経営が生まれ，中小規模経営企業がそこから派生していたことである。

---

3) 米国における手工業などを含めて中小企業の歴史的性格については，寺岡前掲書 2) を参照。

もちろん，ここからも大規模経営へと成長した企業が登場し寡占化の進展した産業が存在した反面，新たに生まれたさまざまな産業分野は数多くの小規模企業を成立させた。この意味では20世紀は19世紀的な手工業あるいは小工業的経済社会から，大企業の成立とさまざまな産業分野で中小企業（生業的零細層を含む）が生まれた経済社会へ移行した時代であった。

ところで，さまざまな産業分野と述べたが，これは工業分野のみならず商業やサービス業分野でも同様の指摘が可能である。元来，商業やサービス業は工業での「規模の経済」という経済原理が働き難い分野であること，また，消費の地域性あるいは個別性のゆえに本来的に小規模経営に適した分野でもあり，工業の中での迂回度が高まった結果として，工業支援的サービス業の存立を促してきた側面もある[4]。

では，こうしたさまざまな企業規模からなる国民経済において，なぜ政府が中小企業に対して関心と関与をもたざるを得ず，種々の対策と政策を指向，実施してきたのか。つぎにこの歴史的経緯にふれておく必要がある。

これにはいくつかの経済発展形態を想定した上で，歴史的経緯を整理したほうが適切である。たとえば，つぎのような範疇を設定することができよう。

第一範疇は，米国などのように，いわゆる自然独占の進展とその弊害の発生によって，政府が反独占政策論理において中小企業政策の実施を迫られた経緯をもつ国である。第二範疇は，後発グループであった大陸欧州諸国や日本の場合が典型である。この場合には，むしろ政府が独占を政策的に推し進めることにより先発国グループとの時間的格差を埋めようとした点において，前者の米国の政策論理に比して中小企業政策の重点は明らかに異なる。この

4）　大企業の成立と中小企業の存続性については，現在だけでなく半世紀以上前にも種々の議論が学会等でも行われていた。わが国では明治後期の関一の著作（たとえば，『工業政策』）や大正6［1917］年の社会政策学会での金井延，上田貞次郎らの議論が興味深い。上田貞次郎は小工業の存続性に関して，①機械化がなかなか進展しない分野の存在，②まとまった販路や需要に応じ難い分野の存在，③大工場との下請関係の存在，などを指摘した。こうした諸点についてはつぎの拙著を参照のこと。寺岡寛『日本型中小企業―試練と再定義の時代―』信山社，1997年，同『中小企業政策の日本的構図』有斐閣，2000年。

グループには，現在，アジア NIES やアセアン諸国の中にも同じような事例を見出すことができる。こうした範疇のほかにも，その経済発展過程の相違により第一と第二の中間に位置するような範疇を設けることも可能であろう。以下では，こうした範疇的相違を念頭におきつつ，前章で対象とした日本の場合を中心に中小企業政策の歴史的形成過程を振り返っておく。

明治期の輸出小工業振興に関わる政策の展開以降において[5]，中小工業政策あるいは中小商工業政策として，政府が何らかの関与を意識したのは輸出部門における粗製濫造問題に関連した。このため，組合における製品検査の強化を意図した政策の導入などが図られた経緯があった。粗製濫造の背景にある「構造問題」として認識されたのは，機械化による品質安定を阻害している個別経営での資本蓄積の低位性，中小工業に対する問屋優位の取引関係の存在であった[6]。

粗製濫造問題が重視された背景には，明治以降の近代化政策[7]が西欧諸国からの制度移入や技術導入を不可欠とし，このための外貨獲得が必要とされたことがあった。現実において，外貨獲得が潜在的に可能な分野は江戸期から発展を遂げてきた手工業部門であり，低賃金をばねに国際的競争力を保持

---

5) 明治期の輸出小工業においても，粗製濫造問題が政府の大きな関心を占め，いくつかの対応策が導入された経緯があった。その後，動力化により工場形態をとるより大きな経営規模層の登場をみたが，輸出工業分野において粗製濫造問題が解決されたわけではなかった。なお，小工業から中小工業という「政策」用語への変遷についてはつぎの拙稿を参照。寺岡寛「中小企業と中小企業政策―『中小企業』という用語をめぐって―」『中小企業季報』（大阪経済大学，中小企業・経営研究所），1997年 No.3。

6) 前者の資本の低位性はもちろんのこと，とりわけ，わが国戦前期の中小工業政策（工業組合制度）の形成に大きな役割を果たした商工官僚の吉野信次は，後者の問屋支配の問題を重要視した。詳細に関しては吉野信次『日本工業政策』日本評論社（1935年）を参照。あるいはつぎの拙稿を参照。寺岡寛「日本の政策構想―吉野信次とその時代―」(1)『中京経営研究』第9巻第2号，2000年2月，同(2)第10巻第1号，2000年9月。

7) 一連の殖産興業政策と名づけられた政策である。古くは幕末期に先進諸藩で試行された「洋式工業」の導入があり，明治期に入ってのさまざまな「官営事業」の試行があった。具体的には，明治3[1870]年に設立された工部省による鉱工業の育成策などがあった。

しうる基盤を有していた。ここでの問題は個別生産主体における製品品質のバラツキであり，これを一層悪化させた輸出商の「買い叩き」であった。これは前田正名等の農商務官僚によっても認識されていた。前田は明治12［1879］年に著した『直接貿易意見一斑』[8]で，貿易が居留地外国商人により支配され，当時の主要輸出商品の生糸や茶が商人によって買い叩かれている実態を指摘し，直接輸出の必要性と在来手工業のとりわけ品質改善策をこの後の『興業意見』[9]（明治17［1884］年）で一層明確に主張することになる。前田構想[10]は当時の多くの政府関係者と同様に，政府主導型の政策論理であった。

しかしながら，在来手工業に関しては，前田が構想した公的資金助成制度などは大きな進展を見せなかった。だが，前田が『興業意見』の取りまとめにあたって，広範に実施した地方産業の実態調査の結果により危惧し，強く警鐘を鳴らした品質問題に関しては農商務省を中心に種々の対策が講じられた[11]。この方向の一つは工務局を中心とした技術指導（各産地での講習所，試験所の設置，共進会開催の勧奨など）であり，もう一つは粗製濫造防止対策としての同業組合制度の導入であった。

組合制度に関しては，明治6［1873］年の株仲間制度の廃止により，その弊害を指摘し，制度的復活を望む声があった。実態としては府県令として先

---

8) ただし，公刊は明治14［1871］年であり，博聞社から出版された。

9) 前田は，『直接貿易意見一斑』と『興業意見』の間の約5年間に精力的に国内の在来産業調査と欧州各国の産業調査を経験している。この経験がその後の前田の政策構想に深く関連していると思われる。取りわけ，欧州調査は明治14［1881］年11月から同16［1883］年1月までの長期に及び，訪問国も英国，ベルギー，フランス，スイス，オーストリア，ドイツ，イタリアというように精力的なものであった。

10) 『興業意見』を中心とする前田構想については，紙幅の関係もあり別稿で論じたい。もちろん，前田に代表されるような政府による保護色の強い政策に対して，たとえば，田口卯吉（明治12［1879］年創刊の『東京経済雑誌』を主宰）のように自由貿易思想を主張するような政策構想もみられたところに，明治期の興味深い政策論争のあり方がある。なお，前田の『興業意見』を中心とした政策構想の詳細に関しては，次の拙稿を参照。寺岡寛「日本の政策構想―前田正名とその時代を中心に―」(1)『中京経営研究』第11巻第1号，2001年9月。

行した事例がみられたが，政府統一的な政策として具現化するのは明治17 [1885] 年の「同業組合準則」であった。これは政府（＝農商務省）が地方産業から同業組合設立の要望があった際の設立許認可のガイドラインとなるべき基準であった。

なお，前者の技術指導に関して個別企業への直接金融助成面で進展はなかったものの，間接的（地方工業試験所の充実補助，講習所への補助，技師派遣など）にはその後も引き続き農商務省が関与した[12]。他方，粗製濫造問題については中央政府の関与を強めるという形で継承された。具体的には，同業者の5分の4以上の同意あるいは農商務大臣の命令に基づく強制加入を盛り込んだ「重要輸出品同業組合法」（明治30 [1897] 年），さらにこれを重要輸出品から重要物産品に拡大させた「重要物産同業組合法」（明治33 [1900] 年）の成立をみた。後者の法律は「営業上ノ弊害ヲ矯正シ其ノ利益ヲ増進スル」ことを目的とし，地域ごと（1府県以下の1都市以上）に政府指定の重要輸出品の同業者（商工業者）の製品検査が意図された。さらに，大正14 [1925] 年に「重要輸出品工業組合法」が成立した。この背景には粗製濫造問題が「同業組合法」によっても明治期に解決されず，大正期にも持ち越されたことがあった[13]。

「重要輸出品工業組合法」のねらいは，商業者も含んだ「同業組合法」で

---

11) 政策といった場合，さまざまな対策が一定の政策理念の下に体系化され，一応の整合性をもつものとしてとらえることができる。この時期のさまざまな対策がどの程度，政府において把握され，統一的な政策体系に組み込まれたかどうかは疑問であろう。この意味では，手工業への政策をどこまで含んで理解しておくべきかという問題が残る。たとえば，教育政策との関連では，明治20年代後半から実業補修学校制度が動き始めている。当初は農業分野が主であったが，やがて工業や商業にも波及し，明治30 [1897] 年にはその数は100を超えた。こうした学校の出身者がそれぞれの地域の産業発展（とりわけ，品質改善など）に果した役割をどうみるのか。政策研究上の重要な課題である。この点に関しては，豊田俊雄編著『わが国産業化と実業教育』国際連合大学・東京大学出版会（1984年）を参照。

12) 詳細は由井常彦『中小企業政策の史的研究』東洋経済新報社（1964年）を参照のこと。

13) この問題の歴史的経緯は，由井同上書を参照。

は製造主体である中小工場の製造方法や製造工程への指導改善施策の浸透が困難であることから，工業者を中心に組合結成を促進させることにあった[14]。同法による具体的事業には工業組合員の製品，加工設備などの検査・監督，製品の品質改良等のための共同施設の導入・運営，原材料や製品の共同保管などの共同事業などがあった。この法律は昭和6［1931］年に対象を重要輸出品から国内製品に拡大させ「工業組合法」と改称された。粗製濫造問題は第二次大戦後の繊維，雑貨や軽機械の輸出でも再現し，昭和23［1948］年の「輸出品取締法」や昭和32［1957］年の「輸出検査法」の制定をみている。このように，明治期から戦後復興期に至るまで，粗製濫造問題が大きな位置を占めつづけたところにわが国の中小企業問題の特徴を見出しうる[15]。

政府の中小企業への政策的関与を生んだ他の問題の発生は，わが国の信用機構が大きく揺れ動いた時期に呼応した。比喩的にいえば，前述の粗製濫造問題がわが国中小企業問題の慢性疾患とすれば，信用機構に絡んだ中小企業の金融問題はつねに急性疾患にたとえることができよう。もちろん，これは

---

14) 商工省の吉野信次等は，粗製濫造問題を引き起こしている原因を同業組合における商業者と工業者の混在に求め，工業者のみによる工業組合促進策を打ち出そうとした。こうした工業組合法制定までの経緯については拙著を参照されたい。寺岡寛『中小企業政策の日本的構図―日本の戦前・戦中・戦後―』有斐閣，2000年。

15) このように粗製濫造問題は大正期に解決されたわけでなく，昭和期あるいは戦後の繊維，雑貨，軽機械製品（カメラやミシンなど）の輸出においても海外から非難され，製品検査制度が導入された経緯があった。このため，たとえば，昭和23［1948］年の「輸出品取締法」や昭和32［1957］年の「輸出検査法」の制定をみた。昭和38［1963］年においても輸出検査指定品目は501であり，わが国輸出総額の40％以上を占めていた。これらの製品の検査は政府の指導の下に業界団体（たとえば，検査協会など）が行った。わが国における中小工業問題の一端が，戦後においてもこうした粗製濫造問題と検査制度に集約的に現れていた。とはいえ，戦後復興から経済成長期にかけてわが国の中小企業製品の品質向上が急速に進展し始める。これは中小企業研究における重要な研究テーマであることはいうまでもない。なお，私自身はこの要因を，①下請・系列関係における親企業からの品質管理面での技術移転という「正」の遺産，②わが国の重化学工業，とりわけ，素材・中間財の品質の向上，機械など資本財の品質の著しい向上，③品質管理技術の普及，などにあると考えている。

潜在的に中小企業がもつ構造的問題があったことはいうまでもない。信用機構の揺らぎによって一挙に潜在化したという意味において急性疾患であった。

　歴史的には，第一次大戦によって欧州諸国が戦時経済体制の下で消費財輸出の余力がないために，アジア諸国市場が日本産業にとって開かれ，輸出軽工業分野の中小企業が大きな発展を遂げた大正期に着目する必要がある。輸出拡大は当然ながら国内消費の拡大にも弾みをつけ，内需向け工業分野や第三次産業も伸張した。ただし，大正9［1920］年には大戦終結後の反動恐慌の影響が現れた。株価が暴落し，ついで商品相場も混乱し，手形交換決済のできない銀行も出始めた。このため，原敬首相は財界救済を言明し，日本銀行は商業銀行のほか，製糖，製鉄，製銅，絹織物，製糸業，毛織物業などの業界への特別融資を決定した。にもかかわらず，銀行の破綻が続いた。このため，銀行合同手続きの簡素化を盛り込んだ銀行条例の改正が行われた。

　その後，株価は大正10［1921］年央から上昇し，生糸の商品相場価格も回復し始めた。反面，翌年には名古屋地区で銀行倒産が出るなど，信用機構の動揺は依然として続いており，こうしたなかで関東大震災が起きた。関東経済は大混乱に陥った。政府は急遽，支払猶予令（緊急勅令）などを公布しつつ，信用不安の収束に忙殺された。とりわけ，中小企業の金融的脆弱性が顕著となり，地方銀行が窮地に陥り，中小企業金融問題への対応策が模索された。

　既述の政策的対応の段階でみれば，第一段階（＝短期的な対応策。この特徴は既存の法制度，組織，予算の中でのルーティン的な範囲における状況的対応）での対応が図られた。大蔵省預金部から日本興業銀行の臨時工業資金部に1千万円を借入れさせ，中小企業への救済融資に振り向けさせた。翌年の大正13［1924］年には，さらに500万円の増額を行った。しかしながら，政策は緊急性の範囲に限られ，第二段階や第三段階へは昇華しなかった。

　やがて震災後の不安定なわが国の信用機構は昭和2［1927］年の金融恐慌につながり，さらに昭和4［1929］年の米国の恐慌に端を発した世界恐慌でさらに不安定化しつつ，昭和5［1930］年からの大不況下で中小企業が行き

詰まり始めた[16]。中小企業政策の第二段階への移行が模索された時期である。浜口雄幸内閣は金解禁と産業合理化政策,「重要産業統制法」や既述の「工業組合法」（ともに昭和6［1931］年）による公認カルテル政策を推し進めた。産業合理化政策に関しては，国内需要低落による不況からの脱出において，輸出市場開拓と合理化による国際競争力の強化が意識された。国際競争力は価格のみならず，品質面での強化が不可欠であり，中小企業性輸出業種での粗製濫造問題は是正・解消される必要があった。

また，信用機構の不安定化の問題は，中小企業への金融支援の緊急性と体系的政策の必要性を浮上させた。中小企業数の膨大性は中小企業への金融助成額の規模を著しく大きなものにすることは必至であり，政策的体系の整備，すなわち，前述の第三段階での取り組みが図られる必要があった。結果的にはこうした政策の整備には長期を要するため，実態において地方庁などの対応（たとえば，損失補償制度など）が先行した。中小企業金融政策ということでは，昭和11［1936］年の商工組合中央金庫の設置をみたものの，政府の本格的関与ということでは戦後に持ち越された[17]。

このように昭和恐慌以降，種々の中小企業対応策が模索，検討，試行されたが，日中戦争による戦時経済体制により，中小企業政策は統制色の強い政

---

[16] 当然ながら，生糸の主要輸出国である米国の大不況により，連鎖的に農村も大きな影響を受け，政府は農村救済，都市での失業対策にも忙殺されることとなる。政府は大蔵省預金部より農村救済のための地方資金の融通を決定するとともに，蚕糸業組合法（カルテル立法）などの制定を促した。また，浜口内閣は従前の緊縮財政での非募債方針を撤回し，失業対策公債の発行を決定した。

[17] 中小企業金融政策については，米国でも同様の理由からほぼ同じような傾向を見出すことができる。中小企業数が膨大であるゆえに，その政策理念と政策対象の明確化とこれに耐えうるような政府の財政余力が形成される第二次大戦後においてさまざまな制度の整備をみた。また，大恐慌下の公認カルテル政策なども米国でも試行されたし，また，ドイツでも同様であった。しかしながら，戦後において米国が反独占政策，ドイツは社会市場制度という政策理念を確立させていったことに対し，後述するように日本は産業政策的色彩の強い状況対応的な政策理念を持ち込んだ点は興味を引く。米国の詳細に関しては，つぎの拙著を参照のこと。寺岡寛『アメリカの中小企業政策』信山社，1990年。

策体系に統合され,敗戦を迎えることになった[18]。

　戦時期の中小企業政策の特徴は,戦時生産拡大を第一義として,この範囲で中小企業政策の振興あるいは保護を図るという点に見出しうる。より端的にいえば,戦時生産は効率的な物資統制（軍事戦略物資）を必要とするために,集中的生産と関連部品製造産業群（工程加工業を含む）の「統制」「監督」を不可欠とする。これは他面において不要不急とされる民需生産部門の企業の整理・統合を意味する。具体的には転業・転換政策がその内容であった。

　戦時下の中小企業政策に関していえば,軍需関連部品の中小工業育成策という形で技術移転などを企図した指導政策が実行された。転業・転換政策では消費財分野の中小工業,あるいは中小商業が対象となった。こうした政策でより重要な点では,政策立案やこれに関わる政策調査,政策効果へのモニタリング,さらには状況対応的な行政指導などいろいろな政策手法を経験する場が政府（とりわけ,政策官庁の官僚）に与えられた意味は大きい。また,さまざまな統制立法を手にした政府は,軍需産業を育成するために資金,資材,労働力の配分・配置に大きな権限を有し,産業政策的手法を経験したことも戦後におけるわが国産業政策のあり様を分析する上で重要である。

　もちろん,物資統制などは米国でも経験され,自由主義経済あるいは市場原理を中心とした経済運営は一時,機能停止となった。しかしながら,政府が統制しやすい軍需生産の効率的生産体制は結果的に米国経済の経済集中度を著しく高めることになり,戦後の政策理念において反独占政策的論理が打ち出された。この論理は「米国中小企業法」（1953年に臨時法として成立,1958年に恒久立法化）にも継承された。これに対し日本の場合,むしろ前述の産業政策的理念が継承され,「中小企業基本法」（昭和38［1963］年）の骨格にも継承されたことは,米国と好対照をなす。

　18）　ここでは詳細にふれる紙幅の余裕はない。寺岡前掲書『中小企業政策の日本的構図—日本の戦前・戦中・戦後—』を参照。

さて，戦後中小企業政策の進展である。最初に取り上げるべきは米国占領政策の影響とその定着・浸透の度合いに関する点である。米国占領政策の理念の機軸は非軍事化と民主化であり，さまざまな改革が試みられた。これらは農地改革，労働改革，財閥解体，地方分権化，教育改革など広範に及んだ。中小企業政策に関連してみれば，昭和22［1947］年の「私的独占の禁止及び公正取引の確保に関する法律」（独占禁止法）の制定が重要な意味を有した。

同法制定過程の原案は[19]，米国反トラスト法を念頭においたカイム試案を元に作成され，原理・原則性という点においては米国立法より厳しいものであった。この立法理念は，独占それ自体あるいは独占への企図が自由競争を妨げるものとみなされ，また，不当な取引制限行為についても排除されるべきものとされた。もう一つの重要な立法措置は昭和23［1948］年の「事業者団体法」の制定であった。これは「独占禁止法」条文にある私的独占団体の禁止に関連して，戦前・戦中の結成組合などのあり方を取り上げた。同法は，わが国中小企業政策の大黒柱であった組合制度の根拠に大きな影響と制約を与えることになった[20]。

つまり，わが国近代化のための輸出振興を前提として，粗製濫造問題の是正・解消を目的とした組織化中心の中小企業政策理念は，新たな政策理念の注入を迫られた。これは「独占禁止法」の理念であり，私的経済主体間の望ましい競争を阻害し，制約する組織化（とりわけ，戦時中の統制組合）は不当なものとみなされた。この新しい政策理念を象徴化するのは，昭和23［1948］年に制定された「中小企業庁設置法」であった。

ここで強調された中小企業政策理念は，大企業支配から独立した健全な中小企業こそが，経済力の集中を防止することで国民経済の健全な発達を促進

19）「独占禁止法」の制定に至るまでの過程については，さまざまな思惑と日米間の政策主体における政策思想の根本的な相違があった。詳細は寺岡前掲書『中小企業政策の日本的構図―日本の戦前・戦中・戦後―』を参照。

20）「事業者団体法」制定をめぐる日米双方のやりとりもまた，両国の組織化にかかわる政策思想の相違を確認する上で有効な視点を提供している。同上。

し，企業者に公正な事業活動の機会を保障することにつながるとした。中小企業政策における政府の役割は自由競争促進のための監視役であり，この担い手がすでに設置をみていた公正取引委員会と新たに設置される中小企業庁とされた。この米国型政策理念は戦前，とりわけ，戦中の政策論理とは隔絶したものであった。

やがて，米国の占領政策が終焉を迎え，日本側に政策形成の主体が移行されるに従い，こうした政策理念と具体的な政策立案の方向は大きな変化を迎えることとなった[21]。最大の政策争点は自由競争理念と競争政策（反独占思想）のあり方であった。より象徴的な表現でいえば，戦後改革理念の申し子であった公正取引委員会と戦前からの政策理念の体現者であった商工省の系譜にあった通商産業省（通産省）との関係であった。のちに中小企業庁を外局とした通産省は，つぎのような政策論理を主張した。

すなわち，自由競争とは資源（資本や物資など）が十分に市場に存在することを前提にして成立する効率的な経済制度であるがゆえに，復興期における資源供給に制約がある市場では，政策主体がその効率的配分に大きな役割を果たすべきであること。事実，基本的な素材や中間財を輸入に依存せざるを得ない当時の日本経済にとって，外貨獲得が重要な経済自立化のための前提であり，このために輸出工業をどのようにして再建させるかが大きな政策課題であった。反面，綿工業のように厳しい競争のなかで過剰生産に陥り，市場経済の自然調整に任せるほどの余裕はなく，こうした無駄な「過当競争」を政府が調整して，制約のある外貨によって供給される素材・中間財を有効に配分すべきとする通産省の考え方がそこにあった。事実，通産省は綿工業界に対し操業短縮の行政指導を行ったことで，公正取引委員会がこれを「独占禁止法」に違反する行為として位置づけ，通産省と対立することとなった。

---

21) 占領期から日本の独立期にかけての戦後改革政策の見直しについては，つぎの拙著に詳しく展開している。寺岡寛『日本経済の歩みとかたち―成熟と変革への構図―』信山社，1999年。

操業短縮の行政指導は，やがて戦後改革の政策体系そのものの見直しにつながっていった。「独占禁止法」の改正問題が浮上した。これには二つの流れがあった。一つめは「独占禁止法」の原則性を認めつつも，例外規定として不況カルテルあるいは合理化カルテルを認めようとする動きであった。これはその後の昭和28［1953］年の同法改正に盛り込まれた。ただし，実行上の問題として，不況認定あるいは合理化認定における公正取引委員会の判断基準があり，通産省からすれば不満が残る改正ではあった[22]。このため，二つめの流れとして，通産省は事実上の「独占禁止法」除外カルテルの政策立法化を図り，昭和20年代には2本，昭和30年代には12本の法案の成立をみた。この8割ほどは炭鉱，繊維，機械，電子，肥料，輸送，理美容，酒屋，漁業，果樹など特定業界を対象として「独占禁止法」の適用除外を図ったものであった。実質のカルテル結成件数では，輸出振興を背景とした中小企業団体（工業組合）が大きな割合を占めた。

　こうしてみると，戦後の中小企業政策は米国型の競争理念を持ちつつも，その後に戦前期政府主導型の産業政策理念（とりわけ，輸出振興）との角逐を迎えることとなった。これらの動きが一定の政策体系をもち，政策として強く打ち出されるのは昭和38［1963］年の「中小企業基本法」以降といってよい。戦後の経済復興から成長路線への転換には，産業政策（＝特定の輸出型産業への集中的てこ入れ）の補完的措置としての中小企業政策が強く意識された。大企業がようやく設備近代化を終えたものの，これを支える広範な関連分野の中小企業の近代化が遅れ，両者の間にある著しい生産性格差はやがて産業全体の国際競争力の維持・拡大に重大な制約条件となることが危惧された。このため，政府（＝通産省）はすでに「中小企業業種別振興臨時措置法」（昭和35［1960］年）で経験済みの中小企業近代化制度を，今度はより明確に「中小企業近代化促進法」案によって具体化する方向にあった[23]。

---

22) 公正取引委員会と通産省の対立と改正までの詳細な経緯については，寺岡前掲書『中小企業政策の日本的構図―日本の戦前・戦中・戦後―』に譲る。

実際には，社会党や民社党がより包括的な中小企業政策のあるべき姿を盛り込んだ「中小企業基本法」案を国会提出したことで，政府と自民党は急遽，前述の「中小企業近代化促進法」案と並行して「基本法」案に取り組むこととなった。必然，政府・自民党案の「基本法」には，「中小企業近代化促進法」理念が色濃く反映した。「中小企業近代化促進法」案では，中小企業の近代化を促進することが国民経済の健全な発達に寄与することが強調された。

　最終的に成立した「中小企業基本法」にはつぎの政策理念が盛り込まれた（これはあくまでも言葉という意味において）[24]。①中小企業の経済的社会的制約の不利是正，②産業構造の高度化，産業の国際競争力の強化，③中小企業の生産性及び取引条件の向上，など。戦後改革理念がここでは後退し，産業政策理念が前面に出た。これには「中小企業基本法」の前文にも明記されているように，貿易・資本の自由化への対応措置としての中小企業政策，すなわち，中小企業の近代化が強く意識された。

　その後，中小企業政策の展開における特徴は，産業政策論理を基調としつつ，社会党案や社会党案に盛り込まれた社会政策的側面を必要に応じて導入していったことである。戦前型政府と戦後型政府の大きな相違がその背景にある。これには財政配分という点から，戦前が軍事型国家，戦後が経済優先型国家と位置付けることもできる。昭和30年代以降の高度経済成長は，大きな政府の成立を財政的に可能にさせ，社会政策的対応を政治的な範囲で導入させていった。

　以上，戦後の流れを構図的に整理すると，前章でも示したように，日本の

23）　この制定過程の詳細はつぎの拙著を参照。寺岡寛『日本の中小企業政策』有斐閣，1997年。

24）　法律制定と実際の政策実施との間の距離は国によって異なる。米国のように法律と，たとえば，施行規則との距離が比較的近い国がある反面，わが国のように一応メニュー的列挙はあるものの，実際にはその後の通達行政によって状況対応的（もちろん，これには政治情勢も含む）に政策の軽重が決定されるような国もある。こうした対応には柔軟的な面がある反面，不透明，非公開といった問題があることはいまさら強調するまでもないであろう。

中小企業政策体系は，①独占禁止政策型理念，②産業政策型理念，③社会政策型理念，から構成されてきた。これら三つの要素が状況対応的に軽重を構成し，その時期におけるわが国中小企業政策の特徴を構成してきた。これには二つの方法があった。一つめは具体的な法律の制定（臨時措置法という形態も含む）による明示的な政策提示。二つめには通達などの行政指導による政策実施面での対応であった。さらに，この二つの組み合わせが三つめの「手法」であった。なお，ここでの状況対応的というなかには，国内での産業構造転換から，たとえば，日米間の貿易など経済外交上の対応措置（終局的には国内政治問題となる）まで広範囲な政策課題が含まれていた[25]。

この構図からすれば，平成11 [1999] 年の旧「中小企業基本法」の廃止と新「中小企業基本法」の制定は，市場競争原理の強調ということで，「小さな政府」命題の下で③の社会政策理念を問い直しつつ，①の政策論理をやや前面に出し（といっても，戦後改革期の独占禁止理念や競争政策理念とは異なる），技術開発型中小企業と既存企業への革新支援を強調することで新産業育成をめざしたところに依然として強い③の政策論理の残存を確認することができよう。

第3節　政策と政治

中小企業政策は経済的利害という経済論理のみならず，策定過程での政治的決定を不可欠とする。経済論理は一定の経済理論に基づく経済的考察あるいは経済学的方法論によって提示される。他方，政治論理は既存利益あるいは将来的利益の配分機構の決定過程としての役割をもつ[26]。この意味では，

---

25) この間の具体的な政策展開については，さまざまな中小企業政策立法を紹介する必要があるが，詳細は寺岡寛前掲書『日本の中小企業政策』を参照。
26) 戦時統制下においては，確かに政府が強力な公権力と強制力をもち，きわめて短期間に政策の実施を見るが，この場合にもさまざまな経済主体間の利害調整から全く自由であったことはない。むしろこの場合，調整範囲の差異と時間的な相違が重要であろう。

農業政策などもその形成過程で他産業との利害調整と配分・再配分，あるいは農業部門内（個別の耕作作物あるいは農業地域）での利害調整と配分・再配分をへて決定されてきた歴史経緯をもつ。以下，中小企業政策の主要アクターである中小企業者，政治的圧力団体としての組合などの組織，政党，政府などの動きを中心に政策の政治過程をみておこう。

まず，実証作業では具体的かつ緊急対応を必要とする政策争点があったのかどうかを問う必要がある。なぜならば，その政治運動がある程度の政治的要求を明確にした政策要求であったのかどうかによって，その実態の歴史的経緯をどこまで遡れるかが異なるからである。また，中小商工業や中小企業と呼ばれる層が独立して政治運動を形成したのかどうかも重要な論点である。多くの場合，中小企業者の政治要求は地域経済や企業一般のそれに重複する場合も多く見られるからである。

たとえば，明治初期から中期の自由民権運動についてみた場合，その運動は国会開設，地租軽減，条約改正を国民的課題として明治政府に対して要求した政治運動であった。この運動の担い手層には当時の重課の地租や租税によって大きな影響を受けつつあった在来企業家も含まれたが，中小商工業者という政治意識そのものの形成はわが国産業発展の初期段階であったため未成熟であった。

また，明治中期の地方産業の組織化運動（たとえば，茶業会，五二会―織物，陶器，銅器，漆器，製紙の五品に加え，彫刻と敷物の二品―，蚕糸会など）では，地方実業家等は自由民権家をも巻き込みつつ全国組織化され，農事会とも連動して農商務省や大蔵省などに建議を行った。とはいえ，この指導者は元農商務官僚の前田正名であり，こうした運動も政府の政策論理と明確な一線を示した政治意識を形成したとはいえなかった。このことは，やはり前田を指導者として進められた地方産業の振興を意図した町村是運動についても同様の指摘ができよう。

中小商工業者を巻き込んだ運動が始動するのは，その後のいくつかの企業勃興期をへて，実態として従来の手工業的家内工業に加え，工場制工業も大

きな発展をみせた大正期以降であった。政策争点の一つは，大正3［1914］年の三税（営業税，織物消費税，通行税）の廃止要求であった。ただし，その後の大戦景気が始まったことで廃止要求運動は大きな進展を見せず，大戦終結の反動不況が政府への救済要求運動を生んだ。この運動は地方（とりわけ，貧困地域など）や産業別（農業における小作料軽減運動なども含め）で展開したこともあり，特に中小商工業者が前面に出たわけではなかった[27]。

しかしながら，営業税廃止運動が息を吹き返した。中小商工業者を中心とする実業組合が全国レベルで営業税反対の統一運動を大正11［1922］年10月に組織した。翌年2月には，全国商業会議所大会で営業税全廃が決議され，2日後には全国商工業者大会が開催され同様の決議が採択された[28]。営業税廃止運動は関東大震災による混乱によって中断を余儀なくされたものの，結局のところ大正15［1925］年3月の一連の税制整理諸法（「所得税法」「地租条例」「営業収益税」「資本利子税法」などの改正）の見直しを促した[29]

つぎに中小商工業者を中核とした運動で注目すべきは金融恐慌と昭和恐慌によってその金融上の脆弱性が大きな問題となり，政府に対して公的資金の導入を求めた運動である。各地方商工会議所などが金利引下げのほかに[30]，種々の公的金融助成制度の導入を政府に働きかけた[31]。

営業税や金融問題に関わる政策要求は中小商工業者全般の運動であったが，

---

27) この時期には労働組合運動も活発な動きを示した。工場での人員削減に対してストライキによる抗議などがみられた。ちなみに，大正10［1921］年には労働組合数は300を数え，ストライキ数は250件近くに達した。農業においても小作組合が結成され，その数は680近く，争議も急増した。したがって，政府でも社会政策が模索され始めた。たとえば，失業問題への対処として職業紹介所法が制定された。他方，経営者側では，井上準之助や団琢磨等が中心となって日本経済連盟会が大正11［1922］年に設立された。

28) 農業者からも減税要求も高まっており，これに呼応して憲政会は大正12［1923］年1月に衆議院で田畑地租軽減法案の提案を行ったが，否決された。ただし，激化していた小作問題に関しては，大正13［1924］年に小作調停法が制定された。

29) 税制については，その後，昭和12［1937］年に「臨時租税増徴法」などの増税新法が制定された。

興味あるのは中小商業者の運動が工業者に先行した点である。この事例は産業組合，とりわけ農村の購買組合に対するいわゆる「反産運動」，あるいは不況下のなかで活発な存立をみせた百貨店に対する「反百貨店運動」であった。たとえば，反百貨店運動において，中小商業者は百貨店の「廉価販売」（百貨店は以前の高級品から日常雑貨品への販売へ移行しつつ，大量廉価販売策をとった），「商品券の発行」「営業時間」に対して是正を求める立法措置を政府に対して要求した。これには中小商業者（これには一部，工業者も含む）の政治団体[32]も関与しつつ，反百貨店のほかにも種々の政策も掲げた。また，商業者運動としては，同業組合制度から工業組合制度への移行の際にも，反対運動の展開もみられた。この反対運動では商業者，とりわけ，問屋が中心となり同業組合の連合体である実業組合連合会の政治結集力により，民政党にも影響を及ぼしつつ同業組合制度の存続を働きかけた[33]。

ここにも減税や金融助成要求も登場したが，高橋亀吉の関係した全国大衆党のように中小商工業問題の解決には，過小過多の中小商工業者の統制を求める政策要求もみられたことは注目される。このためには，組合制度の徹底

---

30) このために，六大都市商工会議所は昭和5［1930］年には郵便貯金利下げを要求したものと思われる。これは，各商工会議所の中小商工業金融改善案が郵便貯金や簡易保険からの中小企業への低利融資を求める内容となっていることからも忖度される。なお，こうした金利引下げと同時に，当時，労働団体が求めていた「労働組合法」の制定には，商工会議所は強く反対を唱えていたことは，中小商工業者の労働問題における政治意識において大企業経営層と大きな差異はあまりみられない。

31) 中小商工業金融助成案の具体的内容に関しては，寺岡前掲書『中小企業政策の日本的構図―日本の戦前・戦中・戦後―』を参照。

32) こうした団体は政党という名称がつけられたが，実態は政治団体といった方が妥当であろう。多くは東京や大阪の大都市で組織された。これには，たとえば，共和一新党，中堅建設同盟，全日本商工党，全国大衆党などがあった。これらの「政党」の政策要求についてはつぎの拙稿および江口論文を参照。寺岡寛「『社会政策時報』と中小商工業問題―問題認識と政策課題の形成を中心として―」『中小企業研究』（中京大学，中小企業研究所）第21号，1999年12月。江口圭一「大恐慌期の都市小ブルジョワジー―都市小ブルジョワジー諸政党の動向について―」『人文学報』（京都大学人文科学研究所），第7号，1960年。

的普及が重要であり，組織化政策こそが従来から継承されてきた中小企業の粗製濫造問題の根本的解決にも有効な政策と主張された。皮肉なことに，この実現は平時でなく満州事変から日中戦争，さらには太平洋戦争の勃発による戦時統制経済の下で達成されることになる。反面，中小商工業者の「自立的」政治運動[34]は大きく制約を受け，戦後に持ち越された。

戦後，米国の占領政策で大企業経営者の活動は財閥解体や公職追放などで大きな制約を受けたことに比べ，中小企業経営者が比較的活発な活動をみせた。ただし，中小企業の「奔放な活動時代」である昭和20年代のわが国経済復興期から高度成長期にいたる時期には，中小企業の政治運動は大きな変化を迎えていた。この変化は中小企業者が自らの政策的要求を掲げ，特定政党を支持し，あるいは自らの候補者を立てて，その「自立的」政治力を行使するという圧力団体型から，行政下部組織へと組み込まれていった動きであった。これは中小企業者の組織組合とその上部機構が補助金や制度金融上の配分機関として組み込まれつつ，その政治的自立性を失っていった過程でもあった。つまり，中小企業者組織が政権党の支持基盤に不可欠な所得再配分の機構内に政治的に位置づけられつつ，しかも一党支配が長期化したゆえにこの関係が固定化した[35]。他方，諸野党の支持基盤をなす中小企業者の政治力は分散化しつつ，その影響力も減退していった。

たとえば，これを日本中小企業政治連盟（中政連）の場合をとってみてお

---

33) 地方政治の選挙基盤において商業者はその数において多数を占める点において，野党の政友会に影響を及ぼしただけでなく，政権党の民政党にも圧力をかけえた。この点について，江口圭一は「政府対野党の対立のみでなく，与党内部にも深刻な対立を生起せしめずにはおかなかった。それは独占資本の利害に直結する政府・与党上層部と，中小資本に依拠する党下層部との対立であり，政党構造における本来的な矛盾の一つが露呈された」。ただし，問屋の経済的存立基盤はすでに弱体化しつつあったし，また，戦時経済下でその役割が根本的な見直しを迫られることによって，その政治力は大きな変容を遂げることになる。江口圭一「産業合理化と天皇制―工業組合をめぐる政治と経済―」『日本史研究』51号，1970年。同業組合制度と工業組合制度の対立と妥協については，寺岡前掲書『中小企業政策の日本的構図―日本の戦前・戦中・戦後―』を参照のこと。

こう。中政連は昭和30［1955］年12月の結成準備会をへて翌年の4月に結成された。中政連の結成は全国中小企業団体協議会（全中協）などの中小企業団体組織と比べ遅い印象を与えるが，ここにいたるまでの前史は既に昭和20年代に遡れる。結成運動の中心人物はやや意外な感があるが，中小企業経営者ではない。創設者は戦前のいわゆる日産コンツェルン，満州重工業開発株式会社の中心にいた鮎川義介であった。鮎川が中小企業に興味を持つにい

34）戦前期の日本において，中小商工業者の自立運動とその政党による取り込み（＝政権獲得）を促しつつ，自らの利益を代表する政党による政府の樹立という政治意識は明確ではなかった。また，政党がこれを意識して中小商工者の運動を取り込んでいったという点も必ずしも明示的ではなかった。これは日本における大正デモクラシーの評価，普通選挙と政党政治の成熟，あるいは日本的ファシズムという問題の検討をせまる。ただし，本書の範囲を大きく超える。だが，重要な研究課題である。たとえば，この点はドイツにおけるファシズム的あり方であるナチズムと中小企業者，とりわけ，手工業者との関係を見ておく必要がある。たとえば，柳澤治はこの点に関してつぎのように整理する。「中小ブルジョワジーは，1920年代の終わりに重大な危機に直面する。すでに巨大企業と銀行およびその独占の経済的支配の下でその地位を相対的に低下させてきた中小資本は，1929年恐慌によって深刻な解体の危機を迎えた。（中略）（資本主義―引用者注）体制の担い手・支柱であったこの中小ブルジョワジーが，資本主義体制の現状への批判者に転化し，社会的・政治的に反発を強めたとき，最も深刻な状況を迎えた。『中産階級』の中の反自由主義的・反議会主義的傾向（リプセット）の強まり，『反資本主義的』色彩をもつファシズムへの彼らの傾斜はその最大の現れだった。こうしたかつてのアンシアン・レジームに反対し，絶対主義の打倒と近代社会の創出のために闘ったあの社会層は，いまや近代社会の批判者に，そしてその一部はファシズムの社会的基盤に転化した。」柳澤治『ドイツ中小ブルジョワジーの史的分析―3月革命からナチズムへ―』岩波書店，1989年。序文，7～8頁。鎗田英三の視点はより鮮明である。同氏はユダヤ人迫害に関連させつつ，ドイツの中小商工業者（手工業者）のユダヤ人所有の百貨店への対決，ドイツ商業者の保護などの政治スローガンの有り様を検討して，「ナナは手工業の闘争スローガンを体系的にまとめ発表する。これは1933年以降も公式の闘争スローガンとして掲げられた。ナチの農業綱領に対応した手工業綱領とも呼べるものであった。……手工業の利害を代表するポストを政府に設けるという要求とともに，ナチの政権掌握後新たに15番目の項目として追加されたのであった……」。鎗田英三『ドイツ手工業とナチズム』九州大学出版会，1990年。

35）それでも，中小企業はさまざまな産業から成立することで，その政治意識は多元的であり，このケースの典型は農業分野であったことは改めて指摘するまでもないであろう。

たった経緯は，戦争協力の容疑により巣鴨に拘置されていた間に醸成させた彼自身の戦後経済復興の考え方に起因するといわれる。

すなわち，つぎの諸点である。①敗戦による「外地」喪失は資源獲得の制約を意味することであり，「質的に優秀でしかも低廉な労働力を豊富に温存しているのが，わが国の特長である。この国際的特徴を唯一の資源として，国民性に合致した産業を発展させる手があるのではないか。いいかえれば，日本人の優れた頭脳と器用さをふんだんに使って，物資の少なくてすむ仕事と取組むことこそ，わが国経済再建の鍵である」[36]こと，②したがって，現実的な日本経済の復興には「米，英，ソ連などのような自己の資源を基調とした重化学工業型と違った，いわばスイス式の加工貿易型の産業構造，即ち中小企業を基調としたものでなくてはならない」[37]，③輸出分野の中小企業を振興することによって「将来必要な原料をどこからでも持ち込まれる。したがって，重化学工業も自ら発展する。その結果，労働力の新規需要は，優に過剰人口で賄うことができるであろう」[38]という，輸出軽工業分野の中小企業発展を機軸として重化学工業化を図る二段階構想がその内容であった。

巣鴨を出てからの鮎川の行動は活動的かつ迅速であった。全国各地の中小企業実態調査に取りかかり，この調査結果を基に上記目的に合致した中小企業の設備投資や経営合理化を助成するため，「実験場」として昭和27［1952］年2月に株式会社中小企業助成会，同年8月には中小企業助成銀行が設立された。だが，この結果は「予期に反するものであった。（中小企業助成会や同助成銀行による助成によって—引用者注）コストの低下は，予想通りの目ざましいものであったが，売価が下がるので，とかくありがた迷惑の奇現象が現れるに至った」[39]ことから，鮎川は中小企業のもつ構造的問題の解決なくし

---

36) 日本中小企業政治連盟編『中政連—その思想とあゆみ—』ダイヤモンド社（1961年），4頁。
37) 同上，4〜5頁。
38) 同上，5頁。
39) 同上，6頁。

てはこうした経営合理化が意味をなさないと認識するに至った。これ以降,鮎川は自らの考える中小企業政策の実現を意識したように思える。

　事実,その後の鮎川の行動は中小企業の構造問題の解決策をめぐって展開していった。鮎川自身は中小企業相互の「われもわれもとまねて無茶な競争をする結果,買い手からも見透かされ買い叩かれる。特に遺憾なことは,輸出品についてバイヤー等に買い叩かれて,みすみす国として,取り返しのつかない損をする」[40] 過当競争体質を「中小企業の風土病」を名づけた。この問題こそが戦前来のわが国中小工業問題としてとらえられた。いわゆる「粗製濫造問題」の強い残存性が意識されたことは興味深い。しかも,この解決策も農商務省や商工省の指向した組織化(同業組合制度や工業組合制度)が,今度は鮎川によって主張されるに至る。戦後の米国占領による戦前来(とりわけ,戦時期)の組織化の見直しと「独占禁止法」による競争原理の導入が行われていたが,すでにこの時期にこれらの政策の見直しが鮎川等によって主張され始めたことに着目しておくべきである。

　この後,鮎川は解決策を「全国的な同業組合」の結成に求め,政治的運動として自らの資財を投じて中政連の結成を呼びかけた。この背景には,農業者が農地改革,労働者は労働立法,大企業部門は素材分野において傾斜生産方式などの優遇策が与えられたにもかかわらず,中小企業者には明確な助成策が提供されていないことにあった。中政連は二つの綱領を掲げた。一つめは「本連盟は,すべての中小企業に共通する要求を貫徹し,中小企業全体の地位の向上を期す」。二つめは「本連盟は全国の中小企業経営者及び従業員の民主的団結による政治的圧力団体として目的の達成を期す」。具体的には「中小企業団体法」の成立を促す期成同盟を結成して,政治圧力行動を強めた[41]。

　中政連は「中小企業団体法」案の策定に先立ち,昭和31[1956]年8月に同法案の要綱試案を決定した。この主要点は組織の主体者は商工組合であり,

---

　　40) 同上,6頁。

中小企業の団結権と団体交渉権を有すること。商工組合への加入について，中政連は強制加入を強く主張した。この目的は「従来のアウトサイダー規制の方法が，調整規定に従えという役所の命令のみであったのを改めてアウトサイダーを組合の中に入れることによって，共通のテーブルの上で同じ立場で討議し，その結果でき上がった組合の定めに対しては，みんながお互いに守るようにする。つまり，すべてを組合員の自主的な調整に委ねようという趣旨から出ているのであって，これを『義務加入』と表現している。それも，同業者の3分の2以上の加入者のある同業組合からの申請があった場合にだけ，政府が加入命令を出す。これによって天下り式強制でない業者間の自粛による業界の安定をねらった」[42]点にあった。こうした内容を含む法案の国会上程については，中政連は当初，圧力団体として議員立法の形で図ることに固守した。

このため，「中小企業団体法案」の第一次試案について，昭和31 [1956] 年の参議院選挙立候補者341名に対してロビー活動が展開され，当選者127名中から110名の議員の賛成を得た。また，知事選，都道府県議員選挙でも同様の候補者応援活動を展開させた。さらに，中政連は法案成立に向けて誓願運動を繰り広げた。他方，法案の主導権の駆け引きから，政府（中小企業庁）も法案の作成を急ぎ，中小企業振興審議会を設置し，同年に「中小企業組織法案」を発表した。こうした中小企業政策立法に対しては，公正取引委員会が難色を示し，主婦連合会や消費生活共同組合連合会なども反対を唱えた。さらには，日本百貨店協会，紡績協会なども反対を表明した。また，「中小

---

41) これに関連する政治圧力行動の一端は，中小企業団体法の成立を支持する国政選挙の候補者を応援することにより中政連の政治的影響力を高めようとしたものであった。昭和33 [1958] 年の衆議院選挙では中政連の推薦候補者244名のうち，181名の当選となった。政党別内訳は自民党155名，社会党22名，無所属3名，諸派1名となっていた。昭和35 [1960] 年の衆議院選挙でも推薦候補者249名のうち，当選者は199名を数えた。自民党はこのうち178名，民社党8名，社会党3名，無所属1名であった。詳細は前掲書36)，58〜59頁。

42) 同上，73〜74頁。なお，義務加入制によらないアウトサイダーの規制も，同じく同業者の3分の2以上の加入者のある同業組合からの申請があった場合に，発動されるとした。

企業団体法」の内容をめぐって全中協の内部でも意見が分かれ，反対者が中小企業同友会を結成した。

中政連，中同協といった中小企業団体，政府，政党，消費組合などの利害対立は，結果的には中政連と政府（自民党）の歩み寄りを生み，中政連提案と政府提案が一本化されることになった[43]。名称としては中政連案が残されたが，内容は両者の妥協となった。「同業組合」という名称が戦前期の封建的イメージが強いことから忌避され，「商工組合」に変更された。その設立には不況用件が加えられ，団体交渉の違反者への罰則は削除された。最も争点になった強制加入に関しては，その加入条件は中政連の3分の2案から4分の3へと厳しくされた。

国会審議では社会党などからの修正要求があり，自民党との折衝の結果，名称は「中小企業団体の組織に関する法律」へ変更，また，加入命令が出ても，加入に支障ある者は都道府県知事にその旨の認証を求めることでアウトサイダーとして止まることが可能となった。他の点で重要な変更は，事業協同小組合と火災共済協同組合が新たに付け加えられたことであった。この変更案には思わぬ伏兵があった。火災共済協同組合に対する損保業界や大蔵省の反対であり，この結果，法案の成立は次国会（臨時国会）へとずれ込んだ。

中政連の不満はいうまでもなく不況要件の導入にあった。結局のところ，不況要件の基準に関しては，中小企業安定審議会[44]の答申に委ねられた。中政連はこの基準には不満を示したものの，商工組合は輸出クリスマス電球でまず結成され，出荷と販売両面で調整事業が導入された。商工組合数は法律制定後の3年間で600を超えた。

---

43) 自民党内では政調会の小笠委員長，新たに党内に設置された中小企業対策特別委員会（首藤新八委員長）が中心となり法案の一本化作業が行われた。

44) 中小企業安定審議会の会長は村瀬直養氏であった。自民党政調会の小笠委員長，この村瀬会長もいわゆる戦前の中小工業政策に関与した商工官僚であったことは，注目される。戦後，新たな政策理念（多分にそれは米国占領政策による）を掲げ，中小企業庁を中心に中小企業政策が施行されるが，政策決定サークルには戦前期の組織化あるいは組合統制政策を担った人たちがいたことは注意を要する。

中政連のその他の政策要求を見ておこう。列記しておくとつぎのようになる。
① 事業税の撤廃。
② 「小売商業調整特別措置法案」―百貨店，生協，購買会が及ぼす小売商業者への影響の大きさから，小売業での適正な事業活動を確保することを目的とした立法要求[45]。
③ 「中小企業退職金共済法」案。
④ 地方町村部における小規模事業者への指導体制―当時，任意団体であった商工会の法制化要求。
⑤ 「中小企業労働福祉振興法」案―単独の中小企業では充実が困難な労働福祉を政府・地方自治体からの助成によって図ることを要求。
⑥ 「中小企業業種別振興臨時措置法」案―貿易自由化を前にしての二重構造問題の是正の必要性を主張。
⑦ 零細企業への社会福祉の充実。
⑧ 中小企業金融対策の充実。
⑨ 「中小企業基本法」案。
⑩ 中小企業庁の独立など。

上記の政治要求のうち何らかの形で実現されたのは，②の「小売商業調整特別措置法」案であった。これについては，中政連は他の中小企業団体，たとえば，全商連，全日本連，日専連，全国小売市場総連合会，日中連などと小売商法案促進協議会を結成し立法運動を行った。同法案は修正されたものの，昭和34［1959］年に成立した。③は政府提案立法により昭和34［1959］

---

45) 中政連はこの中身として「八原則」を掲げた。いずれも戦前の中小商業者の政治要求を彷彿とさせる。①小売業登録制，②大規模製造業の小売直売行為の制限禁止，③卸問屋の小売業制限禁止，④公設・私設小売市場の許可制導入，⑤消費者生活協同組合の抑制，⑥購買会の規制，⑦大資本による連鎖店経営の制限禁止，⑧小売商業での事業活動に関する紛争解決のための商業調整審議会の設置。なお，戦前期の商業問題については，つぎの拙稿を参照。寺岡寛「『社会政策時報』と中小小工業問題―問題認識と政策課題の形成を中心として―」『中小企業研究』第21号，1999年。

年に成立の運びとなった。④は昭和35［1960］年に「商工会法」の立法形態をとった。また，⑨の「中小企業基本法」も昭和38［1963］年に成立した。

このように，中政連は昭和30年代のわが国中小企業政策立法のすべてに関与したことがわかる。しかしながら，皮肉なことに彼等の政策要求が何らかの形で実現するにつれ，中政連の政治力は低下をみせはじめた。これは中政連の政治力の中身そのものに本質的矛盾があったことに起因した。一つには中政連の表向きの急速な膨張は，鮎川個人のカリスマ性によってもたらされたものだけに，中政連はその内実においてさまざまな利害をかかえた中小企業者の「水ぶくれ」組織であった[46]。

また，中政連が掲げた政策理念も戦後の新たな意識をもつ若年層にどれほどの影響力を確保したかどうかも疑問であった。鮎川自身，中政連の政策綱領で「民主的団結」を掲げたものの，「中小企業団体法」案の政治活動で顕著であったように，「中小企業全業種を商工組合という同業団体に組織化し，それを地域的な横の線と業種別の縦全線で府県段階から中央段階へとピラミッド型に積み上げ，それを体として中政連の実質的下部組織化する。より正確にはこの商工組合を単位としたピラミッドと中政連組織を表裏一体ならしめるということではなかったのか。つまり，旧来の中小企業団体を改変・再編成して，業種別産業別の全国組織を作るという鮎川氏の基本構想は依然としてここでも貫かれている」[47]ことにおいて，戦前期の論理が色濃く反映

---

46) 田口富久治は団体法案の際の期成同盟が中政連240支部，5千の参加団体，1300万人の会員という数字に疑問を呈している。昭和32［1957］年末でも中政連は214支部，組織会員数は約30万人であったという数字を紹介している。田口富久治「中政連における組織問題」『年報政治学』，1960年。また，鮎川のカリスマ性とその個人資金に依存した運動組織はその死去によって大きな転換を迎えるほかに，組織の公私混同をもたらす。事実，この一端は鮎川の息子である鮎川金次郎（当時，中政連青年婦人局長）の昭和34［1959］年の参議院選挙への出馬と選挙違反行為が典型であった。この選挙では参議院全国区に鮎川義介など6名，地方区には既述の鮎川金次郎など4名が出馬して，鮎川親子のみが当選したことは，中政連の政治力のあり方を示す。

47) 田口前掲稿，68頁。

されていた。

　こうした政治組織のあり方は地方において，中政連の政治的主張とは関係なく多分に地縁的あるいは血縁的な「付き合い」が連動されており，中政連が掲げた諸政策立法が一応の成果を見せた後で，急速な瓦解をみせた。このことは，中小企業者という政治層が現実には地方や地域の利害集団，さらには産業あるいは業種別集団に分断され存立していることの証左であり，恒常的に政治政党を形成しうるに足る一定層ではなかったことをも示した[48]。中小企業の日常的実利主義にみられる多種多様性の「政治的動員」の困難さがそこにあった。これは鮎川自身が変革を主張したまさに「中小企業の風土病」として中小企業者間の「抜け駆けは好きだが，協同動作は好まない」[49]性癖であり，克服すべき問題であったことはいうまでもない。

　以上，中小企業政策の形成を政治過程や政治運動の過程からみた。重要なのは，中政連などにみられた中小企業者の政策要求の政治的統合過程を「日本的構図」として範疇化できないことである。これは米国中小企業者の政治

---

[48]　田口はこの点についてつぎのように的確な指摘を行っている。「丸がかえされた既存集団のメンバーの中政連の目標・政策・組織性にたいする受動性ないし無関心である。いいかえれば彼等が鮎川宗の信徒であり，本部が案出し，圧力活動を行い，立法化した政策の顧客であっても，政治的結社としての会員でないという矛盾である」。また，田口は「ほとんどあらゆる種類の性格や業種―工業・商業・サービス業の三大業種，それをさらに細別すると三百六十種におよぶといわれる複雑性を持つといわれ，さらにそれらが大企業との関係つまり大企業の系列下にあるが，連携を保っているか，独立性をもつかで三種に分かれる―それらの既存団体相互間の矛盾が中政連内部に持ちこまれざるを得ないという問題である……」と分析した。田口前掲稿46)，72～73頁。

[49]　中政連前掲書36)，6頁。なお，田口は当時，経団連会長の石坂泰三が中小企業の多様な意識構造を「ナンキン米」ととらえ，中小企業の組織化は困難である（つまり，パサパサした米で互いにくっつきにくい意）とみたことについて，その理由をつぎのように説明する。①中小企業者の過当競争に由来する相互的不信感と閉鎖的性格，②大企業―取引先，問屋，親工場に系列化されていることに由来する諸困難，③政府・自民党の政策に由来する場合，④社会党・総評など革新勢力の側からする中小企業，特にその労働者の組織化との対抗，⑤これらの諸要因によって規定される中小企業者の日常的実利主義の傾向と政治的無関心。田口前掲稿46)，83～84頁。

要求と中小企業関連の圧力団体との関係にも当てはまること点も多い[50]。これは中小企業者の経済的位置の多面性に本質的に関連する。既述のように,これは地域経済的差異および産業的相違による,中小企業者の政治的意識構造の多層性に由来する。このこと自体が,その国のデモクラシーのあり方ともあいまって,中小企業政策立法をめぐる各政党から提案される修正要求に反映され,結果的に中小企業政策立法における性格を形成させる[51]。

ただし,日本の場合には,中政連運動が大きな転機を迎えはじめた頃には,

---

[50] 米国における中小企業政策立法の制定過程と中小企業者団体との関係については,つぎの拙著を参照のこと。寺岡寛『アメリカの中小企業政策』信山社,1990年。

[51] これは農業政策においても共通するが,農業者の意識構造と中小企業者のそれとは必ずしも同一ではない。中小企業者の意識構造の位置付けのためにも,農業者の政治意識と農業政策についての比較分析は日本のデモクラシーのあり方とも相俟って重要な研究課題である。たとえば,渡辺治は日本の戦後型政治を民主主義的枠組みのなかでの,企業社会的統合の上に立った政治体制(企業の労働者支配→保守党政権支持→経済成長の追及)ととらえ,その結果として,あるいはそれゆえに,「企業社会的統合を支えるための経済主義的な政治と『周辺』に対する利益誘導政治という二本柱(=「企業社会に直接組み込まれない農業や自営業者など『周辺』諸階層を利益誘導政治で統合する形)」とみた。では,農民をめぐる政治運動や農協運動(組織化)の本質は何であったのか。この点について,渡辺は①農協運動こそが戦後改革によって生み出された自作農の把握と彼らを圧力団体化することで保守政治家と結びつかせ,農協の政治力を高めたこと,②農村の地域格差については,「ほぼ全国の特殊地域補助立法によってカバーされることになってしまったのである。かくして全国の補助金増加の梃子となった」と指摘する。なお,旧「農業基本法」で解決が意図された農業問題はさまざまな形で解決されずに至っている。そこには減反政策の矛盾,脱農業化と地域経済の雇用問題などさまざまな課題がある。この解決は前述の農協運動などをめぐる政治的構造は,それ自体が生み出した減反補助金,土木事業への補助金によって,今度は支えられているという形態になっている。いずれにせよ,多血性ということでは,中小企業者がより顕著であり,このことが中小企業者の政治構造を作り出し,また,中小企業政策立法のあり様を形成していることはいうまでもない。渡辺治「『戦後型政治』の形成と農村―高度成長・農村・民主主義―」,南亮進・中村政則・西沢保『デモクラシーの崩壊と再生―学際的接近―』日本経済評論社,1998年。なお,地方都市の時系列的政治意識の変化もまた,農業政策のあり様をみる上で有益な視点を与えてくれる。これについては,たとえば,つぎの文献を参照のこと。森武麿・大門正克編著『地域における戦時と戦後―庄内地方の農村・都市・社会運動―』日本経済評論社,1996年。

中政連がその立法化に力を入れてきた諸法制とその立法化への政治運動の手法そのものが，政権政党（＝自民党）の利益誘導に吸収されていった。以降，自民党の一党政権の長期化はこの構造を強固なものにしていった。

第4節　政策と関与

　中小企業政策の歴史的形成過程から導き出されるいくつかの特徴は，別段，中小企業政策のみに指摘しうるものではない。それは多くの経済政策に共通する諸点を含む。政策主体である議会や政府にとり中小企業問題の解決が唯一の政策課題ではなく，同時並行的にさまざまな経済的かつ社会的問題があり，その政策的解決が多くの側面に関連して図られるのが常である。

　これら諸問題の断層面が国内政治的あるいは国外政治的（＝外交面）緊急度において，金融政策，財政（公共投資）政策，通商政策，地域政策，農業政策，産業政策，運輸（交通）・通信政策，社会福祉政策，さらには独禁政策（＝競争政策）などの形態と範疇で実施される。通常の場合，単独でなく，これらの政策が種々組み合わされるのが普通である。実際，これら諸政策はいずれもがその概念と政策被対象層において重複する。

　中小企業政策は零細生業層（自営業概念を含む）から大企業までの膨大な数を形成する企業群から，中小規模経営の一定規模層を選択し，それを政策被対象層として実施される政策の総称である。必然，各国の中小企業政策は中小企業の定義をもつ。歴史的には，公的資金助成の導入（国により軍需など官公需政策の実施にともなう）が中小企業の明確な定義を必要とさせた。これには質的定義（市場支配力や大企業の子会社などの概念）に加え，量的定義（資本金あるいは出資金，従業者数，年間売上額，生産数量単位など）が使用される。

　これらの定義により選択される「中小企業」は，それぞれの国民経済において全企業数のほとんどを構成する結果となる[52]。問題はこうした政策的定義によって政策対象となる中小企業を絞っても，なおかつその数が膨大で

あり続けることである。

　確認すべきは中小企業政策における政策被対象層の「多数性」である。

　このために，政策目的に合致する範囲で対象となる中小企業層がさらに絞られるのが通常である。たとえば，地域別，あるいは問題を有する産業別（実際にはこれよりさらに細分化された概念である業種別）というのがこの典型事例である。たとえば，地域別といった場合には，各国とも共通するのが高率失業地域対策，産業別の場合には，輸出振興，あるいは輸入急増による被害が大きい産業群への対策がその実質的内容となる。ただし，この産業と地域という政策課題は多分に重複することも多い。

　この意味では，中小企業政策に果たしてその独自的な政策領域の設定が可能かどうかという基本的な問題がある。これを農業政策との関連でみればはっきりする。農業政策は農業分野（実際には農業活動の外延性によりその周辺産業分野を含む）を対象とする。これに対して，中小企業政策は建設業，鉱工業分野，商業（卸・小売業）などの流通分野，さらには実に種々雑多な部門から構成されるサービス業分野までとその「守備」範囲は極めて広範囲に及ぶことが特徴である。

　確認すべきは中小企業政策が対象とする産業分野の「広範囲性」である。

　問題は，中小企業政策に特徴的な被対象層の「多数性」と「広範囲性」が，三輪芳朗の用語[53]を借りれば，財政的にまず「政府の能力」を超えることである。無論，実際の問題解決能力面でも，政府が解決しうるのかどうかという本質的な問題もある。したがって，政策実施にあたってはいわゆる「広く浅く」か，あるいは「狭く深く」の選択を迫られる。

---

52) 私自身はこうした中小企業の内部の規模別概念をつぎのように構成している。雇用者を持たない自営業層（象徴的に papa-mama business, PMB），これに家族従業員が加わると家族企業層（family business, FB），さらに近隣範囲において有給従業者を雇い入れた零細企業（micro business, MB），これから先は雇用規模に応じて小企業（small business, SB），中企業（medium business, MeB），中堅企業（intermediate business, IB），大企業（large business, LB），超大企業（super-large business, SLB）。

53) 三輪芳朗『政府の能力』有斐閣，1998年。

「狭く浅く」に関連した個別助成（ミクロ）政策は，元来，中小企業政策での被政策対象の一層の絞込みを必要とさせる。この絞込みには政策目的の一層の明確化と同時にこれに合致しない中小企業層の排除が前提となる。この過程は，すでに中政連を事例として取り上げ具体的にみたように，異なる存立をみせる中小企業者の利害の政治的調整コストを大きなものとさせる。このことは，中小企業政策という，政策主体における多数性かつ広範囲性をもつ中小企業への公的関与において，その関与方向はよりマクロ的政策，さらには市場ルールに関わる分野において「広く浅く」という政策原理が選択されやすいことを示唆する。

　マクロ政策には，金融政策（たとえば，金利政策など）や財政政策（たとえば，公共事業などのスペンディング政策など）が考えられる。また，市場ルールでは，つぎのような諸政策の実行が必要となる。一つめは，不公正な取引行為の規制に加え，市場で経済的優位にある大企業の独占行為の抑制，あるいは独占的地位そのものへの是正措置といった一連の独禁政策や競争促進政策である。二つめには，こうした規制策とは逆に，従来は規制の意味はあったものの，経済環境の変化などで現在は不必要となり，民間経済活動の正常な発展を阻害するようになった法的規制措置の廃止や緩和政策である。

　個別助成策としての中小企業政策からよりマクロ的な政策への移行は，中小企業庁などの機能再編，あるいは他省庁との関係見直しを迫る。独禁政策や競争政策は，政府関係機関における市場機構監視役としての役割強化を不可欠とする。必然，公正取引委員会の役割強化，たとえば，経済調査機能の拡充に加え，是正措置は司法的判断を前提とすることから法務部門拡充も必要となる。

　他方，中小企業庁などでもこれに関わる部門の拡張，たとえば，米国中小企業庁のような中小企業擁護局（Office of Advocacy）のような部門の設置も重要となる。こうした部門は同時に，規制廃止あるいは規制緩和に伴う中小企業への影響のモニタリングと，当初意図したような有効な競争が実際に行われているかどうかのモニタリング機能をもつ必要がある。

第4節 政策と関与　57

　したがって，マクロ政策を重視する方向は，中小企業庁などのモニタリング機関としての役割を今まで以上に高める。なぜならば，こうしたマクロ政策は，中小企業のみを対象としたものでなく，それはいわば企業全般を対象とする。この意味では，政府の民間企業に対する一般的政策であって，その対象の中に中小企業が含まれることになる。もちろん，企業数全体からすれば，そのほとんどは中小企業であるということにおいては，中小企業政策たりうる。ただし，こうした政策から生じる利害は経営規模の相違により現実には異なるがゆえに，モニタリング機能が必要となる。

　ここで政策主体における中小企業への公的関与の必要性について，再度振り返っておく。これには既述のように，第一段階で特徴的な緊急性への対応であった。歴史的には大幅景気後退による社会経済的不安定性への対処（中小企業層の倒産の急増と地域経済への大きな影響など）の必要性があった。これとは別に，中小商業者の反百貨店運動のように市場での経済集中度の高まりによる，大経営対中小経営との対立と，政府にその規制と紛争処理・調整（もちろん，これは不況期に一層顕著となったが）を求める政治運動への対応において，中小企業政策という政治的メッセージを打ち出す必要性を高めた。

　こうしたさまざまなモーメントにより，第一段階から本章第1節でふれた第二段階，第三段階へと昇華した中小企業政策の理念形成とその下での政策体系の整備が図られてきた。しかしながら，中政連の中小企業政策立法制定運動の事例でみたように，中小企業政策は矛盾に満ちるものであった。これは種々雑多な中小企業の存立条件や存立状況そのものを反映したものであった。したがって，こうした諸要求に個別的に対応することは，種々雑多な助成政策を堆積させる可能性を著しく高めるし，また，日本のみならず各国においても整合性のないアドホックな制度も生み出してきた。

　この意味では，公的関与の必要性は中小企業政策においては，有効性の視点から，すでに述べた「多数性」，「広範囲性」そして「政府の能力」という点において，個別助成政策からマクロ的政策への転換を遅かれ早かれ必然化させる。したがって，中小企業政策はその個別助成措置[54]から，緊急性あ

るいは市場の失敗に対する是正措置や補完措置としての政策理念を保持しつつも，マクロ政策体系を前提とした政策体系への再構成をはかる必要がある。

---

54) 個別助成措置には，具体的に施策ごとに税優遇策，補助金，融資（信用保証制度を含む），経営・技術指導があるほか，官公需制度もある。このうち，融資制度については，現実には中小企業間のいわゆる「情報の非対称性」があることにより（あるいはこうした公的制度への無関心も含め），その予算枠が時として消化されないこともある。このことは他方で，公的制度の情報に簡単にインターネットなどで接近できるようになると，たちまち，融資申請者の数が急増して，融資制度の円滑な運用が困難になり，予算の過少性（対象となる中小企業数が予算に比べて膨大である）というケースがでてくるであろう。これは本質的な中小企業政策における「多数性」の問題を象徴化する。したがって，米国中小企業庁のIT型情報提供サービスへの移行は，必然，個別助成に重点をおくミクロ型政策の転換を迫り，マクロ的政策の導入の方向に弾みをつけていくものと思われる。

第2章　中小企業政策と政策構想

第1節　吉野信次

　政策とは生起した問題への対処とその解決，あるいはこれに関連した所期の目的の達成を意識したその実行への政治的決定結果としての方針と定義づけることができる。こうした政策の構図は単純化して示せば，政策とは一つには生起した問題への対処とその解決方法である。これはあくまでも問題対応的，あるいは対症療法的政策論理である。二つめは，ある目的の達成（現在時点では達成困難であるものの，段階的接近が可能であろうと判断される到達点）への目的志向的対応である。こうした政策は明治期のわが国経済政策など西欧的近代化を意識した一連の政策，あるいは，第二次大戦後のわが国政策体系と重なる部分である。また，従来の所謂途上国での開発政策，最近では東欧諸国など移行期経済における政策論理でもある。

　これら二つの政策論理の関係は，経済発展や社会的変化など時間差があることによって前者が「先例なき先導者」であり，後者が「観察者」として位置づけられる。そして，後者においてしばしば前者の成功や失敗から，より明確な政策論理が引き出され，より体系的に政策が企図・実行される。この意味では，第一のケースは種々の問題が発生し，それへの明確な政策体系や政策論理が形成される前に，個別問題への個別対応が主軸となり，後にある一定の政策方向が鮮明となる場合が多い。つまり，ある国において時間的範

囲で先進的な実態があり，そのもつ種々の問題への対応と，この対応が及ぼす反作用的な「問題」の発生と，それへのさらなる対応という循環のなかで模索試行されたものが，発展段階で「低位」にある「新参者」の他国事例からの学習をへて一層明瞭な政策体系を形成する。

したがって，ここでは新参者である後発国で，①先発国が失敗した問題処理への回避を意図した政策論理や，②望ましいと判断されるある一定の状況（たとえば，産業構造の転換や輸出産業の育成などを含め）への時間節約的，あるいはコスト節約的な到達経路を意図した政策論理を先行させる傾向がみてとれる。しかしながら，この種の政策の採用が当初に意図したのと同様の政策効果を生み出すのかどうかはまた別問題である。これは政策一般に関していえることであるが，後発国が先発国と全く同じ条件の下で政策を実施し得ることの方がむしろ少ないことと関連する。また，政策は制度を生み出しても，その前提となる実態を生み出すわけではない。

本章では政策に内在するこれらの諸点を念頭に置きつつ，わが国経済の「途上期」であった大正期および昭和期の工業政策，とりわけ，中小工業政策の模索と展開を商工官僚吉野信次の政策構想とその周辺に焦点を当てながら明らかにしていきたい。後述するが，吉野自身は海外渡航による知見に加え，旺盛な知的好奇心で海外文献・資料の渉猟を通じて先進諸国の実態や政策についても相当な知識を有し（＝学習効果），それだけに上述の問題回避的あるいは時間節約的政策論理を含んだ方向を目指したように思われる。そうだとすれば，吉野が描いた政策構想と実際のわが国中小工業の軌跡とはどんな関係にあったのか。本章では，こうした点を探りたい。

まず，吉野信次の戦前期の歩みをみておこう。吉野は明治21［1888］年9月，宮城県志田郡古川町の綿や綿糸を扱う商家の三男として生を受けた。長兄は後に「民本主義」を提唱し，大正デモクラシーの旗手となる吉野作造（1878～1933年）であることはよく知られている。吉野信次の自伝『青葉集』は，同じ「東北人」であり，当時，第一高等学校校長であった新渡戸稲造の影響を受けたことを示唆している[1]。吉野はその後，東京帝国大学法科大学

（独法学科）をへて，大蔵省と農商務省という選択のうち後者の農商務省へ入省した[2]。

吉野は入省後，文書課に籍を置いてしばらくして，パナマ運河開通記念と

---

1) 吉野が第一高等学校に在学したのは明治39［1906］年9月から明治42［1909］年7月までの期間であった。新渡部稲造（1862～1933）は現在の盛岡市生まれ，札幌農学校教授，台湾総督府技師・殖産課長，京都帝国大学法科大学教授，東京帝国大学法科大学教授をへて，明治39［1906］年9月に第一高等学校校長に就任し（ただし，明治42［1909］年から東京帝国大学法科大学教授兼任），大正2［1913］年に同専任教授になるまでこの職にあった。新渡部稲造全集編集委員会編『新渡部稲造』第1巻（教文館，昭和44年）の略年譜による。
2) 官吏という吉野の職業選択に関しては，つぎのような経緯があった。「吉野が大学3年のとき，同じ下宿に同郷の先輩で，官吏志望の人がいた。そこで，高文試験の準備をするわけであるが，一人で勉強するより，誰か相手があって，一緒にやってくれると何かと都合がいい，というので，吉野がその役を求めに来た。吉野は卒業までまだ一年あるし，卒業後の職業のことを考えなかったが，折角の先輩の頼みなので，これに応じた。……吉野は，この先輩に頼んで，受験手続きをした。ところが，7月になって，その人は受験を諦め，三菱商事に入社し，長崎の支店に赴任してしまった。しかしその翌年改めて高文を受験して内務省に入った。おもうに本来，官界志望だったが，9月の受験までに準備が覚束ないと見て，一時延期したのであろう。このため，吉野は拍子抜けの形で自分も受験を見合わそうかと思ったが，受験料も10円納めてある。これを無にするのも惜しいと思い，一人で受験することとにした」。吉野が後に商工大臣にまで上り詰めたことを考えると，意外な感じのする職業選択ではあった。吉野信次追悼録刊行会編著『吉野信次』（昭和49年），114～115頁。こうした高文試験を受験した吉野は順位2位という好成績を残し，どの官庁に入るべきか山田三良教授を訪ね相談している。山田の推薦は大蔵省であったものの，大蔵省と農商務省は吉野の採用をめぐって綱引きとなり，結局のところ農商務省への入省となった経緯があった。これについては，大蔵大臣秘書官黒田英雄のつきのような回想が残っている。「山本達雄は，山本権兵衛内閣の農相になるとき，当時農商務省がいわば二流の役所であって，あまり秀才が来ないということをきいた。山本は女婿・松村真一郎（農務局長，農林次官）からそのことをきき，大切な産業省が，そのような傾向では困る，ひとつ秀才を集めようと考えた。そこで富井政章博士に相談した。博士は，山本が日銀総裁時代当時，同行の法律顧問で，もっとも信頼する人であった。山本は，富井先生に今年度の東大卒業生の中から最優秀なものを推薦してくれと頼んだ。富井先生が吉野を推挙したのである。……吉野は先生の講義を受けたが，在学中教室以外では，一度もその温容に接したことがなかった，という。その富井先生が山本農相の薦めによって，吉野を推薦したのである。吉野は，富井先生の知己を得，先生のお名ざしで山本達雄農相に名を知られ，農商務省入りをしたのであった。」同上，123頁。

して大正4［1915］年にサンフランシスコで開催されることになった国際博覧会（＝万国博覧会）に日本も参加することになり，前年に設けられた農商務省の博覧会事務局3)の書記を兼任した。この職にあって，吉野は入省の早い時期に海外渡航を経験した。博覧会事務の合間に，吉野はカリフォルニア大学（バークレイ校）の「労働問題」講座の聴講，博覧会に展示されていた各種労働団体の資料収集と共に，米国労働団体への訪問などを通じて米国の労働問題と政策への知見を深めた。こうした知識は後述のように役立つこととなる。日系移民排斥の機運が高まるなかでの約1年半ほどの米国滞在であった。

米国から帰国後，吉野は文書課に短期間復帰したあと，すぐに内務省出向となり，大正5［1916］年に兵庫県理事官となり，兵庫県に工場課長として赴任した。この職は明治44［1911］年公布の「工場法」4)運用の監督者であった。吉野は第一次世界大戦景気に沸く川崎造船や鐘紡などの大工場とともに，マッチ工場など中小工業の労働条件について実地に見聞する機会を得た。とはいえ，吉野の兵庫県時代は1年余であり，大正6［1917］年には農商務省に復帰し，新設の臨時産業調査局の事務官となった。吉野は同局でわ

---

3) 明治政府は当初から国際博覧会には積極的な参加方針をとってきた。この所管は農商務省であった。ただし，政府（＝農商務省）自ら事務局を設けるような方式はこのサンフランシスコ国際博覧会をもって終わり，以降，民間団体への補助金を通じて関係者の参加を促す間接的なものへと転換させた。なお，サンフランシスコ博覧会の事務局総裁は農商務大臣山本達雄，副総裁にはアメリカ開催ということもあり，アメリカ留学の経験をもつ瓜生外吉海軍大将が就任した。

4) 同法の成立過程では紡績業や製糸業の経営者から強固な反対があり，適用対象工場の規模が職工数15人以上となり，かつ，法律の適用期間が先送りされるなどの妥協の末，成立した経緯があった。大正5［1916］年からの適用はこうしたことを背景とした。こうしてようやく地方庁に工場監督官が配置された。吉野はこの制度の下で最初の工場監督官の一人となった。なお，工場監督官（高等官）の設置は工場数の多寡により決定され，工場数の多い地方庁が優先され，警察部門に工場課新設というかたちで配置され，その他の地域では工場監督官補（判任官）が置かれた。この場合には，警察部門の保安課が違反工場の取り締まりに当った。

が国産業の実態調査とともに，外国文献資料の翻訳作業に携わった5)。

　吉野はこの約半年後に大臣秘書官（正副秘書官のうち副）との兼任となるが，病を得て約1年半の休職を余儀なくされた。復帰は大正8［1919］年8月，鉱山関連の労働行政担当の鉱山局鉱山監督官であり，農商務参事官との兼任であった。翌年には工務局工務課長，大正11［1922］年には同工政課長に就き，以降，商工分野とりわけ工業畑を歩むこととなる。当時のわが国の主要産業は軽工業，特に繊維であり，吉野は工政課長として当然ながら繊維産地の諸問題に関与することとなった。たとえば，大正12［1923］年には輸出羽二重産地の福井県を調査した。当時，福井県は明治中期から羽二重産地として順調な発展を遂げ，特に第一次大戦景気によりさらに大きく飛躍しようという時期にあったものの，大戦景気の一巡による反動不況が本格化し，倒産・事業縮小など転機にあった。結果，福井産地も輸出からの転換を図りつつあった。吉野の工政課長時代はこの時期にあたり，この経験が吉野の中小工業観を形成する上で重要であったと思われる。

　ところで，農商務省は大正14［1925］年4月にわが国の工業部門の興隆を反映して，農と商工分離が進み，農政担当部門が農林省として，商工部門が商工省として分離独立した。吉野はこの前年に農商務省の文書課長となっていたが，分離後の処遇は商工省側の文書課長にとどまった6)。この分離により，当時の重要産業であった蚕糸などは農林省に移管され，商工省には商務局，工務局，鉱山局，外局として特許局，八幡製鉄所が残った。

　この頃の商工省の懸案には，第一次大戦を契機として発展した日本経済の戦後経営問題があった。具体的には，発展を遂げたものの，他方において脆弱な存立構造をもつ産業群を如何にして強固なものとするかという政策課題があった。昭和2［1927］年には，こうした諸点に関して「商工振興の具体的方策」を検討するための商工審議会が設置され，4つの委員会（産業振興の基礎的政策，重要工業に関する政策，改善方策，産業行政）が組織された7)。

　5）　当時，同局には河合栄治郎（後に東大教授，1891～1944）がいた。

吉野も文書課長として同審議会の運営事務に多忙を極めた。

　吉野は翌年には工務局長に昇格した。工務局長時代の仕事として注目すべきは，臨時産業合理局に関わる政策立案である。「産業合理化」は，従来，第一次大戦で疲弊したドイツが産業復興運動として米国型の科学的諸管理手法を取り入れつつ，労使協調運動として普及させた。日本では昭和恐慌下の金解禁を目前に輸出産業などの立て直し策の一環として展開し，臨時産業合理局の活動もこの流れに沿った。現実には，浜口内閣下の臨時産業審議会（昭和5 [1930] 年設置）で産業統制，規格統一，単純化，金融改善策，国産品愛用運動をその骨子とする産業合理化政策が打ち出された。

　臨時産業合理局はこの方向をさらに推し進めるために商工省の外局として設置され，商工相がトップとなり，組織的には第一部が企業統制，科学的管理，産業金融の改善を，第二部は工業品規格統一，国産品愛用運動をそれぞ

6）　農商務省文書課長の時に，吉野は欧米出張を命じられていた間に，農商務省の分離問題が進展し，吉野の処遇をめぐっていろいろな人事案があった。このあたりの事情については，つぎのようなエピソードが残されている。「当時，農商務省に蚕糸課長というのがあって，それは従来，昆虫のことが判る技師が担当していた。……生糸の輸出先の米国からの生糸の品質について，いつも苦情が来る，その苦情に応じて品種の改良をせねばならないので，技術者の課長が必要というのであった。ところが，この時代は世界の不況で，生糸の対米輸出も思わしくない。高橋農相（高橋是清農商務大臣―引用者注）は，いま蚕糸課長を昆虫技師が担当する時期でない。第一，蚕糸課長というのはいけない。繭糸課長と改め，課長には外国語の出来るものを充てよ，次官の中井勵作に命じた。中井はそれなら米国で博覧会の事務を経験した吉野が適任だというので，吉野の帰国をまっていたのであった。ところが，来年（大正14年）には，農商務省が二分され，中井次官が農林次官になり，四條局長は商工次官に内定している。四條はこのことを吉野に内話し『そのときは，お前は文書課長にするから二人して商工省をやろう，だから，この話は断るがよい』とまで言った。吉野が，中井次官のところへ挨拶に行くと果たせるかな，繭糸課長にという話，吉野は『もうすこし，工務局においてもらいたい』と巧く逃げた。そこで膳桂之助が吉野の代わりにつかまって繭糸課長になった。膳も米国出張の前歴があったから，えらばれたのである。」吉野信次追悼録刊行会前掲書2），208～209頁。

7）　商工審議会の具体的な審議内容についてはつぎの拙稿を参照。寺岡寛「昭和恐慌と中小商工業―政策展開を中心として―」(1)『中京経営研究』第8巻第1号（1998年1月）。

第1節 吉野信次

れ所管した。吉野は第二部長を兼任し，翌年末には商工次官となった。この時期，商工省が「工業組合法」案に取り組んでおり，問屋優位の下での輸出中小工業の振興制度であった従来の「重要輸出品工業組合法」（大正14 [1925] 年）を国内重要工産品にまで拡大させることを目指していた。「工業組合法」により，工業組合は製品検査，共同事業と並んで生産制限など統制事業を行えることが出来るようになった。商工省も同法により組合員外企業（いわゆるアウトサイダー）に対して規制措置の発動が可能となった。当時の関係者の一人である岡松成太郎はつぎのような回想を残している。

「あの時代の商工政策というものをリードした人は吉野さんだと思います。吉野さんの頭だったと思います。ですから，いまの中小商工業問題は，当時の商工省の一番大きなテーマであって，その対策の創始者であった。……重要輸出品工業組合なんてという法律（「工業組合法」─引用者注）は，いま考えてもジニアスなもので，ああいう法制というものは，実に偉いものだと思うのです。（中略）私が入ったときに，吉野さん御自慢であったのでしょうが，私をテストするような意味で，この工業組合法をどう思うかということを聞かれたことがあるのです。当時，私は行政の実態なんていうものはよく知らないものですから，私はただ，産業組合と同業組合とをうまくかみ合わせた法制のような感じがして，立法テクニックとして非常にうまいものだということを申し上げたら，どうも半分は満足されたようですが，半分はまだ本質はわからないな，というような顔をして聞いておられた。その後，私は愛知県の商工課長なんかやらされて，実際，中小企業経営者にぶつかってみて，この問題の根底は，いわゆる日本の経済二重構造の問題ですから，ぶつかってみて，その根の深さというものに実際驚いたのですよ。そのときに私が感じたのは，吉野さんという方は，これを知っておられたなと」[8]。

吉野は，昭和11 [1936] 年10月に退官するまでの約5年間という五・一五

---

8) 吉野信次追悼録刊行会前掲書2），450～451頁。

事件，二・二六事件などが象徴するように昭和恐慌下の日本経済と日本社会の混乱期にこの職（日本製鉄所長官，特許庁長官の兼任）にあった。吉野の商工省在職は約20年に及んだ。だが，これから1年も経ない間に[9]，吉野は近衛内閣[10]の商工大臣となる。近衛内閣の当初の組閣構想では，実業界から平生瓜三郎に入閣を要請する予定であったが，結局のところ吉野に落ちついた経緯があった。吉野の大臣期間は1年ほどであり，その後，満州と関係を持つことになる[11]。吉野は満州重工業開発会社の副総裁などに就任し，その後[12]，愛知県知事（親任官待遇），東海地域の行政関連ポストを歴任して敗戦を迎えた[13]。

---

9) その後，吉野は東北興業株式会社総裁に就任した。東北地方の産業振興を目的に東北興業という公社がこの時期に設立された理由は，昭和恐慌のみならず冷害など自然災害にも打ちのめされた同地域の救済にあった。東北地方の中では，明治政府の行政支配拠点（軍事拠点も含め）として比較的順調な発展を遂げた宮城県に生まれたとはいえ，「東北人」吉野にとっても東北地方の経済的苦境は心情的に，東北興業総裁就任への大きな動機づけになったであろう。吉野は東北興業の総裁と発電（水力）事業を行う姉妹会社格の東北振興電力の社長も兼任した。吉野はこの経緯についてつぎのように振り返っている。「東北会社を設立するまでは，内閣に東北振興委員というようなものを設けて下準備の調査はいろいろやりました。私も現に商工次官としての一人でした。しかし，まさか自分がその仕事につかまるとは思いもよらなかったから，あまり注意を払いませんでしたね。引き受けることになって気がつくと，大した根本的の事業計画でもないんですね。東北地方の産業振興というわけで，低開発地域振興の国策の色があまり出ていないですね。大体の方針は，第一に東北地方の水力電気の開発である。……しかし，これは一番経済的条件のよいところをチョッピリ開発しているわけです。（中略）その電力でどんな仕事を起こすかという段になると，私の在任中にめぼしいものが二つ内定した。一つは青森県の八戸市の日東化学の工場です。……もう一つは東北パルプ興業です……」。吉野信次追悼前掲書2)，279〜280頁，283頁。

10) 近衛内閣は昭和12［1937］年6月に「産業5か年計画」を打ち出し，「生産力の拡充」「国際収支の適合」「物資需給の調整」の三原則，「日満一体」の総合計画を強調した。必然，大蔵省と吉野のいた商工省の積極的な参画と関与が強く求められた。この7月には，蘆溝橋事件が勃発し，やがて日中の全面戦争に入った。昭和13［1938］年4月には，「国家総動員法」が成立し，統制経済への途が開けた。本格的な統制経済体制は東条内閣の下で進展することになる。

第2節　政策と構想

　吉野信次は農商務（商工）官僚として重要な政策立案に関与したことはもちろんながら，第一次大戦後の労働運動の高揚に呼応して半官半民の機関であった協調会の設立にも関与し，協調会発行の『社会政策時報』へ論文を寄稿するなど，商工政策（より正確には工業政策）に関する著作も多く残した。吉野はまた協調会の講習所で「工場法」や「鉱業法」の講義を担当した[14]。

　吉野の農商務省工務局の課長時代の寄稿論文としては「小工業の意義並びに其対策」があった。これは序章ですでに紹介したように，吉野は小工業の

---

11)　商工大臣のあとの約半年，吉野には空白の時期がある。この間，吉野は北海道・樺太，満州，朝鮮に旅行している。さらに渡米する予定が，日中戦争のため船便に狂いが生じ，出発が延期されたことで，吉野に白羽の矢が立ち，満州重工業開発会社（満業）の副総裁に就任することとなった。満業は関東軍が策定した「満州産業開発5か年計画」に呼応して，満州開発を目的として昭和12［1937］年12月に設立された国策会社であった。当初，資本金のうち半分が日本産業（いわゆる日産コンツェルン），半分を満州国政府が出資した半官半民会社であった。投資先は鉄鋼，石炭をはじめとして自動車，航空機などであり，翼下に多くの関連企業を有した。吉野は満州軽金属工業の理事長なども歴任した。なお，吉野は昭和13［1938］年12月に貴族院議員となっている。

12)　吉野は昭和16［1941］年2月に満業の副総裁，満州軽金属の理事長の職を去り，満業顧問および満州国顧問となっている。吉野の満州時代は満業自体がいろいろな制約の中で充分な事業展開が困難であったことから，吉野の事業家としての足跡は必ずしも明確なものでない。吉野は昭和17［1942］年6月に満州重工業相談役，満州国経済顧問を解嘱となった。

13)　東海地方行政協議会議長，名古屋海運局長，東海軍需監理部長（軍需省軍需監理官）の職を兼任し，敗戦まで地方行政にたずさわった。なお，戦後の吉野の足跡に簡単にふれておく。昭和21［1946］年8月に公職追放された後，昭和24［1949］年に伊勢湾海運会社会長，昭和26［1951］年に万邦交易株式会社社長，東北放送株式会社会長，昭和27［1952］年に日本生命保険株式会社会長，常磐館会長。公職追放指定解除の後，昭和28［1953］年に宮城県から参議院選挙に出馬し当選を果たし，参議議員を一期つとめた。この間，昭和30［1955］年には参議院商工委員長，運輸大臣を歴任。中小企業関連については昭和32［1957］年に全国中小企業協同組合中央会会長，昭和39［1964］年には全国中小企業共済事業団顧問の職にあった。このほかの公職，名誉職を挙げればきりがないほどである。

役割を①中産階級としての意義，②国民経済的重要性などに求めた。さらに，小工業政策を「小工業に付随する国民経済上の弊害を除去する」政策，労働条件などの改善政策，さらには粗製濫造への検査といった政策としてとらえた[15]。

　小工業に対する吉野の考え方で注目すべきは，小工業政策が政府の市場介入を前提としていなかったことである。とりわけ，保護政策はまずは小工業者の自主努力がはかられてからの措置であって，「彼等小工業者自身も其存立発達を図るの必要を自覚痛感したる場合に於てのみ国家の保護は初めて有意義であり，又相当の効果を及すものである」[16]とされた。したがって，同業組合制度はまた小工業者のこうした自覚を前提とすべきであって，そうでなければ，「労働条件も低く製品の品質も粗悪なる等種々の弊害を伴ふのである。之を団体組織を認めて保護すると云ふことは結局此不完全不満足なる状態を将来永く維持することになる」[17]ことを吉野は危惧した。吉野が主張した保護政策は同時に小工業への取り締り政策でもあったことはこのためであった。小工業に対する「ある種の最低賃金法の如きもの」[18]を想定した吉

---

14) 講習所は，協調会設立の翌年に東京神田の東京工科学校校舎の一部を借りて出発した。この目的はわが国にまだ少なかった社会政策の研究者，実務家の育成にあり，吉野は工場監督官や鉱業監督官としての経験や第1回の国際労働会議への準備にも関係したことから「工場法」や「鉱業法」の講師を務めた。吉野は第1回国際労働会議への日本の参加準備にも関係しており，この意味でも「工場法」の講義を担当するに相応しかった。なお，当時の国際労働会議に関連した労働時間の規制問題についてふれておくと，第一次大戦終結後の労働問題や労働条件のあり方をめぐって，国際労働機構（ILO）設置を求める声が強まり，このための特別委員会が米国労働総同盟のゴンパースを委員長とする特別委員会が設けられた。日本もこの関係で「8時間労働原則」を打ち出すかどうかをめぐって農商務省内部でも活発な議論が展開していた。たとえば，吉野は日本の現状からして「8時間制」は時期尚早で，他方，河合英治郎はこれを承認すべきであると主張していた。

15) これらの諸点については，本書序章第3節を参照。吉野信次「小工業の意義並びに其対策」『社会政策時報』（大正13年3月），152〜157頁。

16) 吉野前掲論文，154頁。

17) 同上，156頁。

18) 同上。

野の政策構想も上述の考え方に関連した。

では，大正期に構想された吉野の小工業政策観は，その後どのような展開をたどり，現実の政策として結実していったのか。以下では，吉野が農商務省，商工省の要職を歴任した後に著した『我国工業の合理化』(昭和5 [1930] 年刊) と『日本工業政策』(昭和10 [1935] 年刊) を通じて，吉野の思い描いた中小工業政策を産業合理化政策および工業政策との関連性のなかでみておこう。

1. 産業合理化

『我国工業の合理化』の内容は，各種資料から第一次大戦後の欧米各国の産業合理化運動をまとめた前編「合理化の唱へる迄」と，日本での合理化のあるべき姿と方向を紹介した後編「我国工業の合理化」から構成されていた。吉野は前編でまず欧米諸国の合理化の背景を簡潔につぎのように紹介した。

> 「要するに戦争のお陰で世界各国の工業は著しい発達を遂げたので，而も戦争と云ふものがなかりせば一世紀の年月を必要としたであろう程の発展を為し遂げたのである。生産及び分配に関する中世時代の家内工業，手工業的経営の伝統を棄てて，工場経営の近代工業の確立したことを産業革命と称するならば，欧州戦争を転機として世界の産業は第二の革命を来しつつあると云っても宜しかろう。」[19]

このように総力戦であった世界大戦のために各国の工業生産力は急激に拡大した結果，戦争が終結して「物資に対する法外な需要がなくなれば，事業其物も整理せられなければならない」[20] ことになった。もちろん，「所謂戦時工業の整理の必要が各産業国に於て唱へられた。然して之は言ふは易いけれども実行は極めて至難である」[21] ところにさまざまな問題が生じていた。

---

19) 吉野信次『我国工業の合理化』，233頁。以下の引用頁数は，通商産業省『商工政策史』第9巻所収分による。
20) 同上。
21) 同上，241頁。

この問題の背景には，個別「工業資本」にとって「何程生産設備を減少し得るかと云ふことは寧ろ疑問」[22]であったほか，「所謂労働不安が全世界に波及して居った。此事実が工業的企業の整理を困難ならしめたことを忘れてはならぬ」[23]事情があった。特に労働不安に関しては，「果たせる哉，戦雲一度収るや各産業国に於ける労働者の鼻息は頗る荒く，彼等の権利を主張する労働運動の火の手が全世界に拡がった。夫に戦争後の社会的，経済的の不安も加った」[24]ことが指摘された。

根本問題は，吉野の指摘のように需給不均衡をどのように調整するかという点にあった。吉野はこの問題を①「国産品の使用を奨励すること」，②「海外販路の開拓」という2点に集約させた。①の国産品愛用運動は国内の過大な生産能力を吸収するために「出来る丈外国品の輸入を抑制して国内生産品の消費を図らなければならない」[25]ことを前提にして成立するが，他方で「国産愛用の運動にも自ずから限界がある。物が悪くて高くても且つ国産品たるの故を以て使用すべしと云ふことは如何程勧めても一般消費者は之に耳を傾けぬであろう。されば所謂国産愛用の運動は或る程度に工業の発達を見たる国々に於てのみ有効に実行せられる。一般に工業の発達が尚幼稚なる所に於ては之を宣伝しても国民経済上の効果はなく又適切に行はれる道理もない」[26]状況が改善される必要があった。

しかしながら，吉野は国産品愛用運動を高率輸入関税によって進めることに危惧を示した[27]。これは他国からの反発を招き，②の海外販路の開拓を困難にさせる恐れがあった。実際，「関税戦争」[28]のなかでの輸出促進はダンピング問題を生み出していた。こうした傾向は当事国でのカルテル形成とも関わったところに複雑な問題があった。吉野はこの点についてつぎのよう

---

22) 吉野前掲書19），242頁。
23) 同上，243頁。
24) 同上。
25) 同上，246頁。
26) 同上。

に述べた。

「所謂『ダムピング』を外国市場に向かって行うに当たっては夫れ丈けの準備が必要である。少なくとも国内市場に於て価格を高く維持し得ることが第一条件である。之が為には国内市場の支配権を有せねばなるまい。(中略)夫れ以上に高い値段を維持しようとすれば新たなる競争者が現はれ又は外国の競争品を維持しようとすれば新たなる競争品が這入って来る。故に国内の市場価格を相当高く維持せむとするが為には，国内の同業者の間に強固なる『カルテル』を形成する必要があると共に，外国品に対しては高い関税の障壁を築くことを要する。されば『ダムピング』は保護関税政策と『カルテル』の発達とに密接なる干係を有する」29)。

ダンピングに対しては，当時，各国ともに何らかの防止措置をとっていた。その一つは特別ダンピング税加重であり，もう一つは不当廉売品への輸入制

---

27) 吉野は当時の欧米の基調をつぎのようにとらえた。「国際連盟の諸種の会合の席上等に屡々問題となった国際的協調の思想の如きも此の現はれの一と見ることが出来やう……国産愛用の運動を徹底せしむる為には自然米国の例の如く国内市場を外国品の侵入に対して保護しなければならぬ。各国共生産過剰に苦むで居るのであるから少しの乗ずべき間隔があれば外国市場に進出せむとして居る。此が外国品の侵入の為に自国の産業が脅威を受けてはならぬ。於茲各産業国共に争って関税の障壁を高くすることとなったのも当然の成行……」。吉野前掲書19)，249～250頁。

28) 国産品愛用運動といった直接的要因のほかにも，吉野はつぎの要因もその背景にあるとみた。(1)「戦争中の経済上の自給自足主義の影響も其一の原因であらう。戦争が済めば国際自由通商の常道に復帰して互いに有無相通ずれば宜しいのであるが，事実は戦争中の物資欠乏の苦痛の大なりし事実に鑑み経済的の独立を図らむとする傾向は今日尚容易に消えない」こと，(2)「戦争の傷痍を治する為戦後の施設を営むとするに付ても先立つものは金である。国民は戦争を遂行する必要上出来丈けの負担を現にしている居るから，関税でも増さなければ新しい財源は見当たらない。さう云ふ財政上の理由で関税を高くした国も多い。殊に欧州戦争の決算として民族自決主義に基いて欧州には新しい国家が幾つか作られた。新興の国家が現れたと云ふこと……実際に於て戦後の各産業国は一種の関税戦争を為しつつある有様」であること。同上，250頁。

29) 同上，255頁。

限措置であった。日本の場合,吉野が農商務省工務課長時代の大正9[1920]年に「関税定率法」[30]を改正して導入したダンピング防止規定がこれにあたった。ダンピングの有無に関しては,対象国側でのダンピングの事実認定(輸出奨励金などの補助金的措置を含み)に加え,相手側国の重要産業が大きな影響を被った事実認証が必要であった。ダンピングについては,こうしたソシアルダンピングのほかに為替相場変動による為替ダンピングもあった[31]。

ただし,ダンピング課税については,ダンピング認定上の実務的な難しさと外交上の問題から実施に踏み切った国は多くなかった。この結果,英国やドイツのように輸出促進を目的とした信用保証制度などが導入され[32],国内市場や国内産業の保護をめぐる動きが活発化する一方,海外市場をめぐる

---

30) 同法はわが国の開港にともなう不平等条約に関連して明治30[1897]年に公布,同32[1899]年に施行され,形式的な関税自主権をようやく獲得したが,実際には重要輸出品に関しては関係国との相互協定によって「関税定率法」の税率より低い税率が適用されていた。したがって,実質的な関税自主権の獲得ということでは,明治45[1911]年の新通商航海条約の締結によって実現した。ちなみに,同法の第5条第2項につぎのような規定があった。「不当廉売品ノ輸入又ハ輸入品ノ不当廉売ニ因リ本邦ニ於ケル重要産業ガ危害ヲ被ルノ虞アルトキハ勅令ノ定ムル所ノ不当廉売審査委員会ノ審査ヲ経テ当該物品ヲ指定シ之ニ対シ期間ヲ定ムル関税ノ外其ノ正当価格ト同額以下ノ関税ヲ課スルコトヲ得……」。

31) したがって,欧州各国では為替ダンピングに対する防止立法を制定する動きがあった。吉野はこの傾向について,「欧州大陸諸邦中独逸の麻克の為替相場の下落は一時激しかったことは人の知る通りである。麻克暴落の際に於て色々の悲喜劇があったことは今は昔語りとして伝へられて居るが,1923年は最も其甚だしい時代であったろう。独逸品は欧州に於ては瑞西,白耳義,和蘭,西班牙,英吉利,『チェッコ,スロバキア』,墺太利,波蘭,伊太利等の諸国に輸出せられたのみならず,米国,加奈陀,濠州,新西蘭さては,我日本に迄も輸出せられ,為替の関係で之等の国々は独逸品の廉売の為には大いに苦しんだものである。独逸の外墺太利,伊太利,白耳義,仏蘭西,波蘭等に於ても其貨幣の為替相場が下落した為に各国に向って相当に廉売する結果となった。故に相手の輸入先の国々に於ては自国産業の保護を目的として為替廉売防止に関する立法を為すに至った。……」吉野前掲書19),259頁。

32) 同じような制度導入はオーストリア,ベルギー,オランダやイタリアなどでも試みられた。

第 2 節　政策と構想　73

諸国間の競争は一層激しさを増す結果となった[33]。こうした状況下で，産業合理化運動が欧州で展開されるに至った。とはいえ，合理化運動そのものはテイラーの科学的管理手法の普及という流れがすでにあった。吉野はテイラー手法が個別企業的であるため，それが必ずしも産業全体の合理化にはつながらないとみていた[34]。

したがって，吉野の考える合理化はあくまでも「産業」合理化であり[35]，それは企業合同やカルテルから個別生産技術での革新に至るまでの広域な概

---

[33]　必然，国際協調を求める声も強くなり，「此儘に放置するに於ては国際平和の前途に対しても一抹の暗雲を投ずるものなきを保しない。過去の経験に於ても戦争は屡々国際間の経済競争のために勃発した例に乏しくない。故に此経済割拠主義の現状に対して国際通商の自由なるものが識者に依って叫ばるることになったのは当然の事であろう。殊に国際連盟に於ては色々な方面から調査もし献策もし経済に関する其部会等にありては開会の度毎に触れないことはないと云って宜しい。1927年寿府に於て世界経済会議を開催するに至ったことの如きは国際連盟の此努力の顕れの一に外ならない。（中略）世界経済会議の開催以来自由通商の主張が世界の識者に依って力強く唱えらるるに至った。実際問題としても輸出入の禁止制限を撤廃する国際条約の締結を見るに至ったことも国際連盟の不断の努力の結果であると云はなければならぬ。……併し乍ら世界経済の実況は依然として関税競争の勢を続けて止まない。（中略）現在の世界経済の事実は何れも経済上の封鎖主義が行われて居るから，英国として，此大勢を無視して自分等の経済領域を固めなければ英吉利の労働者は浮かぶ瀬がないと云ふ意見が組合大会の席上に述べられたが，蓋し偽らざる真情の吐露であろう。かくて国際間の経済競争は日に益々深刻となり，世界経済の需給の不均衡は従って大とならざるを得ないのである」と吉野は指摘した。吉野前掲書19)，267～270頁。

[34]　吉野の認識はつぎの指摘に現れている。「今日何故に産業合理化の必要を唱へるのであるか。如何なる点に於て従来から行われて居る事業の科学的経営管理と合理化とが異なるのであるか。……一言にして云せば従来の科学的管理法は主として私経済的であり，所謂産業の合理化は国民経済の全局から考慮すると云ふ点にあると思ふ」。同上，271頁。

[35]　すなわち，「換言すれば同一の事業を経営する多数の企業の間に能率の優劣の存すること自体が抑々合理的でないと云はなければならない。……国民経済の全局から考へるときは同業者の足並が揃はないと云ふことが不合理であって，之を合理化する必要上から暫くは自己の利益は或る程度に犠牲に供しても其業全体の利益のために協同しなければならない。之が産業合理化の根底に横って居る思想であって，従来の科学的管理法などと異なる点」である。同上，271頁。

念を構成していた。吉野は欧米諸国の産業合理化の実情を紹介した上で[36]，「外国で行われた事例は必ずしも我国の産業の実際に適用せらるるものでないことは勿論である。我国の工業は我国特有の発達を為して居る。夫れ故に我国工業の合理化を為すに当って如何なる点に重きを置くかと云ふことを述ぶるに先立ちて先ず我国に於ける工業発達の沿革を明にしなければならない」[37]として，日本工業の特質に応じた産業合理化とこれを促す政策構想を開陳した。

吉野はこうした視点に立ち在来産業の存立状況から殖産興業策へと論を展開し，欧州諸国と比べわが国の「近代工業」が未だ低水準にあることを日本工業の特質として強調した。したがって，欧州大戦中にわが国の工業が著しい発展を遂げたとはいえ，その存立形態は欧州のそれとは異なることが指摘された。すなわち，

「我国の工業は欧州戦争に依って一大飛躍を遂げたことは事々しく云ふ迄もないことだと思ふ。(中略) 我国現在の工業の内には其製品に対する国内及国外の需要に比較して生産の設備が過剰なるものもないではない。さればと云って，我国の工業は欧州連邦に於けると同様に悉くが生産設備の過剰に苦しむと推定することも早計であろう。……我国に於ても一部は同様の事情の存することは明であるけれども他面我国特有の事情も存する」[38]。

「我国特有の事情」の一事例として，吉野はわが国の中小工業のあり方に言及し，そこに「合理化」以前の問題があることを指摘した。すなわち，

「一の例を示すならば，我輸出貿易の販路は東洋，印度，南洋方面が其重要なるものの一である。此方面に輸出されるる綿織物其他の雑貨類の製造工業は大部分所謂中小工業に属するものである。之等の品物の海外市

---

36) 吉野は特に米国，ドイツ，イタリア，英国の事例を詳細に紹介した。吉野前掲書19)，275〜287頁。
37) 同上，301頁。
38) 同上，306頁。

場に於ける状況を見るに其品質価格に於ては外国品と競争し得る余地が充分に存する。然るに我中小工業者の統制を欠いて居るが為に我国の商人側が争って売崩しを為す状況である。此点を規律統制して業界に一定の秩序を保つと云ふことになれば之等の物の海外販路は大いに今日よりも輸出増進の余地があると云ふことは当事者自ら認めている所である。果たして然りとすれば，我中小工業の統制を為すと云ふことは生産設備の整理縮小にあらずして寧ろ其増大を来すことにもなろう。此意味に於ては，我中小工業其ものの生産設備が過剰を整理すると云ふことに限る必要は更にない。積極的に輸出を増進するの方途を合理化の概念の中に一向差支えがない。要するに……最近の合理化運動と云ふものは伝統に囚はれないで当面の時局に直面して如何に合理的に企業の経営を為すかと云ふことを其重点とする」[39]。

つまり，日本の輸出に重要な位置を占めた中小工業の問題は，経営の合理化以前に中小工業者の統制を欠く無秩序な競争そのもののあり方に関連して理解されていた。つまり，明治期以来の中小工業の「粗製濫造問題」が昭和期に入っても解決されず継承されていた。この問題に対する吉野の考えは，統制を欠くわが国中小工業の経営特質への政策的接近を前提とした。吉野のつぎの視点が典型である。

「我商品が海外市場に於て其粗製濫造の非難を受けるのは我国の産業の組織が中小規模のものが多いと云ふことに基づくのである。……大工業と小工業と比較する時は前者に於ては設備もよく其能率も高いのであるから結局は，後者を圧倒することが出来るかも知れない。けれども中小工業は労働条件が劣悪であるから生産費は比較的低い。中小工業者は自己の仕事に対して確固たる信念を有せず目前の利益のみに走って，儲けがある内は飽く迄も之を貪って何等事業の改善に金を投ずることはしない。けれども儲けがなくなると前後の分別もなく法外に品物の品質を悪くし

---

39) 同上，307頁。

値段を売崩すのである。品質の鑑別に対しては値段の相違に対する程一般の消費者は鋭敏でないから之が為真面目な大工場の経営者が禍されることが多い。実際に於て中小工業が大工業に対して所謂獅子身中の虫たるの非難を受くることが甚だ少ない。夫れ故に中小工業に対しては国家権力の発動の方法に依って規律統制を与ふるの要あることは勿論である。」40)

繰り返しになるが，吉野が大正期に『社会政策時報』でわが国小工業の特質を論じた視点は，ここでも強く生きていた。では，統制と産業合理化とはどういう関係にあるのか。また，日本の産業合理化はどうあるべきなのか。さらに，産業合理化に先んじてわが国の場合には何故，統制が重要視されるのか。

吉野自身も「同職組合の特権なるものは18世紀の終わりから19世紀にかけて欧羅巴各国に漸次制限剥奪せられ，所謂産業自由主義の原則が確立するに至った。従って国家の権力を以て同職組合の事業を統制すると云ふやうなことも段々となくなって来た」41)時期にあって，わが国中小工業統制の必要性42)，さらには産業合理化と統制との関係をどのように解釈すべきかを自問し，自ら解答を用意した。すなわち，

「元来僅少なる資本を以て容易に営業を開始し得る中小工業に在りては動

---

40) 吉野前掲書19)，312頁。
41) 同上，313頁。
42) 吉野のこうした課題設定の根底には，「我国工業の発達は前にも述べた通り或る意味に於て産業組織の変革が未だ十分徹底して居らない（本来は大規模生産に適するが，わが国においては中小規模生産の形態をとる工業が広範に存立すること＝「産業革命が徹底しないが為に近代工業の技術なり組織経営の方法なりが未だ十分応用利用されて居ない……」―引用者注）従って雑然たる中小工業が甚だ多い。此中小工業は前章で述べた如くに我国国民経済の上に於いては相当重要なる役割を演じて居るのであるから，一方之が維持発達を図る必要があると同時に，一方之が規律統制を図らなければならない。於茲中世欧羅巴各国の同職組合に於けるが如く我国に於ては中小工業者の組合制度を認めて，之に国家から色々の保護施設を為すと同時に此同業者の組合団体の制度に依って中小工業の統制を為すことが現に行はれて居る」という認識があった。同上。

もすれば同業者が続出し生産過剰を惹き起し，次いで相互間の不当無謀なる競争となり売崩しを行ひ価格の動揺極まりなき為其工業自体の衰退を来すことが少くない。故に生産及販売の統制を為すことは我中小工業の現状に鑑みて最も必要なる事柄である。……産業合理化を我国工業の実際に付て行はむとするに当っては其の重点を中小工業の統制に置くべきことは，論を俟たない。此見地よりすれば工業組合に関する現行法制には尚色々の不備がある。於茲如何なる点に付て現行制度を改正し中小工業の統制を徹底せしむべきかの問題が起こる。政府に内閣に臨時産業審議会を設けて我国産業の振興に関する各案の事項を審議調査せしめて居る」[43]。

ここでは，「産業合理化が我国工業の実際に付て行はむとするに当っては其の重点を中小工業の統制に置くべきことは論を俟たない」と言及されたように，吉野構想の産業合理化は中小工業統制と重なり合う政策論理であった。その実施には，「近代産業国の通則に立ち返って自由主義を採り任意加入の組織とし，統制上必要ある場合に限って組合員外にも取締り制限を及し得ると云ふ立前にする方が適当だと思ふ。必ずしも未加入の同業者に対して組合其物に加入することを強制する必要もなかろう。……其一般に不正競争に対する取締規定は我現行法制上は殆どないと云って宜しい。企業統制の徹底を期すると云ふが如き新なる立法を為すと云ふことも時代の要求に適合する措置と云ふ可きであり，……公共企業又は中小工業以外の一般工業に付ては何れの産業国に於ても自由主義を大体に於て原則として居る。従って或る種類の工業に付て企業の規律統制を為すことは同業者の任意の協定に俟つ外はない」[44]というように，吉野は自由主義経済下の同業者間の任意協定という統制原則に言及した。

しかし，問題は不況に苦しんだ欧州各国の経験にも共通したように，国内

---

43) 同上，316～317頁。
44) 同上，319頁。

需要低迷の現状での生産設備過剰と諸国間の激しい価格競争は「当業者間の自発的の協定に俟つのみでは甚だ手緩い感」があったという現実であり，そのために，あるいはそれゆえに「各産業国に於ては企業の統制を外部からの力を加へて促進することを合理化運動の一の重要なる問題として居るのである。之が直截簡明なる方法は法律を以て強制することである。……強制『カルテル』の如く……一国の基礎産業に付てはかくの如き法律規定を制定することは或は適当であり，時として必要である。……『カルテル』の組織を強制することは産業自由主義に対する一大例外を設くるのであるから，理論上も亦実際問題としても余程の決心がなければかくの如き立法手段に訴へることは困難」[45]である政策課題があった。

吉野は，このような産業自由主義論理とは別に，企業国家統制は物価騰貴など消費者の利益にも多大な影響を与える政策上の負の効果にも言及しつつ，「企業の統制には又弊害の伴ふ虞あることを見逃してはならない。殊に或る業界の統制がよく保持せられる時は市場独占力の威力を振ひ易い。即ち統制の威力が大なれば大なる程其製品の市価を思ふ儘に釣上ぐることが出来る。……米国の『トラスト』の横暴に……米国に於ては之が取締の為に特別なる立法……『カルテル』の本場の独逸に於ても経済優秀なる地位を占むる者の横暴を取締る為の法律もあり，『カルテル』裁判所の制度もある。我国工業の現状に於てはかかる市場独占の弊害は現在は少い。寧ろ自由競争の弊に懲りて居る。けれども若し国家が立法又は行政上の手段に訴へてまで企業統制を促進せむとするならば，同時に其反面の弊たる独占横暴を抑制する丈の制度を施行する必要」[46]性を述べた上で，カルテル「許可」制度の導入を論じた。

「事業経営に関する同業者間の協定に付ては必要に応じては官庁の許可を

---

45) 吉野前掲書19），319頁。吉野はこの指摘の前段部分で「能率の悪い弱小企業の整理を為すことが急務とされて居る」と述べているものの，わが国については（中）小工業（＝家内工業）の強い残存性を意識していたことは言うまでもない。

46) 同上，321頁。

要するものとし，官庁が許可を与ふるに当っては反対の利害を代表する者の意見をも斟酌するの機会を与ふることも適当のこと」[47]。

他方，吉野がカルテルの弊害も認識しつつ注目したのは，国家統制政策によるのではなく，民間，とりわけ銀行による企業合同促進という側面であった。吉野は英国の綿業や造船業の企業合同に果たした銀行の役割をつぎのように評価した。

「かくの如き立法手段（統制立法―引用者注）に出でないでも而も実際に法律と同様の効果を収め得る統制の方法は金融機関に依る統制である。……金融業者が更に百尺竿頭一歩を進めて国家産業の合理化の実行に対して指導的立場を採ることが此際極めて望ましいことと思ふ。かくするに非らざれば容易に企業の統制を得て之を望むことは出来ない……かくて企業の統制は比較的容易に行はれるのである。……かくの如く考ふる時は工業の合理化に対して必要ある場合に於ては金融機関自ら進んで其具体策の実現に付て音頭を取ると云ふことが必要である」[48]。

産業合理化に果たす金融の役割について，吉野は英国の事例だけでなく，米国，ドイツなどの産業金融と産業合理化との関係に着目して，日本においても「工業の合理化を実行するに付ては金融方面の援助が極めて必要である」[49]とみた。この場合，吉野の念頭にあったのは中小工業金融であった。中小工業金融については，欧米諸国の中小工業にも共通した「担保力の低位性」という構造のほかに，特にわが国固有の問題としての「問屋からの前貸し」制度を議論の俎上に乗せた。すなわち，

「問屋から前貸を受くることも比較的広く行われて居る。我国工業発達の程度は工業資本主義ではなくして商人資本主義の域を脱しえないのであるから発達の経過としては之も己むを得ない現象であって，或る意味に

---

47) 同上。
48) 同上，320頁。
49) 同上，332頁。なお，吉野が米国での中小企業金融事例として挙げたのは「モリス・プラン」，フランスでは相互保証組合，庶民銀行，イタリアでは手工業組合などにも言及した。

於ては我国工業の現状に最も適した中小工業金融の施設と云っても差支えないかも知れない。然に問屋金融には一面之に伴ふ弊害の顕著なるものがある……交換的に値段の歩引を問屋から迫られることがある。……貸倒れも相当あるから，高い金利を貪る……一時は担保なしで問屋から資金の前貸を受け得らるるが故に中小工業家の事業経営も無理をすることが又多い。かくの如く考ふる時は中小工業に対しては現状に鑑みて問屋金融を以て満足し得る訳には行かない。」[50]

ただし，当時，わが国には中小工業金融制度が全く整備されていなかったわけではなかった。制度的には組合金融制度（信用組合や重要輸出品組合などへの勧業銀行，農工銀行，北海道拓殖銀行からの無担保融資制度）が導入されていた[51]。もう一つは工業組合などへの大蔵省からの低利資金融通などがあった。ただし，現実にはその予算規模はわずかなものであり，中小工業に広範に行き渡ったわけでは全くなく，問屋金融などが実際の中小工業の資金繰りに大きな役割を果たしていた。

したがって，吉野自身も欧米諸国のように民間の中小工業金融が未発達な日本では，先の民間金融機関を中心とした合併を含めた産業合理化は困難であることを認識した上で，組合金融などを中心に中小工業金融制度の重要性と必要性を強調した[52]。

さらに，吉野は産業合理化を労働政策の面から検討を加えた。産業合理化は個別企業の生産合理化を通じ工場従業員の削減を伴い，労使関係の緊張をもたらしていたからであった。事実，吉野の『我国工業の合理化』刊行の翌年には，芝浦製作所や住友製鋼所で争議が起こった。労働政策に言及せざるを得なかったのは当然であった。すなわち，吉野のつぎの指摘である。

「合理化には失職を伴ふ……各産業国の生産設備を整理縮小する意味を以

---

50) 吉野前掲書19)，329頁。
51) これはあくまでも組合金融制度であり，組合員である中小工業者へは所属組合を通じ融資が行われた。この場合，組合役員など10人以上が連帯保証人となることで，無担保融資の形態がとられていた。このため，この制度が広範に普及したとは言い難かった。

て同種の企業の合理化を行ひ,生産の過剰設備其物を整理するが如き場合には夫れ丈労働者が職を失ふのは止むを得ない。又亜米利加流の合理化を為して作業方法を機械化して丈労働力の節約を為すならば之が為に熟練工は不熟練工に以て代へられ,且つ労働者の実数も減少せられることも当然であろう。」[53]

しかしながら,吉野はわが国の輸出型中小工業に関しては「其統制を図るが如き場合に於ては余り多くの失職者を生じることがなくして済むかも知れない」[54]ととらえた。この根拠を「中小工業の統制が産業合理化の一つの中心問題を為すのである。此意味に於ての中小工業の合理化は更に我重要輸出品の海外販路を拡張する結果となるのであるから,労働力に対する需要を増しこそすれ,労働者の失職を来す虞は少ない」という点に求めた[55]。他方,欧米諸国,とりわけ大恐慌による米国の失業率の急速かつ大幅な上昇はその

---

52) 組合金融のうち,「産業組合法」による信用組合制度に関しては,農村の地縁血縁的紐帯により農業金融制度として普及した経緯があり,都市での普及が困難であった事情があったが,吉野はその拡張を主張した。「都会と農村とは素より同一に論じることは出来ぬが,今日の実情を見るに大都会に散在して居ても同一の業務に従事する中小工業者の間に於ては信用,業務の情態等も互に良く知り得るのである。……只中小工業者の間には競争心が非常に強い。従って資力ある者が比較的資力ない者と共同してかくの如き組合事業を為すや否やと云ふことは実際に於て困難なる問題であろう。……今日に於て国際間の経済競争が益々激烈になって来るから,少なくとも輸出品に付ては中小工業者と雖も相互の間にこそ資力信用に関する優劣があろうとも,同一体として共同した仕事をしなければならないと云ふ意識が明白になりつつあることは疑ふべからざる事実である。故に今日以降に於ては中小工業者の間にも地方農民の間に於けるが如く信用組合的業務を行はしむることは必要であるのみならず,実際に於て困難ではない」。なお,中小工業金融制度で「大いに周到なる注意を払はねばならぬ」こととして吉野が指摘したのは,①運転資金融通の重要性,②組合による手形割引,③組合保有担保力の増進の3点であった。また,当時,産業審議会が提案していた工業組合中央金庫と中小工業向けの特殊銀行設立構想についても,吉野は肯定的な叙述をしている。吉野前掲書19),334〜337頁。
53) 同上,336頁。
54) 同上,337頁。
55) 同上。

国内市場の消費を低迷させ，日本の生糸などの繊維製品や雑貨といった輸入を大きく落ち込ませていた。この影響はすぐに日本経済にも波及し，わが国中小工業も深刻な状況に陥れた。

　この現状を踏まえ，吉野は「現在各国に於て失職者が多いと云ふ事実を見て之を産業合理化の罪に帰せしめて合理化其物に反対すると云ふことは余りにも感情に走って事理を弁へざるもの」[56]と記しつつ，「極端に云へば失職者の生ぜざるとに拘らず，各産業国の産業界の現状は是非共其事業経営を合理化しなければならない羽目に陥って居る。合理化しなければ産業自体が根底から潰滅に帰する虞があるからである。従って二百人の失職者を生ずることに反対したが為に一千人全部の失職者を生ずることになるかも知れない。欧州などの各産業国の実情は正しく比例の示す通りであった，如何に労賃の階級闘争の論理上の遊戯に沈る所の人々と雖も此事実を否認することは出来まい」[57]というように一層の合理化の必要性を強調した。

　吉野の強調した合理化は，欧州諸国の労働運動と社会主義運動の高揚を意識しつつも，あくまでも労使協調を基盤とした広範な産業合理化という方向でもあった。すなわち，

　　「如何なる対策を講ずるかに付て見解が別れるのである。一部の論者は之を資本主義経済組織の罪に帰せしめて，之が是正の方策は根本の資本主義を改める外途なしとするものの様である。正直に云へば『イデオロギー』とやらが難解であって吾輩も深く此種の論を研究したこともないから，上の如く簡単に片付けることは或は皮相の見解との謗を受くることになるかもしれない。……今日各産業国の現状は主義主張の争いをして居る程余地がない。仮に資本主義経済組織其物が悪いとしても，現に此組織の下に産業の建直しをするより外に実際問題としては仕方がないではないか。……されば欧州諸国等の労働者の多数も合理化に対して無

---

56)　吉野前掲書19)，337頁。
57)　同上，338頁。

闇矢鱈に反対を唱へる様な迂遠なる態度は採って居らないと思ふ。(中略)合理化を実行する上は之に依って事業其物の基礎が確実になり,労働時間も短縮せられ実質上の賃金を増加せられなければならない。かくの如き結果を生ず可き場合に於てのみ合理化は労働者階級に依って是認せられる。又合理化の目標は単に個々の事業家の私の利益に終わるものであってはならない。……欧州各産業国の労働者は現下の経済難局を打開するの途としては産業の合理化は避く可からざるものであり,之のみが時局に善処する唯一の方策であるということを諒解して居る。従って之に反対はしないが,只之が実行に当っては成る可く労働者側に過重なる負担不利益を及さざる様にと希望しているに過ぎない。(中略)労働者が協力する気持ちにならなければ産業合理化なるものも畢竟するに一片の空論に過ぎない。されば労働者側の強力を求むる必要がある共に,労働者側に対しても国民経済全局の利益の為に産業経済の建直しに協力せしむるの思想を普及せしむることが目下の急務」[58]。

最後に,吉野は産業合理化視点から国産奨励化政策の意義を積極的に説いた。吉野の構想する国産奨励化は二つの分野を想定した。一つめは鉄,石炭,石炭,染料や曹達灰などの大工業分野であり[59],もう一つは当時,人造絹糸や中国産生糸の影響が懸念されていた製糸(生糸)業や綿業であった。後

---

58) 同上,348〜349頁。
59) これらの大工業について,吉野はつぎのように述べた。「多くのものは国際的工業であることを忘れてはならない。……海外から遮二無二に自国の当該工業の奨励発達を計ると云ふことも出来ないことでないかも知れない。けれど其問題となって居る種類の工業に付て外国に於ては其生産費が遥かに安いと云ふ場合には国内丈けで特別の保護を加へて,云はば国内の温室の内で其工業を育てると云ふことが果して国民経済上可なりや否やと云ふことに付ては大いに疑問の存する処であろう。凡ゆる犠牲を払っても当該基礎工業を国内に確立せしむるの絶対的に必要なることは議論がないかも知れない。夫れ故にこそ基礎工業の一と認めるのである。けれども同時に其業の改善進歩に絶えず注意して其業の生産費を国際的水準線に迄近付かしめ以て世界経済市場に於ける其業の競争力を増すことも甚だ大切である。此意味に於て基礎工業の合理化と云ふことが最も緊喫の要務であると思ふ。……我国としても保護の恩沢に辛うじて此種工業の命脈を保つ必要がある。」同上,346〜342頁。

者のうち製糸業に関しては,「将来人造絹糸が如何なる科学的の研究発明に依って改善せられやうとも,支那生糸が如何に面目を一新するに至らうとも,我国の生糸工業の合理化を実行し品質を改良し生産費を益々低下せしむるに於て将来決して狼狽することがないのである」[60]というように製糸業の国産優位に楽観的な見方が示された一方,綿業については「将来楽観を許さないものがある。……只我国の綿業は雑然たる中小工業家の手に係るものが甚だ多いのであるから,海外に於ける綿業発達の事実に鑑みるも我綿業の経営を大いに合理化しなければならない」[61]と対照的に分析された。

　吉野は国産愛用あるいはさらにすすんでの国産奨励化は,単に「輸入防遏と云ふ消極的の意義をもった観念」[62]だけでなく,それが国内販路の拡大をもたらすと同時に「少し改良を施したならば海外に輸出するに適するもの」[63]となり,「内外の市場を持って居る」ことで産業合理化がさらに進展する可能性に期待した。こうした産業合理化に関わる政策構図は,吉野の中小工業観の延長にあったことは自明であろう。つまり,わが国の中小工業の広範な存立は,欧米諸国のように本来ならば大規模生産に適するものの,「我国の如く国内販路が比較的狭隘なる処に於ては余程海外販路の大なる見込みの付かない限りは工業の大規模の生産を為すことは慎重に考へなければならぬ」[64]点に関係し,また,その品質上の低位性は「事業経営の規模は小さいのであるから一工場で海外輸出の取引単位の数量丈けすら生産せざることも少くない。従って我重要輸出品は多数の工場の生産品を集めて送り出されることが多い。其結果は品質の整斉を欠くこと」[65]から生じていると

---

60) 吉野前掲書19),347頁。
61) 同上,348~349頁。
62) 同上,349頁。
63) 同上,351頁。吉野はこの点をさらに推し進めてつぎのように述べる。「之(国産品の改良—引用者注)こそが真実の国産奨励だと思う。輸入防遏を為すことも今日の時勢に於ては甚だ必要であるけれども,同時に我国民性の特質を大いに輸出を奨励することに最善の努力を尽くすことも最も合理的な方策」。
64) 同上,311頁。

吉野はみていた。

そこでは，産業合理化も重要ながら，まずはいかなる工業政策をとるべきかという点が問われなければならない。吉野は，『我国工業の合理化』から5年後に『日本工業政策』で中小工業を中心としたわが国のあるべき工業政策の姿を探ることになる。つぎにこれを取り上げよう。

2. 工業政策

吉野が「文字通りの激務の傍寸暇を愉んで書き撲った」[66]『日本工業政策』の序文で，「欧州大戦後に於ける内外経済事情の変化程目まぐるしいものはなく。……此間に処して其時々の必要に応じ政府の施設したるものも甚だ多い。吾輩は大正2年学窓を出て，直ちに職を農商務省に奉じて以来，商工省の今日に至る迄，……之等諸々の施設方策の計画実施に直接間接参画する所少なくなかった。本書は云はば其回顧録の一端とも見るべきものであろう」[67]と述べたように，大正2［1913］年の農商務省（商工省）入省以来約20年間にわたって吉野が関与した政策がその考察対象となった。本書の構成も吉野の歩んだ道とほぼ重なる内容となっている[68]。以下では，すでに紹介した『我国工業の合理化』の内容との重複を避け，その後の吉野の政策構想発展に沿いつつ，中小工業政策構想を中心に取り上げる。

本書で展開された吉野の中小工業観は，大正期以来の論稿から大きく異なるものではない。これは実態的に大正期から昭和期にかけての日本経済の発

---

65) 同上。
66) 吉野信次『日本工業政策』日本評論社（昭和10年），序。
67) 同上。
68) 労働問題に関して大正5［1916］年に兵庫県工場監督官として，あるいは大正8［1919］年の鉱業監督官としての経験，その後の工務局での基礎工業，中小工業，工業金融，臨時産業合理局での産業合理化，規格統一などに関わった経験が本書の構成にも反映されていた。すなわち，第1章は総論部分，第2章は労働問題（国際労働会議など），第3章は染料，グリセリン，製鉄，曹達灰，石油，石炭，電力といった基礎工業の実情，第4章は中小工業対策，工業金融，国産愛用，産業合理化，規格統一，産業統制などとなっていた。

展が中小工業を排除したものではなく，むしろ中小工業の広範な存立を促しつつ，それに支えられる構造にあったことに関係した。吉野は中小工業の概念とその存立形態・基盤について整理を行っている。すでに紹介し重複するが，重要であるので以下にまとめておく。

① 大量生産の工場生産に適しない存立形態——工芸品，修繕，特殊の趣味嗜好に適合した「本質的」な小工業。

② 農家の副業としての存立形態——「最近では所謂農村の工業化と云ふことが唱へられ比較的精密の仕事迄を農家の副業として生産せむとする傾向が旺んになって来た。云ふ迄もなく農家の戸数は最も多数を占めて居る我国に於ては其余剰労力を工業的生産に利用することは一石二鳥の利益がある」[69]。

③ 上記以外の存立形態——「事業の性質が必ずしも小規模経営に適するのではないが，畢竟近代工業の発達が徹底して居らない為に家内工業や，手工業に少し毛の生えた程度の企業形態が多く存在して居る。形容して云へば粗雑なるバラック造りの建物に僅か計りの機械器具を据付けて，家族と近所隣りの小数の手伝人で之を運転する類のものが多い。理屈っぽく云へば欧米に比して我国では資本主義の発達が未だ十分でないから，小資本で仕事を始める余地が多いことに基因して居る。職工でも心掛けさへよければ自らの一城の主となって細々乍ら小工場を経営する可能性がある」[70]。

④ 大工業の発達に関連した存立形態——「大工業が発達するに伴れて，修繕とか下請の小工場も之に比例して増加することによろう。又一つに最近の如く工業が精密になれば寧ろ小規模経営の方を適当とするによろう」[71]。

---

69) 吉野信次『日本工業政策』，127頁。

70) 同上。吉野はこの根拠として大正8 [1919] 年の農商務省の調査結果に言及して，「労働者たりし者が工業主に出世したものが可成り多数あった」と指摘した。

71) 同上，129頁。

第2節　政策と構想　87

　吉野はこうした存立形態をもつ中小工業について,「ズブの素人が工業に手を付けることも少なくなく,……利益さへあれば我も我もと手馴れぬ仕事へ勇敢に進出するのが我国民の性状である。欧州大戦中に此傾向をマザマザと見せ付けられた……多くの場合には直ぐ生産過剰となる……工業家気質は我国民には頗る乏しい。故に工業の経営に付ても当初から出来る丈投下の資本を少なく間に合わせの準備をし，利益のある限り之を貪って事業の改良を図らない風がある。之中小工業の多数存在する一面之理由であると云っても過言ではなかろう」[72)]とその問題性を指摘した。他方，こうした問題性にもかかわらず，わが国中小工業は「中間階層」として社会的安定に寄与している点や工場の能率的経営という面で積極的な評価も行った。

　積極的評価では特に(a)小規模であるが故の小回り性，(b)生産制限における柔軟性（＝「生産の制限と云ふは易くして実行は仲々困難である。殊に労働者の失職と云ふ難関に蓬著する。此困難は経営規模の大なれば大なる程正比例して増加する。……寧ろ小規模経営の方が便利である。必要に応じて生産の制限を断行しても社会的な問題を起こすこと少くて済むからである」[73)])，(c)多品種や短サイクル製品への対応力，などの点が挙げられた。

　吉野はこうした利点を生かしつゝ，中小工業振興には適切な政策の実施が必要であることを強調した。その重点課題の一つは中小工業製品への検査制度の導入であった。すなわち，中小工業の「粗製濫造」体質の是正あるいは解決であった。この指摘の背景には,「之は我生産組織の小なる事から生じる自然の結果であって，……又小規模の生産組織なるが故に仕事の全工程を自ら営まず一部分を他人に請負はしむることも粗製濫造の原因」[74)]とみた吉

---

72) 同上，128頁。また，吉野は国際比較の点からもわが国中小工業の特徴を次のように指摘した。「近年電気の普及の結果地方にも小工業を起すの便宜が加って来たことによろう。我国程多数ではなかろうが，工業の先進国に於ても中小工業は統計上相当の数に達して居ることは疑がない。只我国に於ては単に之等中小工業が数が多いのみならず，国民経済上重要なる役割を占めて居ることが外国と異なって居る」。同上，129頁。

73) 同上，133頁。

74) 同上，137頁。

野の基本的認識があった。ここでの政策課題は，本来的には「粗製濫造の事実が単に業者の不正違法なる行為にのみ基くものとすれば之に対しては国家は警察上の取締を為すを以て足る」[75]ことに終着するのであるが，わが国の場合には「生産組織の根本に基く等の場合であるから，警察取締以外に於て尚政府の施設を要するものが少なくない」[76]ところに，わが国の中小工業問題の本質があると吉野は分析した。無論，当時はすでに製品検査制度は導入されており，この不充分な体制こそが問題視された。

　わが国の検査制度の導入前にはいろいろな経緯があった。実際のところ，粗製濫造の深刻化は第一次大戦中のわが国の輸出伸長期に顕著であった。それまでに検査対象は花莚や羽二重から雑貨などへも拡張された。原則として同業組合が製品検査を実施し，組合未組織地域では府県がこの役割を担った。当時の問題核心は，組合検査の不徹底であり，大正5［1916］年の「重要物産同業組合法」改正の意図は，この組合検査体制を検査員の身分上の独立性を保障することにより厳格なものに転換させることにあった[77]。さらに，大正14［1925］年の「重要輸出品工業組合法」制定により，従来の同業組合のほかにも，吉野等がその導入に尽力した工業組合にも検査権が付与された。同時期に「輸出組合法」も制定されたが，輸出組合には検査権を与えなかったことには留意しておく必要がある。吉野は輸出組合の反発にふれつつ，この理由をつぎのように述べた。参考までにみておこう。

　「要するに粗製濫造の取締は前述の如く生産組織の改善をも併せ行ふ必要があるから，生産者の検査を原則とした迄のことである。……輸出組合側としては右の生産者検査の原則に不満を唱へて当局に対して執拗に自

---

75)　吉野前掲書66)，138頁。

76)　同上。

77)　このためには検査員などの選任と解任については農商務大臣の許可制として，問題が発生した時に，農商務大臣が組合役員や検査院の選任と解任を行えることとなった。また，検査員の給料に関しても農商務省からの補助金によって支払い，検査員の組合からの中立性を保持することを図った経緯があった。

己の検査をも認められることを要求する所があった。理論上の問題としては工業組合，輸出組合の何れかに一にのみ検査権を付与すべしとの理屈はない。双方に認めても差支えない訳である。要は便宜の問題である。只従来の沿革は所謂問屋商人の力が強い為に中小工業者に対して不当に安き値段を呈示して遮二無二に生産せしむる弊害があった。……此弊害を是正する為には検査は寧ろ生産者をして行はしむる方が適当である。……併し之に対して輸出組合側は容易に納得しない。片手落ちの処置として却って当局に非難の声を放つに至った。元来が便宜の問題であるから，之が為に工業組合，輸出組合の間に無用の紛争を滋くすることは避けた方が宜しい」[78]。

　以上のような工業組合側と輸出組合側の検査権をめぐる利害対立もあって，商工省は昭和3 [1928] 年に検査に関して「重要輸出品取締規則」を定めた。直接のねらいは両者の反目を軽減させることになった。輸出組合もこれにより形式上は検査権を与えられたが，その許認可は商工大臣に委ねられ，実際には工業組合側を優先させる「行政指導」がとられた。これは輸出組合側の反発を招いた。また，検査方針規則の改廃は両者が構成する委員会での同意なくしては決定されない規定であったことから，検査内容などをめぐって両組合が対立しあう実態もあった。吉野は商工省にあってこの状況の解決に当っていた。吉野自身，この問題を振り返りその顛末をつぎのように回想した。

　「昭和6年遂に商工省に於ても従来の生産者検査主義を幾分緩和することとした。即ち同一の品種に付て工業組合と輸出組合と其一つのみが存する場合には其何れか一つに検査権を付与するけれども，双方の組合が共に存するときには各々の組合員を以て組織したる公益法人に検査の施行を許可することにした。……場合に依っては一つの公益法人を組織せしめ共同の検査を為さしむることはあり得ることとなった。制度上輸出組

---

[78] 同上，144～145頁。

合にも工業組合同様検査権を認むることにしたのである。但し実際問題としては……互いに敵意を抱いて嫉視排撃してはうまく行く道理がないのである。此趣旨に依って昭和6年5月，重要輸出品取締規則も改正され商工大臣の許可の下に組合（連合会），公益法人又は道府県に於て之を行ふべき旨を明にした。之で長年の検査権問題も一応のめどが付いた訳である。」[79]

吉野が関与した政策は，検査問題のほかに既述の「重要輸出品工業組合法」（昭和6［1931］年）改正であった。同法は「工業組合法」と改められた。吉野の改正認識は，従来の組合制度がわが国中小工業問題の中心にあった粗製濫造体質の根本的解消には有効ではなかったとみた点にあった[80]。すなわち，「製品の検査……只違反者に過怠金其他の罰則を課するのみでは効果

---

79) 吉野前掲書66), 147～148頁。

80) 吉野はこの改正にいたるまでのわが国組合制度史をつぎのように概括した。「製品検査のみでは我商品の粗製濫造を完全に防止することは出来ない。宜しく生産組織の本に遡って業者の共同施設の利用に依って品質の改善を策るべきこと……工業組合制度は此目的のために設けられたのである。元来利害関係を同じうする者又は少なくとも各国に於て昔から行われて居る。寧ろ之は人間本来の性状に基くと云ても宜しかろう。学者が云ふ天体の行動に求心力と遠心力の二つある通り，人類の活動にも協同の行為と，自主独立の行為と二つある。……近代の国家に於ては法制上之等の組合団体を認めて積極的に其助長発達を図って居る。蓋し資本主義の発達に伴って所謂中産階級の維持の必要が高調せられ，之が為には利害の密接なる者の組合団体の共同施設の普及を以て適切なる方策とするからである。我法制上に於ても中産階級保護を目的とする組合団体の制度は種々ある。……今問題を限局して工業に関する組合制度丈に付て云っても三つある。産業組合，同業組合及工業組合即ち之である。其内工業組合は後に述ぶるが如く前二者の制度を打って一丸としたもので殆独立の一制度としての特色を有しないから，制度の体系としては産業組合と同業組合と二つある」。同上, 148～149頁。なお，同業組合に関してすこし補足しておくと，この組合制度の運営には変遷があった。当初のねらいは共同利益の促進＝検査取締りの面にあった。この点，産業組合のような共同事業（原料の共同購入や販売，共同作業場の運営など）に重点を置いた制度とは異なった。ただし，同業組合制度は第一次大戦中に変質した。これを象徴したのは，小売商業者を中心とした同業組合の価格協定による価格引き上げ問題であった。このため，当時の農商務省は価格協定，さらには労働条件などを規制する行政方針に転じた経緯があった。

がない。何故に彼等は無暴の競争を敢えてするか。資力が乏しくて問屋商人の言ひなり放題に値段を崩さなければ立って行けない，製品を持ち耐へる丈の資金の余裕がないと云ふ事に此種弊害の原因があるならば，之を根絶せしむる為には組合としては組合員に金融上の便宜を与ふることが極めて適切」[81]であるとする視点であり，吉野はこの是正政策を構想していた。

つまり，同業組合制度のような「消極的」政策のほかに，産業組合の組合信用制度[82]のような「積極的」政策を取り込み，工業政策として統一・実施すべき必要性を説いた。吉野は「産業組合と同業組合との二つの組合制度を別々に認むることは理由に乏しいのみならず，却って実際上は不便である。故に此二つの制度を打って一丸とせる一つの新しい組合制度を認むることが寧ろ適切である。工業組合制度なるものは即ち此必要から生まれ出た制度である」[83]と指摘した。では，何故，工業組合制度の対象を従来の重要輸出品から「内地向け製品」にまで拡大すべきなのか。吉野はこの理由をつぎのように述べた。

「一部の業者は自己の製品を内地向けたることを強調して組合の統制に服

---

81) 同上，151頁。中小工業者と問屋との関係とそのもつ問題性に関しては，当時，帝国議会や政府内でもさまざまな議論が展開していた。これらの点については，つぎの拙著を参照。寺岡寛『中小企業政策の日本的構図―日本の戦前・戦中・戦後―』有斐閣，2000年。

82) 産業組合はドイツでは「ライファイゼン」型組合制度として農村を中心に発展した。吉野はドイツの実情にも言及しつつ，わが国の産業組合制度のあり方を次のように論じた。「小農や小作人の如く其土地に定住し子供の時の生立から本人の素質や性向を互いに熟知し合って居るから，組合も組合員の相互信頼の基礎の上に組織せられ互いに無限連体の責任を負ふ気にもなれる。此点が工業や商業に於ては欠けて居る。故に産業組合制度は主として農業に応用せらるべきもので，商工業に於ては例外の場合に限って応用せるべきものだと云ふ考である。我が法制上は産業組合制度は広く産業に応用せらるべきもので農業を主として居らないけれども，実際此制度に関する行政を所管する官庁は我国に於ても古くから農業行政官庁である。併し工業に於ても，今日実際の事情や同業者間の資力，信用状態等が手に取るように明白であって，農村に於ける農民同士相互間と異なる所がない。故に相互信頼の人的基礎の上に工業者を以て組合を組織するに一向差支がない。」吉野前掲書66)，151～152頁。

83) 同上，153頁。

することを肯んじない不便もある。夫れ故に中小工業統制の見地からしても，重要輸出品に限らず広く一般工産品に法律の適用を拡張する必要がある。臨時産業審議会の決議が採択せられ昭和6年法律の改正を見た。其結果法律の名称も重要輸出品の五字を削って工業組合法となった」[84]。

この経緯の末に導入された工業組合制度の特徴について，吉野は下記の4点に整理した。吉野の当時の政策構想がよく示されているので引用しておこう。

1) 工業組合と商人（＝問屋）との対等関係—「中小工業者の組合団体の基礎を堅固ならしめ其発達を企図するが為には，最初は問屋商人を之を与らしめない方が寧ろ実際的である。問屋商人を永久に目の敵とすると云ふ意味ではない。中小工業者の地位が組合団体の力に依って問屋商人側と対等の程度まで引き上げられた後に於て，再び互いに手を握り合ふことは素より理想とする所である。此際としては只問屋資本主義の魔手の跳梁を防止せむとする趣意に外ならない」[85]。

2) 組合結成（＝統制）による共通利益の達成—「共同作業場を設くることが組合設置の主要なる目的であれば大工場主はこれに加入する必要を見ない訳である。けれども，子細に考ふるときは規模の大小の区別に拘らず，同業者の利益関係は近来日を遂うて益々密接となりつつある。……数量が僅少であっても，其製品の品質が著しく悪化せしむることがある。（中略）而して其業界の安定を図るが為には規模の大小を問はず，凡ての同業者が或は生産数量の協定をやるなり，価格に関する申合をするなり，以て当該工業の統制を行はなければならない」[86]。

3) 議決権による大工業と中小工業との利害調整—「組合制度に於ては株式会社とは異って出資口数の多い者が之に相応して大なる発言権を有することになって居らない。組合制度の本質から云へば出資口数の多少に

---

84) 吉野前掲書66)，157～158頁。
85) 同上，159頁。
86) 同上，159～160頁。

拘らず各組合員は平等に一個の議決権を有すべきであろう。然し実際の事情を斟酌して法律は此点に付て出資口数に応じて二個の議決権を有せしめ得ることを規定して居る。……けれども之にも最大の制限を定めて居る。如何なる大規模経営の工業家と雖も，総議決権数の10分の3を超ゆる議決権を一人で有することは法律上許されない。（大工場が―引用者注）ウッカリ加入すると小規模の組合員多数の為に圧迫される虞がある。……そこで其間の利害を調整する為に法律は一の便法を設けて居る。即ち個人を工業組合連合会の一組織分子として認めること之である。……特に大規模の工業家は一個人の資格を以て工業組合や，連合会と対等の地位に於て連合会を組織することが出来るのである。かくて大工場会社は其実力に相当する発言権を有し得ることになり，安んじて連合会に加入し得る訳である」[87]。

4) 任意加入制と強制主義―「組合加入の強制に是非に付ては臨時産業審議会に於ても議論となったが，遂に現行法の如く工業組合の任意加入の組織とし，企業統制の必要ある場合に於て其統制に必要なる事項に限り，組合員以外にも組合の取締制限を及ぼし得ることとするの適当なることを決議した。只当時の法律に依れば此強制力は営業上の弊害を矯正する為特に認むる場合に限り発動せられる……統制違反の具体的の事実が現に存在しなければ第8条の適用は出来ない……其生ずるの虞あることが顕著なる場合にも事前の此強制力を及ぼし得るものとする方が適切である。……審議会に於ても第8条の規定を修正して其趣旨の徹底を図るべき旨の決議があった。之に基づいて昭和6年の法律改正の際に同条を現行の如く営業上の弊害を予防し又は矯正する為云々と修正したのである。……今日の如く国際経済競争の激甚の時に於ては何よりも業界の統制を

---

87) 同上，160〜161頁。この規定は昭和6［1931］年の「重要輸出品工業組合法」改正時に，臨時産業審議会の答申に呼応して第29条第2項の「但書」として盛り込まれた。この政策的目的は中小工業だけでは統制は困難であり，大工業をも対象とする必要性から工業組合連合会に参加させることにあった。

図って外国競争品に対して地歩を鞏固にすることが必要である。此意味に於て工業組合法第8条の如きは蓋し適切なる立法と云はなければならない」[88]。

これらの内容を含んだ工業組合制度の導入は，同業組合側や問屋からの反発を招いた。吉野自身は『日本工業政策』ではこの点についての明言を避けたが，同業組合と工業組合という複線的な制度の現状と課題についてつぎのようにその政策課題を提示した。

「議会は政府原案に対して同業組合に加入せず又は之より脱退することを得るとの規定は重要輸出品に関する工業組合に限って適用あるの趣旨を明にするの改正を施した。実際に於ては工業者の組織する同業組合は之を解体して工業組合に改組する方針によるから格別の差支は起こらないであろう。只問屋商人と工業者からなる同業組合は之を解散することは困難の場合がある。……けれども政府としては何時迄も同種類の組合制度の重複を許すことは適当でない。殊に今日は中小工業者も工業組合制度の運用に依りて其地歩を大に鞏固ならしめたものがある。問屋商人に対して不当に圧迫せらるるが如き虞は大部分消散したと云って宜しい。……此意味に於て組合法制を整理してもっと単純化することが今日の急務だと思ふ。」[89]

実際，吉野は工務局長時代に従来の「同業組合準則」（明治17［1884］年通達），「重要物産同業組合法」（明治33［1900］年公布），「重要物産工業組合法」「輸出組合法」（共に大正14［1925］年公布）という複線的な制度から，商工組合に一本化する単線型組合制度を盛り込んだ「組合制度整備案」要綱を発表したことがあった。ただし，同業組合側の猛反発があり，商工省としては結局のところ「関係者の反対ある上は仮令其反対の理由には首肯すべき点が少いにしても，今は之を強行すべき機会でないと云ふ訳で放任して今日に及

---

88) 吉野前掲書66），164～166頁。
89) 同上，167～168頁。

ん」90)だ経緯があった。なお，商工組合は戦時統制下の統制政策強化から昭和18［1943］年に公布されるが，そこには吉野等が描いた輸出振興，産業合理化や品質改善といった政策構想から物資統制・配給機関化したそれへと変質することになる91)。

つぎに前項でも取り上げた中小工業金融について，吉野構想をみておく。工業金融制度は，各国の中小企業政策史において商業金融制度よりも大きな予算規模をもたらすことからさまざまな政策論議を呼んできた。事情はわが国でも同様であり，吉野もつぎのように指摘した。

> 「殊に工業企業の経営に付ては比較的巨額の資金を必要とする。……固定資金の外運転資金なるものも相当多額に必要である。従って必要なる金融が滑かに行くかどうかと云ふことが，其工業の成功の上に於て，大きく云へば一国工業の振興上，甚だ重大なる関係を有するのである。……けれども時代時代に依って問題の焦点と云ふものがある。……最近では所謂中小工業の金融問題が重要なる政治問題の一となって居るやの観がある。」92)

中小工業金融問題が重要な政策課題であるにもかかわらず，中小工業金融制度の円滑な導入とその進展を阻むものは，大工業と比べて十分な担保能力を欠く実態であり，これが民間金融機関の中小工業向け貸出しの大きな制約になっていた。吉野は欧米各国の動産担保，質権設定，あるいは証券金融などの実情から中小工業金融の問題点を再確認した。

> 「中小工業の金融問題は今は一つの政治問題，社会問題としてし切りに論ぜられて居る。所謂中小工業は我国民経済上頗る重要なる意義を有するものであり，……中小工業の金融を円滑ならしむることは或る意味に於ては我国民経済其物の弱点を補正し其基礎を鞏固ならしむる所以である。併し乍ら金を貸す方の側から云へば中小工業程始末に終へぬものはない。

---

90) 同上，169頁。
91) この点に関する詳細は寺岡前掲書81)を参照。
92) 吉野前掲書66)，170〜171頁。

信用を与ふる土台の担保力と云ふものを殆有って居らないからである。其工業設備は貧弱であって之を抵当として貸出す余地が少い。製品を担保に取ろうとしても其品質のお粗末なことは暫く我慢するとしても，其市価の安定を欠いて居ることは何より困る……成る程中小工業者の内にも財力にこそ恵まれて居らないが，人物の立派な者も相当あろう。銀行の貸出のテクニックとして物的のみならず人的信用と云ふこともあるから，人次第では必要なる金融を受け得る道理である。所が今日の金融機関の貸付の技術から云へば人的信用などと云ふことは事実少しも行われていない。……何人も中小工業者に対する金融の必要なることに異論を挟むものがないけれども，其適切なる実行方法は容易に見付からない。」93)

さらに吉野は中小企業者の出資によって設立され，政府も何らかの保護を行った専門金融機関の中小企業向け貸出しの運用実態について，「実際の運用に当たっては必ずしも設立当初の理想の如くは行かない。既に金融機関たる以上は中小工業者だからと云ってあまり寛大なる貸付方針を採ることも出来ない。……従って結局は失敗に終わるか，又は普通銀行に堕して中小産業者の金融と云ふ特色を失ふのである。……外国の市町村等に於て救済金庫を設くる例もあるが，之は市町村内の住民に生業資金等を無担保で貸付くるもので，万一損失に終わった時は一般市町村財政の内から補填するのである。失業者とか，貧困者とかを救済するのが主眼であるから，其一口の貸付にも限度があって到底中小工業者の産業資金の必要を此種施設に依って充たすことは出来ない」94)と厳しく評価した。もっとも，日本でも産業組合中央金庫による融資制度があったものの，産業組合自体が中小商工業者に普及せず，目ぼしい成果が挙がっていなかった95)。中小工業者への資金貸付ということでは，大蔵省からの融通制度があった。これに対する吉野の評価はつぎの

---

93) 吉野前掲書66)，192～193頁。
94) 同上，193頁。また，吉野はドイツ，ベルギーやイタリアでの中小工業者向けの長期資金貸付制度にも言及したが，これに対しても積極的な評価をしたわけではなかった。

ように必ずしも高いものではなかった。

　「金額は小額ではあるが昭和3年以来低金利を融通することは産業組合と同じ取扱いを為して居る。之とて昭和8年迄の本資金の貸付額累計は456万円に過ぎぬ。工業組合の制度に倣って其後輸出組合，商業組合が設けられるに至って之等の新組合への事業資金を割り振ることとなった。だから，現在の工業組合のみに対する普通事業資金は実際は110万円内外に過ぎない。併し実際に於ては此比較的小額の金すら十分に消化しきれない有様である。組合側に資金に対する需要がない訳ではない。只之を貸付くる方法が普通の金融機関を通すことに為っている。低利資金と云ふけれども政府に対する直接の債務者は金融機関であるから，其中小工業者に貸付を為す場合には矢張り普通の金融の方法以外に多く出づることが出来ない訳である。」[96]

　「公的」資金が実際には中小工業者へ予想ほどに貸付けられなかった理由は，わが国だけでなく世界各国にも共通していた。これは公的資金貸付けの窓口であった民間金融機関が資金回収の確実性を最優先させたため，結局のところ貸出しが抑制されていた事情があった。この背景には当時の大恐慌下で，中小企業の担保力の低下あるいは財務状況が悪化していたことに加え，金融機関の存立自体が不安定であった。前述の商工審議会もこうした事情を問題視し，昭和2［1927］年10月には中小工業への貸付け拡大を促す「金融改善要綱」[97]を発表した。他方，臨時産業審議会の答申でも組合金融の重要性と工業組合中央金庫設置の必要性が指摘されていた[98]。

95）　吉野は「過去に於ては福井県下の羽二重業者が此組織に依りて多少の金融上の援助を求めた位」と評価を下した。

96）　吉野前掲書66），195～196頁。

97）　吉野は答申の実現性について，「比較的容易のものは着々之を実行に移した。例へば工業組合の共同施設として倉庫の建設を奨励した。此場合に政府から補助金を交付するから，組合に於て先づ必要なる建設資金の一部を出資すれば宜しい。さすれば完成したる倉庫は組合の財産として銀行等に提供すれば之を担保として若干の運転資金を借り受けることが出来る。組合は之を原料の共同購入に振り向けることも出来るし……」。同上，199頁。

吉野自身はわが国の中小工業金融制度の方向について，「中小工業者に対して金融を為して損失を被るときは国家其他の公共団体等が之を補償すると云ふ方法である。かくの如きは一寸考へると不条理に聞える。苟も産業政策は度々云った通りみだり紊りに救済に流れてはならない。国家は須く自ら助くる者に対して之を助くるべきである。中小工業者が不始末をして借りた金が支払へなくなったと云って国家が一々国民の租税より得たる金で其尻拭をすると云ふことは不当である。けれども今日の銀行は中小工業の実情に対して，必ずしも正当なる認識と十分なる同情とを有して居らない感がある。……中小工業者の悉くが箸にも棒にもかからぬ者とは限るまい。……にも拘らず，銀行は一律に中小工業者を危険視して十分に金融上の便宜を図って呉れない実情である。果して然りとすれば，国家として銀行をして踏み切らす丈の手段を採る必要がある。損失補償は此手段として最も有効適切なるものである。……素より相当の調査をして安心の行ける者にして金融をするのであるから，実質問題としては十中八九迄は現実に損失を生ずることはない。其稀に生ずることあるべき損失に対しても己むを得ず国家が之が補償するのである。……只一度経済界が不況となり殊に何となく恐慌心理が支配するやうになっては，水の流れは到る所故障の為に止る……其実行に付ては素より周到なる調査研究を要すべきもの」[99]と現状分析した上で，①普通銀行と中小工業金融特殊機関との分業関係，②中小工業金融への国家保証の範囲，③無担保融資などの拡充可能性，といった諸問題を解決すべきとした。

ただし，「周到なる調査研究を要すべき」と吉野は論じたものの，実際には損失補償制度は地方庁ですでに制度的端緒をみていた[100]。もちろん，こ

---

98) この答申内容の実現性について，吉野は「政府に於ても出来る丈実行に着手し，殊に工業組合法の如き一部之に基いて改正を施した。只中小工業金融の目的を以て特別の機関を設置するの件に付ては色々の反対の論もあって今に至る迄未解決の儘になって居る」と評した。吉野前掲書66)，202頁。

99) 同上，204～205頁。

100) 当時，府県による補償率は貸付総額の2割前後であった。ただし，後に災害融資に絡んで補償率が5割前後まで引き上げられたケースもみられた。

れらの制度は大都市などを中心として展開し，中小工業者全体からすればそのわずかな部分が対象となったに過ぎなかった[101]。反面，中小工業の総数を考慮すれば公的資金制度の拡充には自ずから限界があり，中小工業金融の構造的問題の解決なくして，あるいは民間金融市場の改善なくして大きな政策効果は望めなかった。とりわけ，吉野はわが国中小工業者の問屋依存を中小工業金融問題の核心とみていた。「粗製濫造」問題と「問屋資本主義の羈絆から解放」された中小工業の自立的発展こそが重要とする，吉野の基本的な視点がここでも貫かれていた。

「問屋と所謂高利貸に依る金融が中小工業金融の上に相当大なる役割を演じて居ることを知るに足るであろう。之等の金融には弊害の伴ふことは云ふ迄もない。於是此方面に対して国家の施設を講ずるの余地なき否やが問題となり得る。云ふ迄もなく問屋商人資本主義の桎梏から脱却することが近代工業の発達の一過程である。……結局は問屋の支配から独立するのでなければ，工業の発達は望めないと云ふのが一般論の定石であろう。（中略）一言にして尽せば互に他に寄生して生存する情態が両者の関係であり，以て国民経済上の一つの積弊と為すに足ると思ふ。此弊害は中小工業の金融は円滑になる，彼等の業界の統制が整ふるに至れば

---

[101] 参考までに吉野の整理に従って，わが国の中小商工業金融制度を振り返っておく。大正9［1920］年の欧州大戦景気の後の反動不況期での臨時事業資金融資制度，大正12［1920］年の関東大震災の際の小工業救済資金及び小商工業者復旧・復興資金融通制度，大正14［1925］年の復興貯蓄債券収入金の運用による小商工業者復興資金融資制度，金融恐慌の翌年である昭和3［1927］年の中小商工業運転資金融通制度，昭和5［1930］年の信用組合を経由した中小商工業運転資金融通制度，昭和6［1931］年の中小商工業産業資金融通制度，道府県・六大都市の地方庁，工業組合などが高利時に借入れた中小商工業運転資金の低利資金への借換え促進を目的とした中小商工業関係元利支払資金融通制度などがすでに導入されていた。これらの制度はいずれも経由機関を仲介させた間接融資制度であり，現実の融資決定審査は経由機関が担当したことにより，結果的に返済条件が厳しくされ，公的資金予算が政府の予定通りに中小商工業者に貸付けられなかった。同様な問題は日本だけでなく，たとえば，米国などにもみられた傾向であった。米国の事例についてはつぎの拙著を参照。寺岡寛『アメリカの中小企業政策』信山社，1990年。

自然に除去せらるるものである。……仮に現下の実情は之等の中小商工業が負債の重圧に苦むこと農村に於けると同様であり，従って農村と同様に中小商工業に付ても負債整理の必要があるとしても適切有数なる之が手段方法を見出すに苦むものである。問題を中小工業に限って強ひて負債整理のテクニックを求むるならば，問屋金融の凝結をほぐすこと位が落ちであろうと思ふ。……問屋資本主義の羈絆から解放するのが中小工業なるものの発達の理論上の一過程であるが，之には自ら順序もあり時もかかる。殊に我国の現状を以てしては寧ろ両者の関係を公正なる見地から規律調整する方が此際としては賢明の方策であろう。かくして始めて此負債整理に要する資金を国家が特に心配してやることが意味あることになる。国家が融通すると云っても実際問題としては直接国が中小工業者を相手として資金の貸付を為すことは出来ないから，其具体的方法如何は決して簡単ではない。けれども，国家が此種の資金を何等かの方法に依って融通してやる意思を有するならば又其方法は自ら案出せらるるであろう。要するに以上の範囲限度に於てのみ所謂負債整理なる概念が中小工業に付て問題となり得ると思ふ。」[102]

金融問題に加え，吉野は「国産振興と国産愛用」「産業立国と産業合理化」「工業品規格統一と商品単純化」を取り上げた。これらの内容は先述の『我国工業の合理化』と重複するので割愛し，以下，「産業統制」をみておく。

吉野が関心を持ち続けた中小工業の粗製濫造問題の根底には，中小工業の過当競争体質と問屋支配の構造があり，産業合理化運動の対象業種となったのはまさに典型的な中小工業業種であった縞三綾への「統制」であった。

当時，縞三綾は大阪府や兵庫県で生産され，アジア地域に輸出されシャツなどに加工されていた。縞三綾はデザインなど多品種少量生産の典型であり，大工場での大量生産には適していなかった。組合としては産地ごとの工業組合のほか，その全国組織として連合会が結成されていた。商工省の危惧した

---

102) 吉野前掲書66），209～213頁。

のは中小工業者間の過当競争体質であり，これが個別経営の安定を阻害し，また業界全体の発展にも大きな制約となっているとみなされていた。このため，商工省は業界に働きかけ，輸出縞三綾工業改善委員会を設置させ，統制策を検討させた。同委員会は各産地ごとの生産実績から各工業組合に生産額割当を行い，産地ごとの各組合員への生産割当てについてはそれぞれの工業組合に委ねた。製品の市況維持に関しては，連合会が最低価格を決定し，販売数量の統制を行った。ただし，実際にはブローカー等が輸出商に販売することから，連合会もその共同販売所を通じてその販売仲介に当り市価維持を図った[103]。

吉野はこの統制効果については，「縞三綾の生産統制は当初から相当の効果を示したのである。海外市場に於ても市価の変動常なきことに困惑して居る実状であったから，此統制は非常なる好感を以って迎へることとなり，却って買人気が旺盛となって来た」[104]と積極的な評価を下した。

吉野はこの統制経験から中小工業統制の方法と課題をつぎのように整理した。

(a) 生産割当方法としての検査制度の有効性―「検査権を輸出綿織物工業組合連合会のみに与えて居る。だから，検査を行うときに検査機関が其品物が割当内の数量であるかどうかを査問することが出来る。……従って割当数量を超えて統制証紙の交付がない訳だから，……統制証紙の貼付してないものは統制違反の製品として検査を拒み得るのである。検査を受けずして強いて輸出せむとすれば制裁があることは無論である」[105]。

---

103) 吉野は当時のブローカーの実状と共同販売所設置によるブローカー排除についてつぎのように述べた。「多数の小工場に付てはブローカーの斡旋に依って問屋や，外国商館に売り込む有様であった。比較的無資力のブローカーが産地を駆け回って小工場と先物の約定を為し，之を大阪の外国商館や，問屋へ売り込むのである。……大手筋の問屋は従来の如くブローカーを相手とするよりも此機関を利用する方が便利でもあり且つ確実でもあるから，日を追うて実際は多数のブローカーに失職の憂目を見せた結果になった。」同上，316頁。

104) 同上，316頁。

105) 同上，317頁。

(b) 新規参入と統制―「営業は各人の自由であるから，統制の結果此綿布の市況が回復して採算が引き合ふようになると，新に此業を始む者を生ずることは蓋し已を得まい。……さりとて折角既存の業者の自制に依って統制が取れて居るときに，新規の開業者が無制限に勃興しては統制の基礎を危くする。……統制は既設業者の利益を保護するに急なるの余り，結局斯業の進歩発展を阻害することなきや否やが問題となる。……かくて工業技術の進歩が止まる」[106]。

(c) 生産業者と商人の関係調整―「所謂生産数量が現実の需要キッカリに定められることは商人にとって窮屈過ぎる。多少変動の商品が市場にあってこそ商取引が円滑に行くのである。故に如何に生産数量が定められるかに付ては商人側も甚大なる利害関係を有する訳である。縞三綾の統制に付て商人側の発言権を制度の上に何等顧慮する所がなかったから彼等の反対を招いた。……其後の生産統制に付ては此点に十分の注意を払ふこととした。即ち統制の方針及要綱を決定せしむる為に商議員会と云ふやうな機関を設くることが縞三綾の統制以来の例となって居る」[107]。

この指摘のように，縞三綾のような輸出製品検査による統制の有効性が評価されたことから，この経験を輸出産地の中小工業だけでなく，内需製品の中小工業分野まで応用されることになった。「工業組合法」の改正にはこのような背景があった。では，大不況下の製品価格の急落と激化した企業間競争は大工業でも同様でありながら，何故，中小工業が統制対象として焦眉の急となったのか。

吉野はこの点について「大工業に於ても過当なる競争の弊害の顕著なることは中小工業の夫れと何等選ぶ所がなかった。けれども大工業に対しては妄りに立法の力に依って干渉してはならない。産業自由主義は工業経営の規模の大小如何に依って適用を甲乙すべきでは素よりないけれども，我国の中小

---

106) 吉野前掲書66)，317頁。
107) 同上，320頁。

業者には自覚と訓練が足りない。また之を為するには余りにも彼等の数が過多であり其生産組織が雑然として居る。そこで国家は法律を制定して其統制に乗り出したのである。大工業に就ては数から云っても中小工業の如く多数ではない」[108]と論じた。他方，大工業はどうであるのか。吉野は続けた。

「国家の干渉を待たなくとも不況時に処する途は彼等自身が最も能く辨へて居る筈である。若し過当なる競争が業界の安定を妨り彼等自身の利益を害ふ結果になるならば，彼等自ら之を自制するの方策を廻すべきである。カルテル，トラストの事例は外国に於て豊富なる経験を積んで居るではないか。直ちに取って以て我国にも応用すべきものが少なくあるまい。けれども事実は必ずしも上の理論通りは行かない。大工業と云っても我国に於ては同業者協定の訓練と経験が足りないことは中小工業と多く異ならないものもある。……一体カルテルの最も発達していると云はれる独逸の事例を見ても幾多の沿革を有して居る。カルテル結成の当初に於て協定破りの同業者も相当あった。之れが為に折角出来上がったもの迄瓦解を余儀なくされたものもないではない。彼等はかくしてカルテルを結成し破壊し色々やって居る内に不知不識の間に矢張り同業者と協定することが最も彼等自身の利益を擁護する所以の途であると云ふことを自覚するに至り，茲に始めて彼等のカルテルは強固なる組織を有するに至ったのである。独逸国民丈がカルテル組織の天分を有する訳ではない。永年の経験の結果に外ならない。然るに我国の工業は明治以来順調なる経過を経て来たから，カルテルの必要も従来さ程多くなく，又経験にも乏しい」[109]。

つまり，大工業は数も少なく，同業者間の自主的協定（＝カルテルなど）で需給調整が可能であり，国家介入の必要性はない。これに対し，中小工業は数が多く，国家介入なくしてその統制は困難であるとされた。しかしなが

---

108) 同上，322頁。
109) 同上。

ら，わが国の場合，大工業についても，昭和6［1931］年に「重要産業の統制に関する法律」の制定をみていた。吉野は同法制定の理由を「世界中の産業国は何れも過大の生産設備を抱へて苦しんで居るのだから，恐慌の結果一落付はしたもののさて此維持を図るには何よりも先に其業全体の利益の為に為す所がなければならぬ。若し不幸にして彼等に夫れ丈の自覚と認識と訓練がないならば，大工業に対しても国家法律の力を及すことも又実に己むを得ざる所である。之れ昭和6年，重要産業の統制に関する法律の制定せられたる所以である。……少し蛇足を加へるならば，畢竟此法律は産業自由主義の行詰りを如実に裏書するものに外ならない」[110]として，大不況の影響の深刻さと国家介入の緊急性と必要性を強調した。

これは何も吉野だけの認識であったのではなく，次節でふれるように，大正期の自由奔放な時期の日本経済の急発展という時期が終焉し，自由主義思想そのものの見直しと国家統制への傾斜がみられた時代認識を背景とした。吉野の政策観はこの時代の傾向を象徴してもいた。やや長くなるが，引用しておこう。

「久しい間自由主義は其欠点を暴露せずして済んだ。国家産業は隆々として向上発展する時代，換言すれば世界経済の伸展の余地が甚だ大である間は自由主義は極めて適切なる方針である。それが今次の大戦争を機会に世界中の生産設備の過度の膨張を来せるに至って始めて其弱点をさらけ出したのである。……事実必要であれば其程度の整理を断行する位の勇気がなければ業界の安定更生は得て之を望むことは出来ない。夫れ故に之を凡て業者の話合に委すことは百年河清を待つに等しい。……けれどもカルテルは私経済的利益の維持を主眼とするが故に，其協定は動もすれば最も弱体の事業を標準とする弊に陥り易い。……国家本位から考へれば，玉石混交して多数の工場が何れも通常の生産を制限し乍ら現在の需要を充しつつある事物其物が宜しくない。寧ろ最も能率の良い二三

---

110) 吉野前掲書66），324頁。

の工場を精一杯動せば供給は足りる場合には，他の弱体の多数工場は全く閉鎖して仕舞ふことが望ましい。かくの如き結果を理論上期待するものが自由競争主義であるけれども，実際はかかることが徹底的に行はれものではない。……さればどうしても全体の負担に於て之を整理するの外途はない。必要なる限度に於て小数の優秀なる工場丈運行して，夫れより生ずる利益は他の多数の閉鎖，中止，制限を余儀なくせしめられたる者にも公平に分配しなければならない。之が所謂統制の根本趣旨であって，従来のカルテルと趣を異にする点である。」[111]

　吉野が「従来のカルテルと趣を異にする」と述べた国家統制の先には，わが国の「産業統制法」が構想されていた。同法第2条はいわゆる強制カルテルの規定であった。これは「カルテルの統制規定を強化する為に其加盟者に対してカルテルに加入を強制的に命ずるのではない。只其協定の全部又は一部に依るべきことを命ずるのみである。其カルテルに加入すると否とは全く未加入者の自由であるけれども，恰も加入者と同様に之を遵守するの義務」[112]についての規定であり，カルテルを遵守しない場合の国家強権発動の条件は「当該産業の公正なる利益を保護し，国民経済の健全なる発達を図る為に特に必要ありと認むる場合に限定して居る。……其業丈の利益から見れば当然の協定であっても，其結果が他の之と密接なる関係を有する産業に著しき不利益を及ぼすとか，又は一般消費者の利益を害ふとかの虞あるときには国家は強制命令を出すことが出来ない」[113]と解釈された。実際の規定運用では，強制命令の発動の判断は政府だけでなく，後述するように統制委員会の議をへると規定された。

　吉野と「重要産業統制法」との関係は深かった。吉野は臨時産業合理局時代に同法の立案に携わっていた。その際に彼の念頭にあったのはドイツの制度

---

111) 同上，326頁。ちなみに，吉野は「従来のカルテルと趣を異にする」統制については，その最初の立法措置の事例をドイツの「炭鉱経営法」に求めた。
112) 同上，328頁。
113) 同上，329頁。

であり，特にカルテルが欧州大戦後のドイツ経済の復興に果たした役割[114]，あるいはカルテルが有した公共性と監督官庁の現実的機能に関心を寄せていた。また，これとはある意味で対照的であった反トラスト法の伝統のあった米国の事例も検討された。特に，不況脱出策としてトラストやカルテルを容認した「産業復興法」が検討対象となった[115]。こうした事例を踏まえつつ，吉野はわが国の「重要産業統制法」について，同法の第2条規定だけを取り上げ，「世界に類例のないカルテル助長立法とすることは決して正常ではない」としつつも，「カルテルには市場独占の弊害が伴ふことは何としても否むことが出来ない」という前提の下に第3条規定を設けた意義を強調した。

同法第3条は「主務大臣第1条ノ統制協定カ公益ニ反シ又ハ当該産業若ハ之ト密接ナル関係ヲ有スル産業ノ公正ナル利害ヲ害スルトキハ統制委員会ノ議ヲ経テ其ノ変更又ハ取消ヲ命スルコトヲ得」というように，カルテルの弊害防止規定であった。このカルテル行為の変更・取消には①不当な価格引上げによる消費者利害の侵害という公益に反した場合[116]，②当該産業の公正なる利益を害する場合，③当該産業と密接なる関係を有する他の場合の公正なる利益を害する場合が想定されていた。また，重要な点は同法が全業種を

---

114) 吉野はこの点を「大正12年の独逸の経済力濫用に関する法律の如き……法律の根底に横はる思想はカルテルの発達は之を寧ろ同国の経済復興に必要なる方策と是認している。過度の濫用を戒むるのみで，健全なるカルテルの発達は之を寧ろ希望して居る」と紹介した。

115) 吉野は米国について「歴代政府の金科玉条としてトラスト禁止の伝統を仮令一時にせよ，揶揄したる所に『非常時』色彩の濃厚なるものあるを認めることが出来る。……米国産業界の実状が同業者が何れも広大なる生産設備を擁して市場が之に伴はず，互に無暴の競争を敢てして極度の乱脈を現出し，不況の風は骨の髄迄滲亘り失職者は街に溢れて居った。之を放任して置いては国内の商業取引は益々急迫を告げ，延いては国民一般の生活標準を根底から覆して公共の福利を脅すに至るのみならず，海外市場に於て外国のカルテル的勢力と拮抗することが出来ない。……」と紹介した。吉野前掲書66)，332～333頁。米国での同法制定までの経緯とその効果，改廃をめぐる政策問題についてはつぎの拙著を参照。寺岡寛『アメリカの中小企業政策』信山社，1990年。なお，吉野は米国のトラスト，反トラスト立法，「産業復興法」制定の及ぼした影響などについても多く言及したが，米国の当時の諸問題の大枠に対して正確な理解を示していた。

対象にせず，重要産業にのみに適用されたことであった。重要産業は統制委員会の議を経て主務大臣が指定する業種とされ，吉野の『日本工業政策』執筆時で綿紡績業など25業種程度が重要産業の指定を受けていた。

　しかし，強制カルテルとはいえ，統制業種への新規参入や員外者（いわゆるアウトサイダー）への規制をどうするのかという問題は未解決であった。吉野も「殊に新規開業に付ては現行法が何等規定していない。ある特定の業界に於て生産過剰の結果多数の業者は各不自由を忍んで生産制限を協定し，之に従はざる業者に対しては統制法を適用して此協定に強いて服従せしむる時に，新に同一の業を始めることを黙過することは実は意味を為さない。尤も新規開業の営業の自由を妨げないけれども結局は同業者の統制協定に従ふことを強制されるから，注意深き者は無謀なる新計画に手を染むることはないであろう。併し実際は必ずしも立法者の期待通りに運ぶものではない。……そこに統制の悩みがある。端的に云へば一方新企業をある程度に抑ゆる代りに，一方既設設備の改廃を命ずることが却って適切の方策であろう」[117]と指摘し，カルテル統制のみの限界をみていた。

　この統制問題は日本だけでなくドイツやイタリアでも認識され，統制強化のための新規参入を抑制するための事業許可制度が導入されていた。吉野は許可制度の導入について，「統制の徹底を期する上からは新規の企業に対し

---

116)　「重要産業統制法」案の帝国議会での審議でも，こうした消費者利害をめぐる同法案の公共性が問われ，それゆえに5年間の臨時立法としたという政府側答弁があるなど，その臨時性が強調された経緯があった。吉野自身も「本法の施行期限は5年と限って居る。……併し5年の年月の経過の後にカルテル運動其物の必要がなくなる訳では勿論なかろう。否却って国民経済の健全たる発達の為には益々其必要を増すことと信ずる。只国家権力を以へ之を強制助長することは産業自由主義に対する重大なる制限である。統制経済の思想も当今は仲々旺んに唱へられ，各産業国の立法及行政の実際の上にも着々実行せられて居る。けれども自由主義其物にも千古の真理を多分に含んで居ることを忘れてはならない。国家権力の発動は両者の調和を適当に図ることの必要の限度に止むべきである。」吉野前掲書66），338～339頁。帝国議会での具体的な議論についてはつぎの拙著を参照。寺岡寛『中小企業の日本的構図―日本の戦前・戦中・戦後―』有斐閣，2000年。

117)　吉野前掲書66），340～341頁。

て上の立法例の如く許可主義を採用することは蓋し有効の方策であろう。けれどもかくては既存の事業の利益のみを保護するに堕する危険がある。許可主義を採らない迄も我現行法の如く，アウトサイダーに統制協定を強制する程度に於ても此虞は同様に存する。故に単に統制協定の取消変更を命ずるに止らず，更に進んで事業設備の改善廃止をも命ずることが適当であろう」[118] と自らの考え方を示した。

ただし，現実的には「事業設備の改善廃止」は政府の一方的強制だけでは困難であった。それはある種の経済的インセンティブを欠いて需給調整は進展しなかった。繊維業界への操業短縮（操短）が設備買上げという経済的インセンティブに結びつくのはむしろ第二次大戦後であった。やがてこうした政策はその他の中小工業性業種へ拡大した[119]。吉野は昭和10［1935］年に発表した『日本工業政策』ですでに経済的インセンティブの必要性を指摘していたことは，戦後のわが国中小企業政策，とりわけ，組織化政策（＝安定化政策）の進展を考える上で興味深い。すなわち，

「論じ来れば個々の事業の利益本位に堕せず，国民経済全局の利益の上からの真の意味の統制を行ふことは事実仲々困難である。国家としても之に対しても金融其他の方面に於て特別なる施設を講ずるの要あることは上の外国の事例に見ても明らかであろう。我税制法は凡て之等の点に関して何等の考慮を払っていない。」[120]

吉野の以上のような指摘は，戦前型中小工業政策と戦後中小企業政策との連関性の検討をわれわれに迫るものである。吉野が強調した「金融其他の方

---

118) 吉野前掲書66），343頁。なお，吉野はイタリアの例にふれ，「伊国の法律は或る特定の産業設備の新設，拡張は原則として許可主義として居る。違反する者には1万利以下の罰金のみならず，其生産設備の閉鎖を命ずる。……約30の工業に及んで居る。……此許可申請に対して認否を決定するのは組合大臣である……」と紹介した。また，同時に米国の「産業復興法」についてもその許可主義的側面に言及することを吉野は忘れていない。

119) 戦後におけるこの実態と政策的特徴についてはつぎの拙著を参照。寺岡寛『日本の中小企業政策』有斐閣，1997年。

120) 吉野前掲書66）。343頁。

面に於て特別なる施策を講ずるの要」と「税制法」での「考慮」が中小企業政策において実現されるのは第二次大戦後であった。

第3節 時代と論理

　吉野の中小工業政策構想の背景には，彼自身を取り巻いた一種の時代精神や国際情勢があった。たとえば，産業合理化から重要産業統制へと連なる途は，当時，ソビエト連邦がロシア革命から約10年後の昭和3［1928］年に打ち出した「第1次5か年計画」は，商工省若手幹部に大きな動揺と影響を与えていた。カルテル統制についても，わが国だけでなく欧米諸国でもその効率的かつ有効な運用が模索されてもいた。吉野の政策構想もまた，自由経済体制の大不況期下での行詰まりという状況変化でのなかでの一つの選択肢を追い求めたものであった。そこには時代の論理があった。

　時代の論理が政策構想上の外的条件とすれば，内的条件は大正デモクラシーの吉野への影響である。無論，両者は相互作用をもった。大正デモクラシー期は，広義には日露戦争終結の明治38［1905］年頃から大正14［1925］年の普通選挙制度導入までのおよそ20年間，狭義では大正7［1918］年の原敬政友会内閣成立の頃から昭和7［1932］年の五・一五事件までのおよそ15年間を指す。吉野の長兄は大正デモクラシーの象徴的存在であった吉野作造[121]であるという「特殊条件」を外しても，吉野もまた当時の一般的青年としてこの時代精神の下に生きた[122]。広義期間では吉野の18歳から38歳まで，狭義では31歳から46歳までの頃にあたった。

　大正デモクラシーの意義は可視的な政治面では，明治期官僚国家から原敬政友会内閣が象徴した政党内閣の出現であり，政治運動面では普通選挙要求運動にあった。さらには，これに労働組合や農民組合などの無産政党運動を加えることができる。政党内閣の成立背景には，明治国家体制の元老・元勲による寡頭政治が日露戦争という非常時を経て，その役割と位置が変化した現実があった。つまり，政治決定アクターが従来の元老層から官僚，軍，政

党・政治家へと多元化していた。特に政党化の動因には,「日露戦争の結果,国民の政治参加の範囲が大幅に拡大された……日露戦争はその戦費調達のために第一次および第二次非常時特別税法による大幅な増税を必要としたが,それが戦争後もそのままに据え置かれたことの結果として,選挙権者(すな

---

121) 大正デモクラシーを象徴したのは,吉野作造が『中央公論』(大正5 [1916] 年1月号)に寄稿した「憲政の本義を説いて其有終の美を見出すの途を論ず」であった。この97頁にわたる論文で,吉野はまず「民本主義」について,「民本主義といふ文字は,日本語としては極めて新しい用例である。……民主主義といへば,社会民主党などといふ場合に於けるが如く『国家の主権は人民にあり』といふ危険なる学説と混同され易い。又平民主義といへば,平民と貴族とを対立せしめ,貴族を敵にして平民に味方するの意味に誤解せらるるの恐れがある。……我々が憲政の根底と為なすところのものは,政治上一般民衆を重んじ,其間に貴賎上下の別を立てず,而かも国体の君主制たると共和制たるとを問はず,普く通用する所の主義たるが故に,民本主義といふ比較的新しい用語が一番適当である」と定義した上で,半世紀を経た明治国家体制や明治型政治の問題点を民本主義の観点から論じた。民本主義の具体的内容については,その政治目的,経済的特権階級との関係,政策決定過程,代議政治,人民と議員との関係,立憲政治と自由の重要性,制度上の改善,普通選挙の必要性,議会と政府との関係,下院の役割といった視点から論じられた。

122) 大正デモクラシーという時代精神は,思想運動とそこから生まれた政治改革,さらにはその制度的定着といった明確な軌跡とは別個に人々の内面にある種の精神的痕跡を残す。大正デモクラシーはある意味では明治期の農村型社会から大正期の都市型社会への移行という底流の中にあったわけであるが,同時に農村においてもそれ以前と異なる精神の変化もあった。したがって,ここで一般的青年といったのは,吉野等の学歴エリート層だけでなく,青年農民層にも何等かの変容がみられていたという意味である。大門正克は大正期の農民日記を通して,農民自治運動の底流にあった青年農民層の変化をつぎのように透視する。大門は「1920年代のデモクラシーの評価にとって留意すべきことは,こうした新しい生き方の中から自治を目指す方向性が出てきたことである。その方向性を最もよく示すのは,渋谷定輔(1905年埼玉県生まれの自小作農民で,大門は同氏の残した日記を分析対象とした—引用者注)も参加した農民自治運動であろう。国家的価値とは異なる新しい生き方の模索から,さらには自治の構築へ—私はここに生の営みという次元にまで降りてデモクラシーの定着度合いを測定する重要な対象があると考えている……」。大門正克「農民自治とデモクラシー」南亮進・中村政則・西沢保『デモクラシーの崩壊と再生—学際的接近—』日本経済評論社,1998年。なお,大正デモクラシーと農民との関係については,これ以上立ち入る紙幅の余裕はない。詳細はつぎの研究を参照。大門正克『近代日本と農村社会—農民社会の変容と国家—』日本経済評論社,1994年。

わち直接国税10円以上の納税者）は，膨大な自然増加を見るにいったのである。……つまり全国有権者数は，日露戦争の前後には実に2倍以上に及ぶ尨大な自然増加を示した。これはまさに選挙法改正による選挙権拡張の結果にも等しかった」[123]ということがあった。

選挙民の急速な拡大は，有権者の政治的囲い込みを必然化させた。この結果，政策提示による選挙運動が展開することになった。ただし，有権者の拡大は地方農民層で起こり，「議会の圧倒的部分は郡部選出議員であり，都市部選出議員は全体の20パーセント程度」[124]であったことは重要である。この時期に伸長した政友会などはこの層の囲い込みを背景としていた。ここでの政策では，鉄道など地方インフラストラクチャーの整備による地方への利益還元がその一例であった[125]。この事象は政治が中心都市と地方，都市と農村，都市生活者と農民，大都市部の商工業者と地方の商工業者の利害調整に関与を持ち始めたモーメントでもあった。

この結果，政党内閣制の確立と確執をめぐる政友会と憲政会など，さらには大正期の工業化による都市労働者層の拡大がもたらした労働運動の高揚，

---

123) 三谷太一郎『新版・大正デモクラシー論―吉野作造の時代―』東京大学出版会（1995年），10頁。
124) 同上，12頁。
125) これを日露戦争前の地租軽減（＝小さな政府）から租税還元（＝大きな政府）への転換とみなすことも可能である。この代表が鉄道敷設などに伴う利益の地元還元であった。大正デモクラシーと政党政治との関係をこのようにとらえる視点は重要である。このケーススタディについてはつぎの研究を参照のこと。上山和雄『陣笠代議士の研究―日記にみる日本型政治家の源流―』日本経済評論社，1999年。三谷がこの時期の都市部の中小商工業者の政治利害に言及して，当時の都市部選挙区民と郡部選挙区民の利害関係の観点からつぎのような指摘を行っている。当時の中小商工業者，とりわけ，商業層の営業税廃止運動をとらえる上で重要な分析視点であるので参考までに引用しておく。「もちろん日露戦争後も，選挙民の間に『安価な政府』への要求がなかったわけではない。その代表的なものは大正2年および3年の都市中小商工業者を中心とする全国廃税運動（とくに営業税廃止運動）である。しかしこれはどちらかといえば都市部選挙区民の利益主張であり，このような消極政策は，郡部政策区民および政友会の必ずしも積極的に推進するところにはならなかった」。同上，12頁。

吉野作造の新人会に参加した知識人や学生を中心とした思想運動などが大正デモクラシーに連動した。では，この底流を背景とした普通選挙運動や政党のさまざまな政治運動は，吉野信次の政策構想形成にどのような影響をもたらしたのか。

静的には，吉野の長兄である作造や第一高等学校時代に薫陶を受けた新渡戸稲造が黎明会を組織したのが大正7［1918］年であり，講演会の開催や雑誌『黎明運動』の創刊もあった。同じ頃，東京帝国大学法科大学の学生等が中心となった既述の新人会も結成された。この時期の吉野は農商務省入省後5年ばかり経った頃であり，こうした影響を個人的に受けたとはいえまい。当時の吉野の諸論稿から忖度しても，農商務官僚という立場もあり，大正デモクラシーの動的部分の労働運動やマルクスの思想などについて自分の考え方を明示した言説はみられない。他方，個人の内面的底流など，当時の農商務官僚の立場から書かれた諸論稿やその後に彼自身が残した回顧録からは推測の域を出るものではない。もっとも，大正デモクラシーの影響は一様でなく，それには同質と異質の領域が存在することを念頭においた上で，吉野（明治21［1888］年生まれ）と同世代人の時代精神の軌跡をみておこう。

たとえば，大杉栄（明治18［1885］年〜大正12［1923］年，香川県出身）である。吉野と大杉との対比は何を意味するのであろうか。大杉は荒畑寒村（明治20［1887］年〜昭和56［1981］年，横浜市出身）と共に大正元［1912］年に発刊した月刊文芸思想誌『近代思想』（大正3［1914］年9月廃刊）で，大正期の伸長著しい日本経済とその下の労働者の現況を描写しつつ，自らの考えを固めていった。太田哲男は大杉を『近代思想』を通してつぎのように位置づける。

> 「大正デモクラシー期の思想を論ずる場合，普通は一方に『デモクラシー』の思想をおき，社会主義思想や無政府主義思想はいわばその外側にあるとみなされている。……大杉も『盲の手引する者，吉野博士の民本主義堕落論』などの論文で民本主義を批判していたからである。さらに大正デモクラシーの政治思想面の基調を『君主制のわく内での民主主

義，社会主義を支持しない自主主義，帝国主義の容認』といった点に求めるとすれば，これが広義の社会主義に対立するものであることは明らかであるからである。けれども，大正デモクラシーの思想の性格を『前近代的な封建道徳，絶対主義的・権力主義的・官僚主義的な政治を排斥し，個人の自覚を尊重し，国民の総意に基いた政治の樹立を主張』するもの，というふうにややゆるく考えるならば，大杉の『近代思想』における思想も大正デモクラシーの思想と対立しているわけではない。すなわち，政治的な面では大杉の思想は大正デモクラシーの思想と対立していたけれどもその『人間学的』な面において両者は親近性を持っていたといえるのではなかろうか」[126]。

太田の指摘のように，大杉においては明治後期から大正期にかけて日本の急激な社会経済的変化がそれまでの伝統的価値観から隔絶され，そのアイデンティーを求めた個人の自覚が呼び起こされたとみてよい。虐殺という一点で大杉だけが突出した感があるが，大杉が『近代思想』で展開した「個人の自覚」はさまざまな分野で進んでいた[127]。これは民にあった大杉とは対照的に官にあった吉野においてもそうであったろう。「洋行」の機会が限られていた当時にあって，吉野の米国での1年半余りにわたる滞在経験はより鮮明に「個人の自覚」を呼び起こしたに違いない。それが官僚としての「国家の自覚」という形で外部化されていったところに大杉との対比がある。後に吉野が協調会に関与し，発表していくわが国の労働問題や小工業問題に関する論稿の行間には大杉的な時代の精神も読み取れる。

---

126) 太田哲男『大正デモクラシーの思想水脈』同時代社（1987年），50〜51頁。太田は大杉の個人主義を高く評価しつつ，大杉の思想の継承性にふれる。「大杉の個人主義の骨太さが明瞭に語られている。それは『内に向う』個人主義ではなく『個人革命と社会革命』とを同時にめざそうとする個人主義である。こうした個人主義に立脚しながら，大杉は『近代思想』の発行をつづけたのである。（中略）日本の社会運動の中でこうした大杉の発想は生かされてきたか。ほとんどが生かされてこなかったといえるのではないか。……日本の近代化を思想の面から論じた人々の少なからぬ部分は，日本における『近代的自我』の挫折について語ってきた。しかし，大杉にあっては『近代的自我』は挫折しなかった。」同，55〜57頁。

個人の自覚が吉野にあっては国家の政策構想という形で外部化されていくのは，明治以来の近代化という日本の自立的工業化戦略の継承者という官僚の立場ゆえでもあった。個人の自覚を呼び起こした大正期の伝統的価値観の「隔絶」とは対照的に，ここでは欧米諸国との時間的距離を短縮させるという国家目標の「継承」が強固にあった。この点は，明治末から民間伝承の記録を通じて日本の「原郷」を求め始めた吉野の農商務省での先輩格にあたる柳田國男（明治8［1875］年〜昭和37［1962］年，兵庫県出身）とは異なる。農商務官僚を辞して柳田が日本の農村問題を透視し，日本の原郷を求めつつ「日本人の自己認識の学」としての民俗学にのめり込んでいった精神と，現役官僚として意識的にも無意識的にも欧米諸国を目標とする近代化路線の政策の現場に立ち続けやがてトップに上り詰めることになる吉野の精神とでは，

---

127) たとえば，小松隆二も「大正デモクラシーと1916年」でこの点をつぎのように描写する。「あらゆる社会思想が開花する大正期—その中で，これまであまり注目されていないが，一つの飛躍をみせる重要な意味をもつのが1916（大正5）年である。この年は，経済面での躍進ばかりでなく，大正デモクラシー全体の中でも，画期的な意味をもっている。それはこの年が吉野作造の『憲政の本義を説いて其有終の美を済すの途を論ず』（『中央公論』1月号）で幕開けされることのみによるのではない。大正デモクラシーの根本精神と触れ合う民衆，人間を視野に入れる新しい動向が目立って頭をもたげてくるのも，また民衆芸術の主張がやがて大きな潮流になる出発点も，この年であったからである。……それこそ大正を特徴づける人間愛にみなぎる新聞や雑誌，あるいは労働者，民衆視点に立つ新聞や雑誌のあいつぐ創刊が，これらの動向を十分に裏付けてくれるであろう。（中略）大正期を特徴づける国家から個への関心や視点の転移，あるいは民衆化，大衆化に向かう担い手の変化が，徐々にではあるが，いたるところですすめられていた」。小松隆二『大正自由人物語—望月圭とその周辺—』岩波書店（1988年），63頁。なお，こうした大正デモクラシーの終焉について，小松は望月周辺の状況を通してつぎのように述べる。「大杉が軍部の手で殺害された時は，たしかにショックは大きかったが，まだまだ大勢の同志が残っていたし，社会運動を取り巻く状況も極端に悪くはなっていなかった。しかし今はちがう。前年の金融恐慌を機に景気の沈滞は一層深みにはまり，失業もさらに増加，労働者や農民を中心に国民の生活は窮迫に瀕していた。政府の弾圧もとみに強化されていた。第一回普通選挙はようやく実施されるにいたったものの，むしろそれをめざした大正デモクラシーは皮肉にも終焉に近づいていた。アナキズム運動もますます後退の坂道を下っていた」。同，3〜4頁。

その重心は同一のものではなかった。

　柳田の視点は改めて大正期が急ぎすぎた近代化への反動期であったことを示唆する。また，大正期は反動を許容する経済的余裕が生まれ始めた時代でもあった。そこでは柳田に象徴される日本文化と土着性，あるいは吉野と同世代にあって日本周辺の沖縄，アイヌや台湾などの芸術・民芸運動にのめりこんだ柳宗悦（明治22［1889］年～昭和36［1961］年，東京都出身）128)にみられたアジア文化と土着性への視点が生み出す時代精神も底流としてあったことも思い起こす必要がある。土着性ということでは129)，この時期に日本の明治以降の西洋からの「学び文化」が一段落したことにも関連する。

　こうした側面はラフカディオ・ハーンに学びわが国で最初のシェークスピア全集の翻訳者で知られた浅野和三郎（明治7［1874］年～昭和12［1937］年，茨城県出身）の例にも見出し得る。浅野の場合の重要性というのは，西洋文化を象徴化した英語や英文学という学び文化から脱却する「個人の自覚」という問題設定のまだ先にある。彼は英文学者の道を捨て，出口なおを開祖，出口仁三郎を聖師として成立した当時の新興宗教であった大本教へと進み，

---

128)　柳宗悦は大正11［1922］年に『朝鮮とその芸術』を出版した。これは大正8［1919］年に朝鮮の三・一独立運動での日本側の弾圧と混乱があったよもなくの時期であるだけに重要である。その後も，柳は沖縄，アイヌや台湾と日本の周辺部分に注目した。吉野等の政策官僚が欧米諸国との対比の下で日本の「遅れ」を問題視したこととは異なる精神の重心がここにあった。

129)　ただし，土着性は決して固定的なものでなく，武田が指摘するように動態的な側面をもつ。武田は土着性について「ある民族，ある文化圏に見出す土着文化（基礎文化といってもいい）は変化しないという考え方がある。どのような外来の文化や思想が衝撃を与えても，基礎文化は絶対に変らないという考え方である。私はこの考え方に決して反対ではない。……他方，人間のものの考え方，価値観，精神構造は，内的・外的インパクトによって変化してゆくという側面がある。異質の思想，文化をもつ他者に出会う時，その交わり，相互影響を通して人間の思想はいろいろに変化してゆく」と分析し，さまざまな思想家や宗教家の軌跡を取上げている。ここでの分析対象には政策官僚に直接影響を与えたと思われる思想家が含まれていないが，武田の視点にはわが国の政策思想の底流をとらえる上で幾つもの有益なヒントがある。武田清子『正統と異端の"あいだ"―日本思想史研究試論―』東京大学出版会（1976年），71頁。

さらには心霊研究の方向へと転じた。松本健一は浅野の精神の軌跡をつぎのように述べる。

「浅野和三郎の生涯が描いた〈知〉の軌跡は，いったい何を意味しているのか。かれの生涯の軌跡は，もしかしたら，西洋＝近代を理念型として理想化し，それを摸倣し追求し実現することをもって日本近代の〈知〉の課題とした日本の知識人の，ある極の姿を示しているのではないか」[130]。

松本の指摘は，改めて「知識人（＝官僚）」吉野信次の時代において，広範囲に及んであろう大正デモクラシーの精神が政策官僚たちにどのように消化されていったのかという課題を浮上させる。これは明治以来の近代工業の導入と育成がはかられつつもその自立的発展が未だ確定せず，現実には土着的な在来工業などが中小工業としてわが国経済の発展に輸出を通じて貢献している構造がさまざまな問題を生み出し，この解決に欧米型モデルを応用しうるのかという政策課題がそこにあったことに並行する。これは前節で紹介した吉野の著作の底流に流れる「自覚」であり，松本の問題提起した点に呼応する。だが，この問題への糸口は，浅野や柳田の知の重心を問うよりも，やはり吉野と同世代であった内務官僚の田沢義鋪（明治18［1885］年～昭和19［1944］年，佐賀県出身）や商工官僚の河合栄治郎（明治24［1891］年～昭和19

---

[130] 松本健一『神の罠―浅野和三郎，近代知性の悲劇―』新潮社（1989年），9頁。浅野が英文学者の道から大本教団に入ったのは42歳の時であった。興味あるのは近代化路線をひたすら走って明治国家も40年を超える頃には，さまざまな「源郷」を求める一つの時代潮流にあったといえるのではないか，松本は浅野の軌跡をつぎのように位置付ける。「浅野和三郎の心霊研究はその意味で，近代の〈知〉の彼方に射程を伸ばそうとしたものであった，と一応いえるだろう。そのことじたいに誤りがあったわけではない。霊魂について〈知〉ろうとすることは，『神の国』としての原郷（パトリ）によってではなく，個人の価値に依って生きてゆこうとした近代の人間の，本来的な欲求といえるからであろう。だが，その〈知〉のさきに，個々の霊魂（神霊）を『絶対の独一精神』のもとに帰一させよう，というかたちでの日本＝神霊主義の罠がまっていた。この罠に，浅野和三郎はおちたのである。……つまり，浅野和三郎はそのようなかたちで近代日本の〈知〉の負債を生きたのだった」同，223～224頁。

[1944]年，東京都出身）の「行動的知性」との対比において見出せるかもしれない。

田沢は吉野と同様に東京帝国大学法科大学に学び，明治42［1909］年に内務省に入り，翌年には静岡県阿部郡の郡長となっている。この若い郡長は農村青年の教育に力を入れ青年団運動にのめり込んだ。吉野との接点は協調会であり，田沢は大正9［1920］年に同会の常務理事に就任している。その後，田沢は大日本青年団の理事長になり，その全国運動に東奔西走することになる。武田清子は「田沢義鋪における国民主義とリベラリズム」で田沢と大正デモクラシーとの対応関係について，「近代日本における人間尊重思想（ヒューマニズムといっていいかもしれない）の系譜をたどるとき，西洋から導入されたキリスト思想，あるいは，ヒューマニズムとは区別して，東洋的思想や道徳思想に根をもつ人間尊重思想が，西洋のヒューマニズム，あるいは，社会主義思想などに触発され，又は，それと結合し，総合されることによって，一種のヒューマニズム，あるいはリベラリズムともいうべき性質をもった人間尊重思想が生み出され，それが，明治末期ごろよりいろいろな萌芽を見せはじめた。そして，それが，大正デモクラシー，あるいは大正ヒューマニズムの苗床ともなり，さらには戦後の民主主義思想の内発的契機の一つともなっているように思える。そこで，田沢義鋪の思想が，こうした日本の精神的伝統より内発的に発生・成長した，道義的ヒューマニズム，あるいは，リベラリズムの一つのタイプとよぶべきものとして，この系譜に属しうるものであるかどうか」[131]と問題提起を行う。

一種のヒューマニズムである人間尊重思想が大正デモクラシーという苗床という系譜をもったのかどうかは別として，田沢と吉野の後半人生は大きな対照をみせた。田沢は内務官僚の枠を遥かに超えて青年団運動に邁進し，後日，広田弘毅内閣の内務大臣として入閣を要請されたにもかかわらず，無給で青年学校の校長を望むという野に下ることを望んだ。他方，吉野は明治期

---

131) 武田清子『日本リベラリズムの稜線』岩波書店（1987年），182頁。

の農商務官僚であった前田正名のように野に下って自らの政策構想実現のために奔走もしなかったし，また，昭和12［1937］年に近衛文麿内閣の商工大臣に就いた。こうしてみると，田沢にみられた農村改善の政策構想の底流にあった彼自身の思想の内発性と，工業政策に取り組んできた吉野のそれとは異なっていたであろう。もちろん，たとえ田沢の政策思想が日本の精神的伝統に連なり，大正デモクラシーという苗床で純化したことの結果ということであれば，吉野もまた彼なりに内発的な政策思想を醸成させていたことは十分忖度できる。ただし，問題は農業と工業という政策対象の相違であった。武田は当時の農村と国家との関係に着目する。

「田沢が農村青年に出あってゆくのは，彼の自由主義的な思想的態度，ないし，善意にみちた主観的意図にかかわらず，東大出身の秀才である内務官僚である郡長としてであり，あくまでも上から『彼ら』を指導し，彼らを引き上げてゆくものであった。彼自身が気がつかず，意図しないまでも，彼の背後には内務省，文部省，さらに陸軍まで協力して推進しようとする地方改良運動，報徳会運動，国民道徳普及運動等の一環としての『青年団』育成方針があり，それが後光のように彼を背後から支える権力であった。彼の指導を受けた農村青年にしても，田沢の個人的魅力に勿論ひきつけられ，感銘も受けたことは事実であるが，それとともに，当局の国民道徳運動の一環としての青年団運動を上からの統一化，画一化の波として受身にうけとっていた面が多分にあったのではなかろうか？それが現象としては青年団運動の驚くべき普及の仕方にもかかわらず，田沢の意図した創意に満ちた自由主義的気迫をもって，超国家主義の軍国主義化に抵抗する自主的力を十分に農村青年のふところに育成することにはならなかったのではなかろうか？」[132]。

武田は大正デモクラシーの国家側受容の一側面をこのように鋭く剥ぎ取ってみせた。先述した吉野の思想的内発性とは別に，彼自身は工業政策，とり

---

132) 同上，240～241頁。

わけ，工業組合制度への取り組みを通じて，政策主体側のこうした側面を認識していたことだけは確かである。

では，河合の場合はどうであったろうか。河合もまた吉野と同様に第一高等学校で新渡戸稲造の薫陶を受け，東京帝国大学法科大学を卒業後，農商務省に入り，労働行政に携わった。大正7［1918］年に「工場法」調査のため渡米するなど，河合は吉野と極めて類似の軌跡を描いた。ただし，大きく異なるのは在外中に後年の河合に大きな影響を与えることになるグリーン（Thomas Hill Green, 1836年～1882年，英国の社会思想家）の著作との出会いであった。河合は2年後に官を去り，東京帝国大学経済学部での学究生活に転じた。

当時のマルキシズムの強い思想界にあって，河合はグリーンなどの思想を紹介しつつ，マルキシズムやファシズム批判を続けることになる。しかし，大正期にあったある種の寛容な時代精神は終息し，大不況下の昭和6［1931］年の満州事変，翌年の五・一五事件，昭和11［1936］年の二・二六事件，そして日中の軍事衝突と緊張の高まりの中で，河合の思想を受容する土壌は大きく枯れていった。河合の「自由主義」的著作は発禁され，休職処分と出版法違反の有罪判決がこれに追い討ちをかけた[133]。河合が主張した「寛容」な自由主義は，大正デモクラシーの文脈の中では決して反国家的色彩を帯びたものであったとは判断できまい。

しかしながら，河合の自由主義，そして大正期の時代精神を彩った吉野作造の民本主義，白樺派の代表する「自由」恋愛が象徴したヒューマニズムなどは，大正後期の関東大震災，金融恐慌，農業恐慌，都市での失業者増大を伴った昭和恐慌により，結果として強い国家の成立と自由主義経済の制限という流れの中で大きな制約を受け始めていた。とすると，問題は河合の思想

---

133) いわゆる河合栄治郎事件である。河合の著作の発禁処分により，経済学部での処分をめぐる議論がさまざまな対立抗争を生み出し，当時の平賀譲総長は河合と土方成美教授の喧嘩両成敗的同時処分を発表した。これに対し，文官高等分限委員会は河合を教授不適格者として休職処分を打ち出した。これに抗議して他の教授も辞職する結果となった。

ではなく，国家の側の大きな変容にあった。この感触は，吉野の著作で産業自由主義の「重要性」を強調しつつも，他方で国家統制の「必要性」を説くアンビバレントな叙述からも十分伝わってくる。前述の武田は，この時期の河合思想を取り巻いた重く垂れ込めた時代のよどんだ空気のような変化を的確にとらえている。

　「大正期にしばしの間，吉野作造のデモクラシー（民本主義），白樺派のヒューマニズム，教育の分野における自由主義教育など，リベラリズムの思想をつちかう背景や土壌が育ったかに見えたが，やがて関東大震災を契機として，自由主義を排撃する思想的機運が台頭し，反動化が急速に強まっていった。大震災という天災は，自由恋愛や自由主義（リベラリズム）や自由放任主義の経済など，ブルジョア社会の退廃に対する天罰と解釈する風潮が強まった。関東大震災後に雑誌『白樺』が廃刊になったことは象徴的現象であった。そして，満州事変を経て，国体明徴思想，超国家主義を核とする日本ファシズムへと展開していった。……近代思想において，自由主義（リベラリズム）は，右翼思想にとっても，革新思想にとっても，『つまずきの石』であった。日本社会においては，自由主義は，人間の動物的欲望，自然的欲望の抑制なき発揮くらいにしか考えられない面が強い。経済の領域においては，自由主義は，抑制なき利益追求を原理とする自由放任主義経済の同義語として理解され，また，そういう意味で用いられ，批判される場合が多かった。（中略）いわゆる『昭和恐慌』に代表される経済的危機が，日本のみならず，アメリカをはじめとする西洋諸国における『自由放任主義の資本主義経済』の矛盾，破綻を示すものとして深刻に受けとめられ，それが『自由主義』そのものの破綻と解釈された。そういう意味で，昭和恐慌に象徴される社会矛盾は，『自由主義』への不信と攻撃を激化させたのであった。資本主義社会の改革，革新を追及するものとしてのマルクス主義と昭和維新のイデオロギーは（右翼革新主義→超国家主義のファシズム）との両方から自由主義は攻撃を受けることとなったのが，昭和前期の暗い谷間

の時期の顕著な現象であった」[134]。

　こうしてみると，大正期の10年間は，饗庭も説くように「もとより短く終わった時代であったとはいえ，この時代の自由な精神は，明治の『型』にはまらず，内なる『自然』の開放をも隠された『モーター』としながらも多様な領域にその探求と享受のよろこびを経験した。国家にたいして『無用』の自覚があった分だけ，『内面』を発見し，それを充実させようとした」[135]時代でもあった。この内面が外へと向かった時に，大杉に象徴された国家との衝突が起こった。この時代は内面的自覚により宗教的共同体への回帰を志向した浅野，土着的なものへと関心を移した柳田や柳のように，明治以来の「『文明開化』の物質主義にたいする精神的リアクションが反『制度』と『内面』の重複とむすび」[136]ついた時代でもあった。それだけに，その10年余の間に「次第に強固となりつつあった国家と『制度』との距離のとり方と『自由』の享受との間にあるバランスが欠けていたところ」[137]からさまざまな問題が起こり，「自由と抑圧」は国家による統制によってバランスが図られる昭和の時代精神が浮上することとなる。

　吉野もまたこれらの同世代者と時代精神を共有し，高等文官試験に合格した大正元［1912］年から官僚生活をスタートさせ，大正14［1925］年には商工省の政策全般を見渡せる文書課長に就き，「昭和前期の暗い谷間」の時期に工務局，臨時産業合理局などでの要職を経験した。昭和前期に先行した明るい「稜線」の時期に，若き吉野が『社会政策時報』などで論じた中産階級論にみられた自由主義秩序下での楽観的見方は，この後に続く暗い谷間の時期には国家統制を論じるようになるなど変容したことはすでにみたとおりである。

　大正期に生まれた多くの中小工業者（実態的には家内小規模工業であるが）

---

134)　武田前掲書131)，20〜22頁。
135)　饗庭孝男『日本近代の世紀末』文芸春秋（1990年），264頁。
136)　同上，265頁。
137)　同上，263頁。

への吉野の関心は，単に国家に立つ側だけでなく，その「内面」にも結びついた関心事であったことは十分に想像できよう。しかしながら，大正期の活発かつ自由な経済活動を支えた中小商工業者層は，その経営の脆弱性と彼等を取り巻く経済環境の急速な変化により大きな転換を迫られた。河合の寛容な自由主義をも拒否した昭和国家の政策構想においては，中小商工業政策もまた国家によるバランス確保が大きな政策命題として強く意識されるようになった。

吉野もまたこの時代に生きた。では，吉野の政策構想は，「早産」の大正デモクラシーを育てる余裕を欠いた昭和前期の「混乱期」を経て，再び戦中国家の重さがとれた戦後においてどのように継承され，どのような政策構想につながっていったのか。

第4節 戦後と連関

吉野の政策構想の戦後への連関性を探る前に，大正期から戦前昭和期におけるわが国中小企業の存立実態およびそこにみられた中小企業問題を当時の報告書や研究書などから振り返っておこう。

たとえば，松崎壽は大正2［1913］年に著した『工業金融論』ですでに当時の中小企業問題の構造的側面，とりわけ，金融問題の重要性をつぎのように指摘した。

> 「近来我国の工業は駸々として日に月に其面目を一新し来り，小経営は変じて大経営となり，個人組織は結社組織に推移するの傾向益々熾んなりと雖も工業資本を供給するの方法及び此目的を達すべき特殊なる金融機関又は金融業務の発達に至りて猶ほ極めて幼稚なるを免れず，即ち彼の獨墺諸国に於ける起業銀行（Grundungsbank），若しくは証券銀行（Effektenbank）に稍や該当すべきものとして僅かに唯一の日本興業銀行の存するのみなれども之れを利用し得るものは小数の大工業者に止まり，多くの中小工業者は全く安固たる資金供給の便宜を有せずと称するも不

可なきの現状にして又小工業者の自助的金融機関なる信用組合の普及も未だ殆ど看に足らざるなり，事情果して斯くの如くんば我国工業の将来は猶ほ大に憂慮すべきものなしとせず」[138]。

必然，小工業者は個人の貸金業者や問屋の信用に依存せざるを得なかった。松崎はわが国の小工業金融問題の現実と制度上の限界をつぎのように整理した。

① 適切な小工業専門金融機関の欠如―小工業者が「設備及び起業資金の調達上甚だ憂ふべき情態に在る識者の空論にあらず実際の事実なり……大小幾多の商業銀行は陰に工業放資を為すこと多く又特殊なる農工金融機関の存在するものありと雖も是等は専ら会社組織にして大工業者の利用すべき機関にして資力の薄弱なる小工業者は其恩恵に浴することは能はざるの憾みあり……要するに小工業者が其の資金の供給者として銀行に依頼する能はざるは否定すべからざる現状なり」[139]。

② 同業組合制度による金融支援の限界―「同業組合より資金の融通を求むるものは同一種類の工業に従事するものが互いに醵金を為して組合の積立金とし其の内より融通を受くるの方法なれども都市にありては同業者の数多き事業に稀に組織せる所にして重要ならず」[140]。

③ 頼母子講，無尽講の現状と監督の限界―「細民の貯蓄及び金融の機関として発達したる制度なれども対人信用に依り便利なる貸付を受くるの長所あるが故に小工業者の間にも普及し各地に其存在を看る……然れども其の多くは動もすれば発起人が私腹を肥さんが為に計算を曖昧にして種々の関係を企て加盟者を害することあり又加盟者の中にも違約を為す

---

138) 松崎壽『工業金融論』隆文館（1913年），1～2頁。ちなみに本書の構成は第一編「総論」は「工業資本」「工業信用」，第二編「工業金融の方法」は「資本証券の直接発行」「資本証券の間接発行法」，第三編「工業金融機関」は「小工業金融機関」「各国金融機関の発達」「我国の工業金融機関」となっている。
139) 同上，395～397頁。
140) 同上，400頁。

こと多きが故に其の監督を厳重にするを要す。然れども今日の状態に於ては無尽講の組織は工業金融上欠くべからず地位を有するものと云ふべきなり」[141]。

④ 「産業組合法」（明治33[1900]年）による信用組合制度[142]の限界—「猶ほ欧州諸国に及ばざること遠しと云はざるべからず……此の制度によりて恩恵を蒙るものは主として農業者にして工業者の加盟するもの甚だ少く従って小工業金融機関たるの機能は殆ど発揮せられずと称するも不可なきなり，……工業者の組織する信用組合をして農業者の組合より分離せしむるに至ると信ずるものなり」[143]。

要するに，問題は小工業者向け公的金融制度が未整備の状況下で，小工業が依存する「貸金業者の要求する利息は過当に高率なるを常とするを以て小工業者にして斯る資金によりて事業を経営するに於ては絶えず非常の圧迫を蒙り充分の利益を挙げる能はざる」[144]という構造があり，このため経営本来の合理化を促進するに足る資本蓄積が妨げられていたことであった。これを改善するために，松崎はドイツのシュルツ型信用組合に言及して「一般に現今小工業者の金融機関として最も有力なるものは蓋し信用組合」[145]であることを強調しつつ，小工業への適切な金融政策が必要である意義をつぎのように説いた。

「想ふに我国に於ては猶ほ中小経営の工業者の存続する者頗る多く其数遥

---

141) 松崎前掲書138），400～402頁。
142) 「産業組合法」制定の翌年には，信用組合の結成数は3つであった。この10年後には2,226，信用組合兼業の組合が3,105となり，合計で5,331を数えた。だが，この内訳は明治41[1904]年末で農業者による組合が80.8％，工業者が4.8％，商業者が6.6％，漁業者が1.3％というように，農業者中心の制度運用となっており，商工業者による組合結成はわずかであるという実態があった。
143) 松崎前掲書138），403～408頁。
144) 同上，209頁。
145) 同上，213頁。松崎はドイツの事例を検証しつつ，わが国において商工業者を組織した信用組合の普及が決して容易でないことも指摘した。

に大工業者を越ゆるの状態なり。果して長く此現状を維持して小工業者の保護奨励を図るの得策なりや否やは自ら別個の問題にして慎重の研究を要すと雖も少くとも中小工業者が我工業界に在りて重要なる地位を占むるものなる以上之れが資金の供給を潤沢ならしめ其生産方法の進歩改良を期待するは国民経済の健全なる発展を促すの必要条件と称すべきや勿論なり。仮に小工業者の存続を希望すべからざる事実として可及的大工業者の普及を助長せしむべしとするも一国経済組織の急激なる変動は種々の弊害を斉すを以て其変遷を緩和するを要す，さればこの意味に於ても小工業の資力を裕にして其固有の欠点を除去するは洵に欠くべからざるの方策なり……小工業者の金融機関を完全にするは刻下の急務なりと雖も其は独り信用組合の普及にのみ待つを得ざるが故に他方には一層有力なる機関の活動を必要とすべし此機関は即ち商業銀行にして彼の大工業者に対する資金の供給と共に併せて中小工業者に対しても亦其金融を疎通せざるべからず。……予が本書を出して世人の一顧を乞はんとするに至りたる動機は小工業に対する金融機関の欠乏を憂ふるに外ならざるなり」[146]。

　ここで紹介した松崎の『工業金融論』が発行された年に，吉野は農商務省に入省した。吉野は松崎が指摘した中小工業金融問題の背後にあった中小工業の粗製濫造体質の改善，とりわけ，工業組合制度の確立と普及に取り組むことはすでにみた。吉野は中小工業者の問屋金融への過度の依存がその製造工程での合理化促進の足枷になっていることを最重要視した[147]。

　中小工業金融問題は昭和金融恐慌の下で一層先鋭化した。当時の実態を東京府の『昭和3年度に於ける府下の中小商工業者に対する金融の状況調査蒐録』の調査報告書から紹介しておこう[148]。

　調査対象は府下信用組合のうち116組合であり，その貸付状況から見る限り，商業資金よりも工業資金が「欠乏」していた。また，当時の庶民金融機

---

146) 同上，409〜410頁。

関として身近であった無尽会社についても27社の状況に関して同様の指摘が為された。こうした「金融梗塞」が容易に解決されなかったことは，それから9年後に発表された日本興業銀行の報告書『本邦中小商工業金融の現状に就て』でも明示された。

同報告書は中小工業での合理化の遅れ，技術的低位性，資金調達難などの現状にふれた上で，「中小商工業たるや金融難に苦しむ事甚しく為に茲数年来中小商工業金融問題が一般の注目を惹くに至り各方面に於て之が対策に腐心するに至った次第である。即ち預金部は資金を放出し，国家公共団体は改善策を考へ，普通銀行も亦之に関心を持ちつつある。然らば其の結果中小商工業金融難は救はれたるかと云ふに仲々さうでなく我々は之に対して依然否定せねばならぬことは誠に遺憾に堪へない。即ち各方面の努力にも拘らず此の市場に於ては高利資本が依然として横行しておる。中小商工業金融の目標は須らく近代的合理機関により依然として豊富なる資本を提供し中小商工業者をして高利資本に依頼することを避けしむることになる」[149]と政策課題を整理し，「金融難は中小商工業者の没落の大きな原因であり此の原因であり此問題さへ解決するならば充分採算可能の事業も決して少なくはない」[150]とまで言い切った。

さらに，「経済法則よりすれば資本は常に安全確実性を欲するが故に一般に信用程度の低い中小企業者が金融難に陥ることは必然的であろう。併し乍ら他方国家的立場より見る時は好ましくない」[151]という視点から，民間融資などへの損失補償制度あるいは信用保証などの活用が望ましいものの，最終

---

147) 繰り返しになるが，吉野の指摘した中小工業者と問屋の関係についてふれておく。すなわち，問屋への材料など前貸し面での金融的依存は，問屋による買い叩きをもたらし，このために中小工業者は値引きに応じつつ品質上の手抜きで利益を出そうとし，問屋はこの値引きをみてさらなる値引きを要求し，一層の粗製濫造が展開する悪循環があった。吉野は，中小工業者側のコストダウンは本来の製造過程の機械化などの合理化に向かわず，より一層の低賃金層の活用にその活路を求め，品質向上がなかなか図られないという問題点をそこに見ていた。

148) 東京府『中小商工業金融状況』（昭和5年2月）。

的には中小商工業への融資は普通銀行など「金融機関の決意如何にかかるものと云はねばならない」[152]状況下で，同報告書は中小商工業者のつぎのような取り組みを不可欠とみた。

(a) 中小商工業者の経営合理化努力―「帳簿ですら不完全なものが多い。勿論之は種々原因のある事であるが此の点より改善するに非ずんば到底振興は期し得られない。商工相談所等に於ても経営合理化の指導には相当努力しつつあるが更に之が普及化を望んで止まない」[153]。

(b) 組合結成による共同事業の推進―「中小商工業の弱点は一に其の経営規模の小なる点にあるが故に組合による共同事業を行ふ結合，団結により大企業に劣らぬ力を発揮すべきであろう。又組合を結成する時は金融上に於ても便宜がある」[154]。

---

149) 日本興業銀行調査部『本邦中小商工業金融の現況に就て』(昭和12年9月)，2頁。本報告は「中小商工業の日本経済に於ける地位」で輸出面の重要性を指摘しているのは当然としても，下請中小企業の役割に注目したのは慧眼であった。「中小工業が下請業として持つ役割亦大いに注目を要する。巨大工業の制覇に伴ひ中小工業の没落は必然的であるかの如く考へられるが必ずしもそうとは限らない。一面に於て下請業者としての之等の存在は大工業殊に重工業方面に於て必要であろう。乍然此の場合資本的に薄弱なる中小工業は稍もすれば低廉なる価格に苦しめられ易く此の点警戒を要する。又技術的にも部分品メーカーとして統制の必要あり，全般的に下請業者としての中小工業に種々の合理化統制の必要なることは云ふ迄もない」。ただし，それは個々の経営主体での合理的経営管理の達成の一環としての合理化ではなく，それを強制的に統制としてはかっていかざるを得ないところにわが国中小企業問題の主要点があった。また，戦前の中小商工業問題と並行的に論じられていた「人口問題」あるいは「過剰人口問題」がここでも指摘されていた。参考までに引用しておこう。「中小商工業問題は人口問題解決上重大役割を演じて居り，今後増大する人口に対して職業を与へると云ふ点では相当の力が期待される。又之に関連して社会問題上の役割から云へば之等中小商工業者は国家の中堅階級であり之を没落せしむる事は多数の失業者を出す事となり合理化の烈しい大工業では到底全部を収容出来ない」。同，13頁，14頁。

150) 同上，15頁。
151) 同上，57頁。
152) 同上，70頁。
153) 同上，113頁。
154) 同上，114頁。

これらの自主的取り組みを前提に、同報告書は、(ア)中小商工業者に無尽や個人金融業者の利用を控えるよう指導するとともに、普通銀行や貯蓄銀行等の中小商工業金融促進を目的として、政府はこうした金融機関に低利資金の融通、あるいは事務費補助、損失補償を行うこと、(イ)中小商工業金融機関の新設、(ウ)組合金融制度の充実、(エ)以上の金融政策を支える制度の整備、を提案した155)。

(エ)の具体的内容については、長期設備資金への保証を行う信用保証機関や中小商工業者の信用調査をおこなう信用調査機関の整備、効率的な補償制度の導入、高金利を規制する「利息制限法」の改正、中小商工業の適した「動産抵当法」などの具体策が提案された156)。

興業銀行の報告書作成に携わった岡庭博は、同報告書発表の翌年に自ら『戦時下の中小商工業金融論』を出版した157)。岡庭が同書で「我国に於ける中小商工業問題は相当重要性を有して居るが、此の問題が漸く世間に注目され始めたのは大正末期から昭和の始めにかけてである」158)と問題提起を行ったが、松崎は大正2 [1913] 年の前述書でこの問題の重要性をすでに明示していた。これは当時の現状にあって、中小商工業金融において大きな役割を

---

155) 日本興業銀行前掲報告書149)、113〜115頁。
156) 同上、115〜117頁。
157) 出版にあたっての序文は日本興業銀行参事の工藤昭四郎（工藤は戦後、中小企業金融に尽力することになる）に依った。岡庭は書名を『戦時下の中小商工業金融論』とした理由について「元来此の問題は平時より論及せられたる所であり、本書は平時に於ける一般的状況を基礎として夫に戦時下の特殊事情を加へ論じた」と述べた。たしかに、記述には「銃後に於ける中堅階級の安定」とか「時局産業の充実」などの表現が目立つ。したがって、岡庭の説く中小商工業金融政策は、あくまでも戦時経済の強化という観点から重要中小工業分野（輸出工業や下請工業分野）への公的資金の導入を前提としていたと考えられる。なお、同書の出版は昭和13 [1938] 年2月となっているが、著者序文の日付は前年の2月となっていた。日本興業銀行『本邦中小商工業金融の現状に就て』発行の7か月前となっていた。現状分析に関わる部分には重複がみられることから、岡庭が同報告書の作成において中心的役割を果たしたとみてよいであろう。
158) 岡庭博『戦時下の中小商工業金融論』慶応書房（1938年）、3頁。

果たしていた興業銀行の調査部に勤める岡庭が「夫（大正末期—引用者注）以前に於ても，斯くの如き問題が全然なかった訳でないが，何と云っても当時の経済界は純然たる成長期にあり，其大企業の威力に対しても今日の如く窮迫を感じた訳でなく，社会に於ても自由競争の華やかなりし当時に特に一階級としての中小商工業者を取上げて論ずる者も少なかったのである」[159]という認識を持っていたことを考慮に入れると，なおさら松崎の先見性に注目しておいてよい。

岡庭の根本視点は戦時経済下で生産力をいかに拡大させるかであり，このための中小商工業金融政策であるのだが，その指摘には「平時」経済下の中小商工業政策のあり方あるいはその方向を位置づける上で着目しておくものも多い。すなわち，

(A) 社会政策的側面—「社会政策的救済策は純粋の中小商工業政策とは云ひ得ないのであるが，生業資金の貸付等を自治団体として行う所もある程度で，政府としては大して此の方面に意を払って居ない」[160]。

(B) 金融，組合，経営の三方針—「要するに中小商工業政策は最初は金融方面とは云ひ得ないのであるが，夫も資金の提供と云ふ最も単純なものであったが，単に資金を提供するのみでは未だ不完全である事が判明するや，補償制度等の金融助成制度の発達，特殊機関の設置等漸次積極化し来たったのである。他方金融方面に遅れて其他の振興策が実施せられたが，此の方面に於ても組合により振興策の他経営指導等の方法も加はり，漸次積極性を加へ直接化して来たのである。而して之を金融政策と比する時は何れが主なりとは云ひ難いが，最初の金融重視政策より漸次中小商工業自体の改善へ範囲を拡げつつあり，今や双方相提携せんとしつつあり，……之等は将に金融と経営と両方面相合せる政策であると考へられるのである。今後中小商工業者も国家の配慮を不必要とするに到

---

159) 同上。
160) 同上，289頁。

る迄は尚相当の時日を要するのであり，当分振興政策は続けられるであろうが，其の進路は金融，組合，経営の三方針相俟って完全であり，各政策は連絡を必要とするのである」[161]。

岡庭はこのような政策構想を示しつつ，現下にあっては「非常時局の再会し，中小業者の問題は一層重要性を加へて来た。之が振興を図ることは即ち国家経済の内部的充実を来す所以であり，中小商工業者金融問題の解決が国家の急務である」[162]と結語した。

つぎに岡庭のような専門家の見解とは別に，それでは一般大衆にとって中小商工業問題はどのように理解されていたのか。この点はどうであったのか。当時の啓蒙書であった木村増太郎『中小商工業の将来』の内容を紹介することでこれに代えておく。同書は大日本連合青年団編『新興日本叢書』[163]第12巻として昭和11［1936］年に発行された。

木村はわが国経済問題の根底には人口問題があり，特に農村人口が「飽和状況」にある状況下では農村対策だけでは限界があり，商工業の発展，とりわけこれを促す中小商工業政策の必要性を強調した。岡庭の指摘のように，こうした中小商工業振興には社会政策的「救済対策」でなく，中小商工業の「健全なる発展」を促す産業政策としての対策が木村によっても強調された。木村の政策構想の特徴はつぎのように整理されよう。

（i）社会政策から総合的産業政策[164]としての中小商工業政策—「社会政策的な見地から没落し行く階級に対しての，一種の同情論としてこれを認めたものが多かった……中小商工業対策も，従来のような単なるお情

---

161) 岡庭前掲書158），289～290頁。
162) 同上，299頁。岡庭は中小商工業者の抱える金融問題の解決には「高利貸し」などの非正規金融機関の政策的排除を強調していた。
163) 『新興日本叢書』には，木村の著作のほかに『新興日本の将来』，『我が国体と憲法』，『躍進日本の産業』，『人口問題と海外発展』，『新興日本の工業と発明』，『新農村の基調』，『新興日本の工業と発明』，『新興日本の国防（海軍編・陸軍編）』，『躍進日本の教育』といった国威発揚を目的とする著作が目立つ。発行は財団法人日本青年館であった。当時，日本青年館は『日本青年新聞』（毎月2回）と月刊誌『青年』を発行していた。

け的なものでなく，より積極的な我が産業界の発展策の根本策」[165]としての重要性。
(ii) 応急対策から恒久政策への転換。
(iii) 具体策としての①経営改善指導（経営診断など），②共同事業への助長制度，③粗製濫造防止のための検査制度の統一などを目的とする統制の強化，④金融制度の改善[166]。

これらの指摘は戦後，特に高度経済成長期の下でのわが国中小企業政策の軌跡をみれば，先見的な政策構想であったことが理解できよう。岡庭の政策構想の根底には，『中小商工業の将来』を刊行した当時，戦争拡大を意識した国家主義的色彩が強まり，統制の波が押し寄せるなか，「平時」経済の下でも中小商工業には多くの構造的問題があるものの[167]，「資本主義発展の一般的法則の一として，中小企業は早晩消滅すべきものとなし，中小商工業者の前途に対しても，悲観的に見るものは，今日なほ少なくないやうである。……勿論，中小経営の中には，大資本と対立して本質的に成り立たないもの

---

164) 木村は「経済力の充実を期するために，経済政策を樹立する場合，特に注意せねばならないことは，単に在る部分だけの助長策に終らぬようにする」総合的な視点を強調した。木村増太郎『中小商工業の将来』日本青年館（昭和11年），19頁。

165) 同上，374頁。木村は当時の政策方向をつぎのようにも分析していた。「凡そ中小商工業問題が我が国に於いて重視せらるるに至ったのは，今日に始まったことではない。殊に金輸出解禁後我が国経済界が，世界恐慌の余波を受けて非常な不況に襲はれたとき，これにつれて中小商工業者の匡救問題が我が経済界の重要問題として登場してきたのである。しかし，問題の目的は社会政策的な意味からこれ等の階級の救済策を考慮しようといふのである。然るに最近になっての中小商工業問題に対しては，これと違った意味から問題を検討しようとする意見が多くなってきた。即ち中小商工業者の将来性を考へ，その将来性があるとすれば，我が産業界の発達のために，それ等の業者の健全なる発展を遂げさせるような対策を講じようといふのである」。

166) 戦後の制度整備ということでは，経営改善指導では経営診断制度が導入され，こうした制度を担う機関としては地方自治体で産業能率研究所（経営指導所）が設けられた。共同事業への助成ということでは協同組合制度，商店街への助成，金融制度では信用保証制度などが全国普及した。戦後の中小企業政策の展開についてはつぎの拙著を参照。寺岡寛『日本の中小企業政策』有斐閣，1997年。

もあることは事実であるが，更にその外に，大経営より中小経営の方に存在理由の多いもの，乃至は，大経営と併存し得る中小経営のあることを忘れてはならない。……事実，今日の大工業の例をとると，中小工業の存在によって，漸くその需要の変化に適応して行けるものも多いのである。加之，一方には非常に商品需要に種類変化の多いものや，特殊性の著しいもの等は，大工業に不適当で，中小工業の方に存在理由が多いのである」[168]と認識した上で，中小商工業の発展可能性への洞察があった。

ところで，松崎の『工業金融論』が発行された大正2［1913］年は吉野の農商務省入省年であり，上述の木村の『中小商工業の将来』が発行された昭和11［1936］年は吉野が商工次官を最後に商工省を去った年であった。松崎から木村に至る20年間は，吉野が，松崎や木村が指摘したわが国の中小商工業問題に官の側にあって取り組んだ時期であった。吉野の中小商工業問題認識において，松崎等のそれとは必ずしも大きな隔たりがあったとはいい難い。

---

167) 木村は中小商工業の抱える問題を内的原因と外的原因に区別してとらえた。内的原因（＝「内部的欠陥」）として①同業者の過多と無統制，②経営の不合理，③資金難，外的要因として④一般的不況による圧迫，⑤大企業本位の制度の不公平などが挙げられた。⑤については，「租税公課の負担が特に中小商工業者に過重となっていることや，特に地方中小商工業者に過重となっていることや，地方中小商工業者は都会地大商工業者に比べて，極めて不利益な状態に置かれていることなどがそれである。更に運賃，動力料等が大企業家に有利に規定されているため，中小商工業者に差別的な高率となっているやうなこともあり，且つ金融機関の如き大企業本位であって，中小商工業者は，融資の便宜を受くるに頗る困難であり，仮にその便益を得ても，条件が極めて不利な場合が多いのである。これ等は要するに，経済制度又は産業政策が，大企業本位となっていることに，その根本原因が存在して居り，然らざるまでも，少なくとも中小業者が政策の対象として忘れ勝ちなことから生じてくるのである。」木村前掲書164)，108頁。

168) 同上，361～362頁。木村は大企業に対抗して中小企業が生存し得る要因についても整理した。すなわち，①「動力としての蒸気に代る電力の利用の発達である……生産過程のための動力使用につき，従来のような多くの資本と，大がかりな設備を不必要ならし」めていること，②「運輸機関，殊に自動車と道路の発達である。この結果，原料品及び製品の集散，又は従業員の交通等に多大の便益を与へ，大企業の集中化傾向に対して，中小商工業に分散化傾向の利益を保持せしめることに役立っている」ことなど。同，364頁。

また，政策構想においても，木村が指摘した産業政策としての認識も同様に前節でみた『日本工業論』での吉野の考え方と近似するところも多い。問題は，この時期以降の戦時経済体制進展による統制がこうしたさまざまな政策構想を実行に移す契機を奪ったことにあった。実際に，こうした政策構想が具体的な制度として実現するのはむしろ第二次大戦後であった。

　序論でふれたように，戦後，米国占領政策として反独占政策論理が中小企業政策の一つの機軸に付け加わったものの，戦後復興政策から高度経済成長期の近代化政策を支えたもう一つの機軸であった産業政策型論理は戦前来の吉野等の政策構想と連関性を保持していた。たとえば，それは吉野の下で政策立案に携わった若手あるいは中堅官僚が昭和20年代から30年代に，中小企業政策を立案・策定した通産省や国会の商工委員会，あるいは中小企業関連団体で政策形成の一つのインナーサークルを形成していたという直接的な影響力の行使という面だけでなく[169]，より現実的に戦前の政策構想を実現する条件の整備，とりわけ，大きな政府の成立と財政規模の拡大という条件が戦後に整ったという側面もあった。

　吉野の戦後の歩みに関わらせて，中小企業政策の進展をみておこう。吉野は昭和21［1946］年8月に公職追放に遭うが，その5年後に指定解除を受け，昭和28［1953］年に「日本経済の立て直しと自立」を掲げ参議院議員に当選した[170]。吉野が参議院商工委員会委員長に在った時に，戦後の米国占領政策の一環を為した「独占禁止法」改正による不況カルテルや合理化カルテル

---

[169]　こうしたサークルの中には，戦前の商工省で吉野の部下であった岸信介といった大物政治家だけでなく，吉野の満州時代の鮎川義介や商工省関係では後述の豊田雅孝などの名前を挙げておく必要があろう。この時期におけるこうした人物の政治的復活と戦後日本における中小企業政策立法制定に果たした役割をどう位置づけるかは重要な研究課題である。中小企業のカルテル行政に大きな役割を果たすことになる「中小企業安定法」制定に奔走した中小企業政治連盟の鮎川についてみれば，その主義主張に戦後の民主主義的表現が目立つが，その政治運動のあり方は戦前期のそれであったともいえる。なお，戦後の昭和20年代あるいは30年代におけるわが国の中小企業政策立法の制定過程とこれに関与した人物については，つぎの拙著を参照のこと。寺岡寛『日本の中小企業政策』有斐閣，1997年。

の必要性が叫ばれ，商工省を引き継いだ通商産業省の産業合理化審議会が政府のカルテル結成への関与に取り組んでいた。この意味では，戦前において産業合理化やカルテルに関連する政策立法に大きな役割を果たした吉野の公職復帰は，象徴的ですらあった。

　実態からすれば，不況カルテルや合理化カルテルの結成数はわずかであったものの，「独占禁止法」の適用除外とされた中小工業性業種を対象とするカルテル数は，戦前来の中小工業がもつ過当競争体質是正の手段として増加した[171]。中小商工業に関わる特徴的な諸問題は戦後にも継承され，それゆえに吉野等が取り組んだ政策構想は戦後においても継承された側面があった[172]。

補　論　　豊田雅孝と戦後

　戦後への戦前型政策論理の継承を考察する場合，戦前の商工官僚であった岸信介や椎名悦三郎等が戦後復興時，あるいは高度経済成長初期に政治家として活躍したほかに，戦前の中堅や若手商工官僚が政策実務官僚として再登場したこと，さらには政府の外においても戦前商工官僚がある程度のインナーサークルを形成したことも無視できない要因である。吉野のほかに取り上げるべき人物としては豊田雅孝がいる。

　豊田は吉野信次より10年遅れて明治31 [1898] 年に愛媛県松山市に生まれ，商工省が農商務省から分離独立した最初の年であった大正14 [1925] 年に入省した（当時，吉野は商工省文書課長）。豊田もまた吉野とよく似たキャリアを辿る。文書課長，企業局長，軍需省の東北地方軍需管理局長官，工務局長

---

170) この年の選挙では，吉野のほかにも戦前期の大物官僚，経営者，高級軍人，貴族院勅撰議員なども当選した。例えば，この中には陸軍大臣や朝鮮総督などを歴任した宇垣一成が含まれた。ちなみに，宇垣は全国区で最高得票を獲得した。

171) この詳しい展開はつぎの拙著を参照。寺岡寛『中小企業政策の日本的構図―日本の戦前・戦中・戦後―』有斐閣，2000年。

を歴任し，敗戦時の昭和20［1945］年に商工次官となった[173]。以後，官を離れた。

ただし，昭和22［1947］年に商工組合中央金庫理事長に就任したことを皮切りに，戦後の中小企業政策に大きく関与することになる。同年には商工協同組合中央会・会長，昭和23［1948］年に日本中小企業連盟（その後，社団

---

[172] 戦前の産業合理化政策や戦時経済化の統制政策の根底にあった官民協調的構想は，昭和30年代の貿易・資本の自由化をめぐる官僚だけでなく，学者間の政策論争にも継承されていた。野口はこの時期を振り返って，「当時の経済学者の中には，通産省などによる『産業構造政策』の策定に積極的に協力する層（すなわち第一世代）と，それを強く批判する層（第二世代）が存在しており，両者はしばしば激しく対立した」というように戦前的論理と戦後的論理の角逐がみられた。野口の言う第一世代（篠原三代平など）は日本経済がまだ弱体であり，政府の強力な政策的対応が必要であるとする産業政策的論理を主張したのに対し，第二世代（小宮隆太郎など）は「通産主導の『産業再編成』なるものこそ，むしろ独占の形成をもたらして市場の競争を阻害するというきわめて望ましからぬ効果をもつものであることを強く指摘した。抑制されるべきは自由化でなく，政策当局によって押し進められる『自由化対策の方だった』と考えていた。いうまでもなく，こうした政策論理の相違は世代間にあった時代認識の相違でもあった。野口のつぎの指摘はこのことを改めて提示している。すなわち，「1960年代の通産省の『産業構造政策』，あるいは，より一般的な用語としてその後定着した通産省の『産業政策』とは，端的にいえば，この過剰なまでの『危機意識』が，政策担当者たちがその影響下にあった第一世代の経済学者に特有な悲観主義的経済観と結びついて形成されたもの，……理由は，彼等が思想形成を行った時代的背景を無視して理解することは出来ない。つまり，市場経済に対する不信，政府の力を用いた経済開発主義への傾倒，国際市場に対するペシミズムなど，第一世代の論者が共通に持つ思考的特質は，世界恐慌から戦中戦後の統制経済に至る，時には限りなく悲惨なものであった経済状況と関連している……第一世代の中でも中山伊知郎に関しては，このような経済的悲観主義からは脱却していたという評価も可能であろう。しかし……中山の貿易主義とは，いわば輸出志向の開発主義であり，古典派＝新古典派主義的な自由貿易主義とは全く似て非なるものであった。……『第二世代からみれば，第一世代は概して保護主義的，重商主義的，介入主義的であり，しかもこの世代の人々の政策思想は実際の産業政策にきわめて大きな影響を及ぼした』（小宮）……小宮の指摘するように，第一世代の経済学者たちは，『競争促進のための独占禁止政策をほとんど評価しなかった』（小宮）という点においても，第二世代とも全く異なっていた」。野口旭「対外自由化と『産業構造政策』」，池尾愛子編『日本の経済学と経済学者—戦後の研究環境と政策形成—』日本経済評論社，1999年。

法人日本中小企業団体連盟）の代表に就任した。さらには，通産省顧問の傍ら，

---

173) 豊田は商工省振興部長時代に著作を残している。これは吉野のように自身で執筆したというよりも，内容からみて商工省の若手官僚等を中心に執筆されたものを編集したものと忖度される。『産業国策と中小産業』は『戦時経済国策体系』の第10巻として昭和16 [1941] 年に産業経済学会から刊行された。刊行年からもわかるように，本書は戦時統制下の中小商工業問題とこれへの対策を取り上げた。「序」にはつぎのようにある。「中小商工業の問題は，支那事変以前より，久しきに亘り，我国の経済組織上及社会人口構成上の重大問題として，其の解決を求められて来たのであるが，……既に中小商工業問題に関する論述は，各方面の学者或は実際家の手に依り行はれつつあるが，未だ政府の側に於て，此の問題を歴史的系統的に論述した……中小商工業の実態と之に対する政府の対策施設は，その時々の国内及国際情勢を反映して，幾多の変遷を示して来た。然しながら，今や支那事変の長期化と，第二次世界大戦に伴ふ我国内外の政治，外交，経済，社会の諸情勢は，未曾有の危機到来を慮らしむるものがある。此の秋に当り中小商工業対策の処理を誤らんか，其の経済力に及ぼす影響は勿論，国民生活の安定に与へる支障は測り知るべからざるものがあるであろう。政府としては，生産力拡充の急速達成を念願とすると共に，国民生活の安定確保に遺憾なからしむる為，中小商工業者対策の円滑なる実施に腐心しつつあるが，経済統制の強化に伴ひ，中小商工業者の蒙りつつある苦悩は，真に想像に達するもののあることを察知している。……昭和16年夏頃迄の情勢を基準として記されている関係上，最近の目まぐるしい国内事情の変転に伴ふ中小商工業対策の推移は記憶されていないことは勿論である。唯本書が中小商工業問題に些かでも関心を有する人々の為，多少とも資するところが有らば幸甚と思ふ次第である」。具体的な内容は，中小商工業の存立変化，同業組合制度から始まるわが国の中小商工業政策の概要，時局（＝戦時経済下）と中小商工業，商業組合制度，商業報国運動，工業組合制度，下請工業，中小工業の整理再編問題，中小商工業金融，中小商工業転業対策などとなっていた。付録には「中小企業整備要綱」が収録された。

なお，中小商工業問題に関する豊田の認識では，その発生は昭和2 [1927] 年の金融恐慌から「満州事変」「支那事変」の頃にかけてとみなされる（本書では，これは「第一期的中小商工業問題疲弊」と呼ばれる）。すなわち，「中小商工業問題，換言すれば，中小商工業者の全面的疲弊が表面化したのは世界大戦後の好景気の反動として，勃発した昭和2年の財界パニックを頂点とする世界的不景気の過程に於て，先づ，我農村が，深刻な不景気に襲はれ，次で此等の農村地方を背景とする中小商工業者の著しい窮迫が招来され，之が，漸次都市の商工業者に及びに至って，全国的な慢性症状に移行したのである」。また，中小商工業問題，特に中小工業問題への認識では，吉野と同様に，問屋制工業での問屋の存在が問題視されている。豊田雅孝『産業国策と中小産業』（『戦時経済国策体系』第10巻，復刻版），日本図書センター，平成12 [2000] 年，2頁。

政府の復興政策に関連した委員会や審議会の委員を兼任した。主なものでは，復興金融委員会，税制審議会，国民金融公庫設立委員会，産業合理化審議会を挙げることができる。また，昭和28［1953］年には吉野と同様に，参議院全国区（ただし，吉野は宮城地方区より）から中小企業政策の必要性を訴え，出馬し，当選を果たした。以降，わが国戦後中小企業政策の形成におけるインナーサークルに大きな影響力をもった。

昭和31［1956］年には全国中小企業等協同組合中央会・会長，中小企業振興審議会委員，全国中小企業団体総連合顧問に就任したほか，昭和37［1962］年に参議院全国区で再選された。再選後，豊田は自民党の中での中小企業政策グループの要職を歴任した。たとえば，自民党中小企業基本政策調査会・副会長，自民党商工局長，参議院自民党政策審議会・商工部会長，自民党中小企業振興議員連盟代表世話人，参議院商工常任委員長などがその代表的なものであった（顧問職は除く）。

戦後における豊田のこうした活動をどのように評価すべきか。中小企業金融制度の創設や戦後の協同組合など組織政策については，中小企業者の政治力を結集させたということにおいて豊田が大きな役割を果たしたとみてよいと思われる。米国による占領政策が講和条約の締結によって終焉を迎えてから2か月後の昭和26［1951］年11月，豊田の日本中小企業連盟は東京都商工協同組合協会と共同で，中小企業等協同組合全国大会を1千名余りの中小企業者を集めて開催し[174]，占領終結後の中小企業政策における組織化政策の必要性などをつぎのように決議した。当時の息吹を知る上で参考になるので引用しておく。

「講和締結後におけるわが国経済なかんずく中小企業界は，いく多の困難に直面せんとしている。われわれはこの際，ますます中小企業等協同組合の結成を促進し，その拡充強化を図り，一路，中小企業の苦難打開に

---

174) 同全国大会にはつぎのような来賓が列席したことは，豊田の「政治力」を忖度する上で一つの傍証にはなる。池田勇人大蔵大臣（職は当時，以下同じ），高橋龍太郎通産大臣，小笠公韶中小企業庁長官のほか，各政党の政策関係責任者が顔を並べた。

邁進すべきである。ことに今後の金融こう塞，特に当面する年末金融打開こそ焦眉の急務たることを強調し，左の措置の急速なる実現を期する。

1. 中小企業の強力なる組織化を図り，かつ組合運営の実態に即応する中小企業等協同組合法の改正を行うこと。
1. 中小企業等協同組合を中心とする中小企業対策の強化を図り，大企業偏重の跛行施策を排除すること。
1. 組合金融の疎通をはかるため，商工組合中央金庫を拡充強化し，特に年末金融打開のため，同金庫に対し大幅の政府資金の急速なる導入をはかること。
1. 中小企業等協同組合に対する課税の適正化を図ると共に，中小企業に対する租税はその実情を充分に把握し，中小企業を圧迫する税制の根本的改革を断行すること。
1. 中小企業指導行政は今後いよいよその重要性を加えるにかんがみ，中小企業庁の存続はもとより，一層の強化拡充を図ること。」[175]

---

175) （社）日本中小企業団体連盟『（社）日本中小企業団体連盟30年史』（昭和54 [1979] 年），177～178頁。なお，同年史は「日本中小企業連盟」という名称が採用された経緯について興味ある指摘を行っている。すなわち，「新団体の名称は，豊田会長が採用したものである。中小工業，中小商業，中小鉱山業，中小運輸業，その他各種の中小サービス業等を総括して『中小企業』という字句で指称したのは，これが初めてである。従来の中小企業については，中小商工業という呼び方が一般に行われ，政府の用語においても例えば，中小商工業というような呼び方が行われてきた。また，中小企業の全国的指導団体については，これまで商工組合中央会，商工協同組合中央会等の名称が用いられてきた。しかし，この中小商工業という言葉は，前記のように商業，工業並びにこれらには属さない各種の業種にわたる広汎な中小企業の，全体を総括結集するには不正確な言葉であるので，豊田会長が本連盟の名称に，中小商工業を排して，中小企業という言葉を使用して以来，政府をはじめ，業界，学界，新聞，雑誌等総て，中小商工業に替えて，中小企業という言葉を用いるようになった。そのような意味で，今日一般化されている『中小企業』という言葉の出発点はここにあるといえよう。」同，9～10頁。

第3章　中小企業政策と地域構想

第1節　地域と調査研究機関

　第二次大戦後の米国占領政策の基調は，序章などで述べたように，民主化であり，これを支える行政システムの改革を前提としていた。この具体的な方向の一つは地方自治推進であった。この時期のわが国地方庁の動きについてみると，戦前来の中央集権体制が見直されるなか，現実の戦後復興でも地方自治体が中心になって行わざるを得ない実態もあった。

　つまり，この時期には，地方自治体によってさまざまな復興計画が立案されたことは，その積極的意義もさることながら，わが国の戦後行政組織をめぐる米国側の改革下，中央政府から具体的な地方経済復興政策が明示されない時期にあって，地方が独自にいち早く経済的立て直しを図らざるを得ない切迫化した経済状況があった。中央政府は貿易，交通あるいはエネルギーなどの政策課題への取り組みにその大きな政策的関心をもたざるを得なかった。他面，地域経済の復興は地方庁にとって緊急を要する問題であった。特に，そのためには中小企業の役割が重要であって，国に先行して中小企業政策への取り組みを必要とさせた。

　本章では，経済復興から高度経済成長前期にかけて，地方自治体ではどのような経済問題あるいは産業問題が意識され，どのような問題指摘と政策課題の設定が行われていたかを取り上げたい。以下では，上述の課題を大阪府

の調査研究機関での取り組みの紹介を通じて，地方自治体における中小企業政策構想の一端を明らかにする。

　大阪府の場合，戦後復興への取り組みは，敗戦翌年の昭和21［1946］年4月に府知事の下，大阪市長，大阪大学総長，日本銀行大阪支店長，大阪商工会議所会頭などの委員から成る「大阪府産業再建審議会」の設置から開始された。同審議会の運営と復興調査の担当部署として，大阪府経済部に事務局が設けられた。同審議会は翌年3月に府知事へ諮問答申を行い解散したものの，同事務局は引き続き大阪産業の再建を推進することを目的とする推進本部事務局に継承され，産業再建行政を担当する商工部内の調査担当部署に編成された。大阪府産業推進本部事務局は昭和24［1949］年にこうした経緯により商工部・商工調査班と改称された。

　同調査班は，翌年，大阪経済の戦後復興を図る上での商工行政確立に不可欠な商工経済の実態を把握するための機関として「商工経済研究所」に改組された。同研究所は昭和27［1952］年には大阪府条例第20号により「大阪府立商工経済研究所」（以下，「商研」と略す）となった。赤間文三知事は商研による最初の報告書の序文で，その設立意義についてつぎのように述べた。商研設立の当時の雰囲気をよく伝えているので引用しておく。

　「本年4月1日より当府に商工経済研究所を創設することに相成りました。当研究所を設置致しました目的は，戦後府県行政の自主性が高まるにつれて，地方経済の再建復興に府県の責務が愈々重要性を加え，特に当府の如き商工経済の重要なる枢軸地域におきまして，その実態の把握に基く強力なる経済行政活動の確立が，洵に重要な業務となってきたからであります。従来我国の調査統計活動は極めて中央集権的な色彩が濃厚であり，地方経済の具体的把握には極めて資料が乏しいのが現状でありまして，これに関連して地方行政もまた科学性を欠き，地方の実情に即した適切なる官民一体の指導振興対策を阻害してきたのであります」[1]。

　商研の初代所長には，元満鉄調査部次長の押川一郎（在任期間：昭和25

[1950] 年4月～昭和32 [1957] 年3月，後にアジア生産性機構事務総長）が就任した[2]。当時の研究所の在籍者にも満鉄調査部関係者がいた[3]。

ここで留意しておくべきことは，商研だけでなく昭和20年代には他地域でも調査研究機関の設置をみていたことであった。産業・経済調査ということであれば，昭和27 [1952] 年5月には愛知県商工部に愛知県商工経済研究所（ただし，昭和39 [1964] 年に企画部に移管され，愛知県経済研究所に名称変更）が設置された。同研究所の設立にあたっても，満鉄調査部の人的ネットワー

---

1) 最初は大阪府商工経済研究所であり，後に大阪府立商工経済研究所と改名された。大阪府商工経済研究所『大阪経済と綿業』（経研 No.4，『大阪経済研究』シリーズ第1号），昭和25年8月，序1～2頁。また，商研設立関係者の一人であり，その後第5代所長となった上田宗次郎（在任期間：昭和40 [1965] 年4月～昭和45 [1970] 年3月）は当時の設立までにいたる経緯をつぎのように回想している。「府は終戦直後の混乱のなかで，大阪の産業経済の再建を図るために，21年3月大阪府産業再建審議会を設置しました。ついで，その答申による施策を実施に移すために，審議会にかわって23年6月大阪府産業再建推進本部を設置しました。私は佐藤勝也（後長崎県知事）の下で，これら両機関の事務局の仕事を担当しました。ここでの主要業務の一つは，当時大阪の産業経済の実情を把握するための情報の蒐集と調査の仕事でありました。同本部はその目的を達成して24年3月解散しましたが，その調査業務を引きついで商工部に商工調査班が設けられました。……その後，府の行政は，地方自治体の民主化路線に沿う大改正によって，国の出先機関の性格から自主性の高い地方自治体にかわり，産業経済の行政に主体性を確立する必要に迫られました。そこで，当時商工調査班を担当していた私は，わが国の重要な商工業の中心地大阪の行政を統括する当府に，専門の経済調査機関を設ける必要を，当時の上司油谷精夫（後海外技術協力事業団理事）に進言しました。このことが契機となり，研究所の設置が最初の民選知事赤間府政の重点施策に取り上げられることになり，25年4月都道府県の機構として初めて，経済の調査研究の専門機関として，大阪府立商工経済研究所が設立されることになりました。」上田宗次郎「研究回顧録」『近畿大学商経学論叢』第35巻第3号（1989年3月）。

他方，佐藤義詮知事は同研究所の10周年にあたっての記念行事で当時の研究所設立を回顧して，その意義をつぎのように述べている。「府県が自ら独立して経済調査機関をもって地域経済や，そこにおける産業経済の調査研究を行うということは，戦前にはなかったように思う。（中略）国としても昭和25年に国土総合開発法を制定して地域経済の開発，発展に真剣にとり組みはじめた。府県もまた経済民主化，地方自治の線にそって自己の責任において地方経済の開発振興にのり出すことになった。地方調査機関の必要性はこのように生まれた。

戦後の混乱期を経て，戦後の復興がその緒につきはじめると，今までの応急的から相当長期の見通しをもった地方経済の発展振興が考慮されなければならなくなり，前述の国土総合開発法の制定にも刺激されて，各府県とも科学的な調査研究の必要性を痛感するようになった。ことにわが大阪は戦前日本経済の中心地であったものが，戦後その経済の諸環境がすっかりかわり，新たな発展を期するためには，その体質や環境を日本経済，否広くいって世界経済の動向に即して改善してゆくことが必要になってきた。こういった情勢と必要性にもとずいて府の行政とは独立した専門の調査研究機関としての商工経済研究所が設立されたわけである。(中略)府の行政から独立した調査研究機関であるということは，日常の行政事務にわずらわされず，中期の計画をもって明日の課題にこたえるという使命を負っていることを意味する」。大阪府立商工経済研究所『大阪経済の動き―創立10周年記念号―』No. 59（昭和35年10月)，1頁。なお，このように地方自治体レベルでの産業経済調査研究機関としては第二次大戦後に商研が誕生したが，戦前にも大阪府の場合には産業能率研究所が大正14［1925］年5月に設立されていたことは注目しておいてよい。同研究所は昭和天皇の『ご成婚記念事業』として民間有志の寄付金をもとに，『産業合理化』指導機関として設立された経緯をもつ。参考までの大阪府立産業能率研究所の設立趣旨を紹介しておこう。「推フ二能率増進ハ産業革新ノ真諦ニシテ特二天然ノ資源二富マサル我カ国二於テ斯業振興ノ基調ヲ為スモノト謂フヘシ是レ我大阪府カ率先力ヲ此二致セル所ニシテ而カモ之カ研究機関ノ欠如セルハ深ク遺憾トセシ処ナリ即欧州大戦ノ後経済界ノ不況二加フル二大震災ノ後ヲ承ケ大二国民精神ヲ作興シ産業ヲ図リ大正13年3月臨時府会ヲ開キテ之ヲ可決シ同年6月30日工ヲ起シ翌年3月31日二至リテ成レリ若夫レ特志者ノ此挙ヲ賛シテ寄付セル如キハ本事業二一段ノ光彩ヲ添フルモノト謂フヘシ我府民幸二之二依リテ研鑽ヲ積ミ労務ノ能率ヲ増進シ産業ノ経営ヲ改善シ以テ国力ノ発展二資スルヲ得ハ本研究所設立ノ趣旨始メテ達スルニ庶幾カラン」。大阪府立産業能率研究所『創立60周年記念誌』（昭和61年12月)，32頁。
2) 上田宗次郎の回想によれば，この所長人事は稲葉秀三の推薦であったとされる。上田前掲稿1)。押川一郎自身も商研20周年記念講演でこの点につぎのように言及した。「研究所の初代所長として，7年位お世話になりましたので，……その時，赤間知事でございまして，今日みえる稲葉さんなんかの推薦もありまして……」。押川一郎記念講演稿「商工経済研究所を回顧して」大阪府立商工経済研究所『大阪経済の動き』No. 119（昭和45年10月）16頁。
3) 第3代所長であった竹内正巳（昭和25［1950］年4月にシベリア抑留から帰国後，経済安定本部，愛媛県庁勤務を経て昭和29［1954］年より商研に移り，昭和32［1957］年5月～昭和38［1963］年11月まで所長を勤めた）は当時の研究所の陣容をつぎのように振り返った。「所長の押川さんは，私の北京時代，直接の上司だったが，その頃北京に居た同僚の三品，杉谷両君のほか，旧満鉄調査部の上田，前田，竹口君の諸君も商研で先輩として健在で頑張っているのには驚いた。」竹内正巳「創立30周年に思う」『創立30周年記念誌―大阪府立商工経済研究所30年の歩み，創立30周年記念シンポジウム―』（昭和55年)。

第1節　地域と調査研究機関　143

クが大きな役割を果たした4)。兵庫県産業研究所や長崎県経済研究所もまた同時期に生まれた。

産業経済調査以外の機関では，労働調査分野で昭和21［1946］年に大阪府立労働科学研究所，昭和22［1947］年に兵庫県労働研究所，北海道に労働科学研究所（ただし，昭和37［1962］年に昭和27［1952］年設立の農業研究所と合併され北海道立総合経済研究所に改組），昭和25［1950］年に京都府労働経済研究所が設立された。

また，設置母体が地方自治体以外の財団法人あるいは社団法人ということであれば，昭和22［1947］年に九州経済調査協会，昭和23［1948］年に北海道科学技術連盟（後の北海道産業調査協会），東北経済調査会，中国地方調査会（後の中国地方総合調査協会，現中国地方総合研究センター）などが設立された5)。これらの機関はいずれも地方自治体から産業経済調査を委託され，それぞれの地域の経済復興計画に関わりをもった。これら地方調査機関は昭和24［1949］年には大阪経済調査会や四国地方総合開発調査所なども加え，地方調査機関全国協議会（地全協）を結成した6)。後に，商研など地方自治体の調査研究機関なども参画し，地域経済の調査面におけるネットワークを形成した。

---

4)　愛知県商工経済研究所の初代所長を務めた阿部勇はその設立経緯をつぎのように回想した。「当時の桑原知事さんが，東大の同期の伊藤武雄，稲葉秀三，故奥村真二，故人見雄三郎，諸氏の献言を入れ，地方自治たちとしては前代未聞ともいうべき経済研究所を，商工部に付設され，私を所長に推薦されました。私は……南満州鉄道に入社，終戦まで23年間，終始調査畑に勤務いたしました」。同研究所の研究員は7名であったが，このうち1名は満鉄調査部関係者であった。阿部勇「愛知県経済研究所創生の頃」『愛知時報―地域と経済：愛知県経済研究所30周年を記念して―』No. 137（1982年9月）。

5)　当時，地方自治体が設立した調査機関がいずれも研究所という名称であったの対して，こうした機関は調査会や調査協会という名称であったことは興味深い。ただし，同時期に東京都で設立された民間調査機関には研究所という名称が目立った。たとえば，昭和21［1946］年設立の日本経済研究所，政治経済研究所，昭和23［1946］年の中小企業研究所，昭和26［1951］年の地域経済研究所などがその例である。当時の研究所の概要についてはつぎの資料を参照。地方調査機関全国協議会『経済調査研究機関』（1959年）。

以上のように，昭和20年代は地域自治体や関係機関が地域経済の戦後復興を目的として自らの調査研究機関を設置し，中央政府とは別個に戦後復興政策構想を模索した時期でもあった。こうした機関による調査主要分野は地域経済と密接な関係を有した中小企業の実態解明であり，中小企業振興のための政策課題の調査であった。次節では，商研を事例として昭和20年代および30年代の地方自治体での中小企業問題と中小企業政策への認識について探ることとする。

第2節　研究調査機関の活動

商研の調査業務は大別して①経済動向調査，②基礎調査（後に経済基本調査あるいは基本調査と呼ばれた）の両部門から成り立った。経済動向調査は商

6）　昭和24［1949］年の地方調査機関全国協議会の設立時の会員機関は北海道科学技術連盟，東北経済調査協会，中国地方総合調査所，九州経済調査会の4機関のほかに，大阪経済調査会と四国地方総合開発調査所の2機関が加わった。この地全協設立の経緯についてはつぎの回想録を参照。市川弘勝「地方調査機関全国協議会（地全協）の生い立ち」愛知経済研究所前掲『愛知時report』，阿部勇「地全協20年の歩み」地域調査機関全国協議会『地域と産業』新評論（1969年）。なお，地全協などにおいても満鉄調査部関係者が各地方調査機関の横のつながりを形成する上で，一定の役割を果たした。竹内正巳はこの点についてつぎのように述べている。「満鉄調査部は，多い年には1,300名のスタッフをかかえていた。昭和10年代以降の在籍者数はおそらく2,000名をこえていたと思う。昔とったきねづかで帰還後，多くのものが中央，地方の諸官庁の調査や企画部門にもぐりこんだ。さらに全国各ブロックに調査研究機関をつくって，地方調査機関全国協議会（地全協）に結集して，お互いに協力して調査をやっていた。（中略）全国いたるところに仲間が健在で活躍している組織の力は大きい。国の縦割行政が自治体の末端にまで及んでいる日本の役所で満鉄マンが重宝がられ，或はブロックや府県の総合計画づくりに地全協のメンバーが参加していたのも，目にみえない組織の力を計画づくりに結集できたからである」（竹内前掲稿3）。また，阿部も「旧満鉄の調査マンが，全国各地に引揚げ，民間の各種調査機関を創設，規模の大小に差はあるものの，年に一回持ち回りで調査報告会を行った」と回顧した。阿部前掲稿4）。なお，地全協の当時の顧問（昭和26［1952］年7月第2回地全協総会で選出）には北海道知事，宮城県知事，東京都知事，愛知県知事，広島県知事，香川県知事，福岡県知事の名前がみられる。

研のみならず前節で紹介した他の地方調査機関にも共通した。この内容は戦後復興期の経済・産業動向に関する統計資料が欠如した時期にあっては，実態調査が主であった。

商研では，「当初は，大阪経済の動向を的確，迅速に知る資料も乏しく，統計資料も整備されていなかった。ために経済動向全般については勿論のこと，主要産業のうごきについても足で歩いて聴取り調査で資料をあつめて整理しなければならない状態であったし，統計も広く全般的に一般の利用に供する役割をもたねばならなかった。しかも動向調査としての迅速性をも要求されたから動向調査の内で，事後的な問題整理や速報性と予測性の要求をみたす」[7]必要性から，大阪経済での主要産業を対象とした動向調査が実施された。動向調査はやがて一般経済統計が整備され，さらには都市銀行調査部や商工会議所調査部の調査報告が充実するにつれ，あるいは，大阪府の商工行政が中小企業重視の方向に展開し始めたことにもあり，昭和27［1952］年頃より中小企業性業種に焦点を絞った動向調査へと特化し始めた[8]。

他方，基礎調査は前述の動向調査から独立分離され，大阪経済や産業のやや長期的な問題や構造的な課題を取り上げた。この結果は，随時，報告書として発表された。昭和27［1952］年4月には「中小企業研究室」が設置され，大阪府下の中小企業の存立実態や存立基盤についてのより専門的な調査が開始された。中小企業研究室設置により商研の調査活動の方向がより鮮明化し始めた[9]。こうした実態調査のほかに注目されるのは，中央政府より先んじて，中小企業や中小企業政策関連の海外文献についての紹介も適時，内部資料として翻訳されていたことであった。

---

7) 大阪府立商工経済研究所「大阪府立商工経済研究所10年の歩み」『大阪経済の歩み―創立10周年記念特集号―』No.59（昭和35年10月），50頁。

8) 当時の調査では，「30業種ばかりを年に一度乃至二度の割で不定期にとりあげて，その実状や問題点を明らかにするゆき方がとられるにいたった」。経済動向調査の結果は月報（速報）や年報で公表されるとともに，在阪企業の調査担当者，中小企業経営者や業界組合専務理事などを組織した研究会でも発表されていた。同上。

以下では，こうした調査活動をその主要な調査報告書を通じて具体的にみておく[10]。まず，昭和20年代である。商研の前身である商工調査班時代の重要な調査報告書は，部外秘として作成された『大阪府中小工業動態サンプル調査報告』(昭和24 [1949] 年) である。銑鉄鋳物，農機具，自転車，化粧品，石鹸，ゴム，ガラス製品，琺瑯鉄器，綿織物，タオル，布帛加工品 (既製服)，セルロイド製品，木ブラシの業界が調査対象として選ばれ，生産，経営，労働などの現状について聴き取り調査の詳細な記録が残された。同報告書[11]はそれぞれの業界での中小工業の経営実態を踏まえて，中小工業が共通して抱える問題と対応策の方向をつぎのように総括した。

「調査工場にみられる中小工業の実態は，この期間に急激に悪化したとまで断ずることは出来ないが，しかしジリ貧に苦境への不安が濃化していることは覆えない。……売上額の増加＝生産量の向上なくしては現状では合理化は困難であることと合理化の指針並びにその解決策が必ずしも正しく経営者によって把握されていない憾のあることが調査によって如実に窺われた。……経営条件の脆弱な企業就中『小』工場を無慈悲に没落への追い込みつつあるように思われる。

現在中小工業の対策として何が要請されているかと問われるならば，

---

9) 商研の所員数は，設立当時は8名 (調査6名，事務2名) であったが，昭和27 [1952] 年の中小企業研究室の設置時には18名 (調査14名，事務3名，非常勤嘱託1名) となり，設立10年後の昭和35 [1960] 年には30名 (同，21名，7名，2名) の陣容となっていた。大阪府立商工経済研究所『要覧』および『事務要覧』(各年度版)。

10) 昭和20年代の商研の全報告書の詳細についてはつぎの拙稿を参照。寺岡寛「地方自治体と戦後中小企業政策の形成―大阪府立商工経済研究所の昭和20年代・30年代の調査活動を中心として―」(1)『中京経営研究』第7巻第1号 (1997年9月)。

11) 本報告書の執筆者には商工調査班の関係者だけでなく，大学教員，大学院生，大学生なども業種別報告書の作成に関わった。たとえば，すでに戦前において下請工業の研究で実績のあった田杉競京都大学教授 (業種別総合報告書を執筆) のほかに，行澤健三関西学院大学講師と笠原信二立命館大学助教授 (セルロイド製品，木刷子)，前川嘉一 (京都大学大学院特別研究生，綿織物，タオル，布帛加工品)，降旗武彦 (同，農機具，自転車)，佐野亨 (同学部生，化粧品，琺瑯鉄器) が参加した。

第一に無条件に，為替不安によって頓挫している海外への販路を一日も早く伸長すること……（中小工業の低迷は―引用者注）予想を裏切った貿易の不信によることになっているのである。……第二に零細工場の没落防止に特別の考慮を必要とすることである。……木刷子，セルロイド製品，メリヤス，布帛加工の如き業種では，脱税と問屋依存の方向へ小企業を追いやりつつ問屋支配的な家内工業への後退が既に瀰漫しつつあるのをみる。後段に述べる如くデフレへの転換とともに各企業の金融依存度は著しく増大してきた。小企業ほどその対応が絶望的である。小工場への金融対策こそこの際考慮されなければならない。」[12]

　この調査を貫く産業別視点は商研になっても継承されていった。さらに，こうした中小工業が抱える問題に着目した問題別調査の方法が付け加わった。具体的には，①中小企業経営，②下請・外注関係，③金融・税負担，④地域経済，⑤政策課題などへの着目であった。このうち，商研になってからの産業別調査では綿業が対象となり，『大阪経済と綿業』が刊行された。同報告書は商研設立後の最初のものということもあり，先に紹介した赤間文三知事の序文が掲載された。国から提供される情報が乏しい現状では，地方経済復興の為の情報を自ら収集し，政策立案することの重要性が強調され，今後の調査方針についてつぎのようにふれた。

「私は大阪経済の我国経済に占める重要性に鑑み，当研究所をして今後大阪経済の構造を具体的に究明せしめ，その特徴を把握し，今後当面する重要なる諸問題，例えば土地並びに資源の積極的総合開発利用を目的とする地方計画の樹立，地域経済の有機的再編成を含む地方行政区画の改革，地方経済との関連における地方財政の確立，中小商工業の我国経済の実情に則したる指導助成，近郊電源地帯の開発，貿易の振興，産業合

---

12) 『大阪府中小工業動態サンプル調査報告』（昭和24年），2～3頁。なお，これに先立って「中小工業動態サンプル調査結果の概要」ということで『安定政策の展開と中小工業の現状』（昭和24年6月15日）が内部資料として作成され，中小工業の抱える問題とそれへの政策課題が分析された。

理化等々重要なる諸問題の考究に基本的な資料の作成並びに研究の方針を取っている次第であります」[13]。

その後の商研の調査領域からすれば，上述のような多面的な調査分野から大阪府庁内の関連組織の整備や国の指導が強化されるにつれ[14]，「中小工業の我国経済の実情に則したる指導助成」のための中小企業およびこれに関連する産業調査へと特化していった。当初の産業別調査で綿業が取り上げられたことを嚆矢として，当時の大阪経済の復興に大きな役割を果たすとみられた繊維関係（流通業界も含め）[15]，これに関連する繊維機械の調査が大きな位置を占めた。こうした調査報告書のうち，昭和27［1952］年に刊行された『中小工業としてのメリヤス機械工業』[16]では，前章で紹介したわが国戦前期の中小工業問題がここでも取り上げられた。すなわち，

「国内市場の狭隘性や需要の雑多性，資本蓄積の低位，過剰人口と低賃金

---

13) 前掲1)『大阪経済と綿業』，序2頁。この報告書は調査結果ではなく，大阪経済の復興に大きな役割を果たすとみられた「綿業関係の最高権威並びに研究家の御参集を願い研究座談会を開催し」，この記録を公刊したものであった。

14) これ以前において，赤間知事が指摘した広範な分野の調査としては，つぎのものが代表的なものであった。ただし，戦後復興期のこうした時期を例外として，商研は中小企業研究調査機関の性格を強めていくことになる。『昭和25年及び26年上期大阪府民所得推計結果報告』（昭和27［1952］年），『当面不況の現状とその諸問題』（同），『大阪府工業統計分析表—1950年』（同），『近畿経済の基本統計—1953年』（昭和28［1953］年），『大阪市近郊市町村の財政』（昭和29［1954］年）など。

15) たとえば，つぎの報告書を参照。大阪府商工経済研究所『戦後における中小紡の概況』（昭和27［1952］年3月），同『大阪を中心とする繊維商業の調査』（第一部総括的解説及び基本諸表）（経研資料No.31，昭和27［1952］年3月）。なお，後者の総括的解説の執筆者であった松井清京都大学教授は，当時の繊維産業での商社・問屋の金融力低下を重視し，その背景にあった「戦後の特殊状況」について「その第一は独占禁止法，事業者団体法等の法的措置……第二は戦後急激に進行したインフレーションである。インフレーションの進行による諸物価の騰貴は，商社の取引価格を増大せしめ，これに対してなされた増資措置にも拘らず，膨大な他人資本によるものでなければ，事実上経営が困難になって来ている。……それが何故商社のみに重大な問題になるのであろうか。それについては戦後における日本貿易の規模縮小という事実があげられなければならぬ」。同上報告書，15頁。

等一般的条件を含有する点において,一見平凡ながら我国中小工業の基本的問題をここにみることが出来る。(中略)……製品に国内市場としての共通の商品性を欠いていること,……規格化されざる製品の多様性,手工的技術に重点を置く性能をもつ機械の需要,注文数の僅かさ等は,ある程度問屋制商業資本の支配下に倣う慴服するメリヤス編立業者の群小零細なる存在形態に必然する事情……ここに製品の多様性と結びつく内外市場の狭隘性と手工業的な中小規模生産の相因相果の悪循環がみられる(中略)我国における中小工業の広範な存在は,古典的な形における発展的条件を欠く我国資本主義の特殊性,後進性に基づくものであり,これを近代的な生産方式に止揚するためには,強力な政策的=意識的な大工業化への施策を必須としなければならないであろう」[17]。

メリヤス機械のつぎには,『日本の繊維機械工業』シリーズとして紡織完成機械,紡織備品,紡織用品が調査対象となった[18]。報告書では,老朽設備で低迷する生産・技術水準,資金難などの経営実態だけでなく,下請関係の広がりなどについても分析が行われた。当時の繊維機械以外の調査対象に

---

16) 同報告書には通産省調査統計部長名の序文が付されていた。当時の国の政策関心を知る上で参考になるので引用しておこう。「我国はその産業構造からみて,商工業特に工業活動の振興によらなければならず,殊に機械工業の実態把握が殊に重大な課題になっていることは周知の通りであって,就中,繊維産業の貿易面,生産面等の我国経済に占める比重が著しく大きいこともまた,万人の指摘するところである。この度,大阪府商工経済研究所において,繊維機械の大宗を占める大阪府を中心とした繊維機械工業の実態調査を実施,我国における繊維機械工業に関する経営問題,関連工業の実態を系統的に解明分析して……」。通商産業省大臣官房調査統計部監修・大阪府商工経済研究所『中小工業としてのメリヤス工業―繊維機械工業の実態,第5部』(経研資料 No.27,昭和27[1952]年1月1日),序文。

17) 同上,4頁,45~46頁。

18) 大阪府商工経済研究所・大阪府商工経済研究会『日本の繊維機械工業』(経研 No.30,昭和27[1952]年3月10日)。なお,大阪府商工経済研究所とともに名を連ねた大阪府商工経済研究会は,調査研究上の協力を得るために学識経験者,実務家などを組織した研究委員会であった。当初は昭和25[1950]年9月に大阪府条例で設置,昭和28[1953]3月の設置条例廃止により懇話会的な委員会となった。

は，典型的な組み立て産業である部品産業への波及効果が見込まれた鋼造船[19]，朝鮮戦争で立ち直りかけたタイヤ，ベルト，ホース，履物など全国生産量で第二位の位置を占めていたゴム製品[20]，大阪南部堺市に集中立地していた自転車といった産業分野も取り上げられた。ここでも分析上の焦点は下請関係であった。特にその問屋との関係が問題視されたこと。戦前来のわが国中小工業問題の代表的モチーフがこの時期においても継承されていた。

　これらの調査報告のうち，「問屋資本の支配におかれた中小企業生産として発展したため，企業規模の拡大，生産の集中という傾向よりも寧ろ分化，零細企業の乱立といった方向に進んだことに特色が見出される。特に商業資本の色彩が強く，貿易業者の多い大阪では最も著しい傾向がみられた」[21]自転車業界について，当時の報告書の調査結果を紹介しておこう。

　戦中の統制政策下で商業資本は弱体化し，自転車業界でも，中小工場から規模拡大を図りつつあったところもみられていたが，「『問屋制工業』は依然，自転車業界における支配的な形態として存続しており，部品問屋の地位低下に引き換え，先にみた問屋型の『完成車メーカー』の昔にまさる発展を見つつあるというの現状である」[22]と観察された。この調査を通じて最重要視された「問屋支配」の下で，中小工業発展への阻害要因についてのつぎのような指摘は，当時の下請・外注関係の進展を知る上で，いまなおわれわれに多くの示唆を与えている。参考になるので引用しておく。

　「安価な車への需要が増加するに従い，設備の改善という金のかかる合理

---

19) 大阪府商工経済研究所『阪神に於ける鋼造船業と大阪経済との関係―総合工業としての鋼造船工業の他産業への関連状況―』(経研 No.13,『調査研究シリーズ』第3号，昭和26 [1951] 年3月)。なお，鋼造船業は昭和28 [1953] 年にも『大阪地区鋼造船業の表情』(経研資料 No.55,『経済動向調査』別冊1，昭和28 [1953] 年7月31日) でも取り上げられた。
20) 同『大阪府に於けるゴム工業の概観』(経研資料 No.15,『調査研究資』シリーズ第4号，昭和26 [1951] 年3月)。
21) 同『大阪における自転車産業の実態―生産編―』(経研資料 No.72, 昭和29 [1954] 年7月)，102頁。
22) 同『流通編』(経研資料 No.73, 昭和29 [1954] 年7月)，25頁。

化を避け，下請制の利用という非近代的な形での外註が多くなる。最近かかる外註の方法は設備の近代化方策の推進にもかかわらず，反対に強められる傾向に或る。中規模の完成車メーカーの場合はこの傾向は益々大きくなる。このことは問屋制的な下請が現在おかれている中小企業の基盤の上では比べものにならぬ程有利な状態にあることを物語る。問屋型，折衷型の中小完成車メーカーが存立しうる基盤も亦これにある。従って大阪では完成車メーカーが自工場を経営するよりも，浮動的な外註下請の関係を結ぶ比重が高く，……大阪の自転車業界の支配形態たる『問屋型』の場合はこの関係は更に徹底し，いわば鉄則になっている。（中略）完成車メーカーが必ず専属的な関係に立つ工場の製品を使用するとは限らず，景気に対する抵抗力をもたせ，他の完成車メーカー，問屋にも売り込み，且つ新たな設備をもって新生する中小工場を利用し『工業型』完成車メーカーに優る組織をもつ。即ち自転車の生産設備は必ずしも量産を必要とせず，一部部品は手作り等で間に合うものもあり，単なる量産を目的とする設備の改善はコストの面で不利となるところに問屋と部品メーカーの間に曽って存在したような直接的な下請関係が薄れつつある現在もなお広範な問屋制の残存の理由が見出せるのではあるまいか。……完成車メーカーと部品メーカーとの関係は問屋と部品メーカーの関係に反映している。戦後，部品を主として取扱う問屋は自家商標の完成車の販売を行う場合にも戦前の如き専属的な下請関係をもつものは殆ど見られなくなって来ており，先に見たような一般的な取引関係をもちつつ，中小企業を巧みに利用し，整理・倒産の憂目を見る中小企業の絶え間なき交替の理由という形をとるのであるが，部品問屋と部品メーカーとの関係は問屋自体の階層に応じて差異が生じてくる」[23]。

自転車分析でみられた下請外注関係，とりわけ，問屋制支配の「残存」の下での中小企業の近代化，さらには「工場制下請」の近代化を通じて自立的

---

23) 同上，60～61頁。

発展を探る視点は，その後の商研の大きなテーマの一つを形成し，多くの下請関連調査報告を生み出した。なお，自転車業界が調査された時期前後には，同時並行的に兵器産業や農業発動機の下請構造の解明に焦点を絞った調査なども実施されていた。この下請関係調査のねらいについて，押川一郎所長はつぎのように述べた。

「中小工業の存立形態のうちの一範疇として下請工業の存在が，質的にも量的にも重要な役割を演じていることは，ここに改めて強調するまでもないことである。下請工業の発達は比較的近年のことであり，その推移の状況も又著しい。殊に戦後経済体制に変革があり，大企業の外注体系はかなり違った形で再建せられている。本調査は，戦後日本経済再建途上に横たわる下請工業の問題に対して，特に下請工業の存在が最も問題視されている金属機械工業について，その内の農業部門との関係の深い，又量産の可能な農業発動機製造業と，衣料部門の生産財生産で，かなり海外市場にも依存するが未だ註文生産の域を脱しない紡績機械製造業，また脚って官営工場を中核として発展してきたが最近特需によって民間企業として再建せられんとしている兵器（砲弾）製造業の3つの基幹産業を取上げ，これを通じて下請工業一般の問題を究明すると共に，当面最も関心のもたれているこれらの業種について具体的に下請工業の問題を視察せんとした」[24]。

これらの報告書では，当時の下請関係において「元請業者は生産体制の整備（生産の合理化）に極めて消極的で自工場の既存設備の活用と臨時工の使用並に外註下請の利用（商業的活動）に走らせているのが現状である。このことは兵器発註における入札方式の不利により安値受註の犠牲をば下請や臨

---

24) 同『兵器産業における下請工業』（経研 No. 56，昭和28 [1953] 年 7 月17日），序文。この調査は昭和27 [1952] 年の文部省科学研究助成補助金を受けて実施された。調査対象の選定（元請2社，下請49工場）の選定については関西特需協力会の協力を得ていた。兵器，農業発動機とともに第3編として紡績機械業界も刊行される予定であったが，この調査結果は下請分野でなく産業別報告書の一冊として刊行された経緯があった。

時工に転嫁される契機」[25]となっており，その問題性の一端は「元請工場と下請工場との間には技術上の懸隔は余りみられず，経済的な条件（下請工場側における低賃金と採算の犠牲等）が両者によって相違する」[26]点にあることが示された。他方，農業発動機業界での下請調査では下請工場の系列化の動きが注目された。同報告書は昭和20年代後半を「最近外註，下請関係の系列化が生産，販売の両分野において体制的に整備せられんとする時期」[27]と位置づけ，下請系列化の動きを詳細に「記録」した。ここで特徴づけられた事象はつぎのように整理できよう。

① 「大企業の生産にみられる高い外註依存度のうちにも，工業化の発展とともに外註工場の社会的分業による発展もみられることではあるが，それにもかかわらず下請的な従属関係が依然と強く残存して」[28]いること。

② 「最近外註，下請工場の系列化が重視せられるようになったのは，少数元方企業からの受註に依存する小，零細工場の熾烈な受註競争を利用した元方企業の外註生産の安定化策（技術上の要請からそうせざるを得ない）にほかならないが，殊に，外註，下請工場の利用に際しての金融機関からの金融の裏付けを容易にする手段としての意義が大きくなってきたことは看過せられない。しかしながら，それにもかかわらず長期的にみれば全般に下請の浮動的な関係が多くみられ」[29]ていること。

③ 「受註単価が市価よりも低いこと，代金回収期間が長いこと，手形受取率の高いこと，手持手形の割引率の低いこと，その割に金利負担の割

---

25) 前掲24)『兵器産業における下請工業』，10頁。
26) 同上，39頁。もっとも当時の兵器受注は旧財閥系の鉄鋼，機械メーカーが主流を為しており，ついで紡織機械メーカーとなっていた。こうした大工場と中小工場の間には設備などの面でも大きな開きがあったことはいうまでもない。
27) 同『機械工業における外註，下請の実態—農業用発動機製造業とその下請構造に就いて—』（経研 No.69，昭和29 [1954] 年3月31日），序文。
28) 同上，189頁。
29) 同上，191頁。

高なこと」30)。

　同書は最後に「下請工業の問題は，日本資本主義の現段階における産業構造の問題として考えられなければならないことであり，また中小工業の存在のうちにみられるその前期性の払拭から始められなければならない問題であろう」31)と結論づけ，戦前来の中小工業問題の戦後継承性を強く意識していた。

　こうした中小企業問題への視角は，商研の構造問題調査とその時々の経済情勢下の存立問題に焦点を絞った調査という二つの流れを作っていた。前者についてはすでにみた下請関係調査がその中心であった。後者は経済不況下の資金難などの問題別調査という形で取り組まれた。たとえば，ドッジラインがもたらしたデフレ不況の金融問題などはこの典型的調査であった。ここでも中小企業問題が強く意識された。昭和26［1951］年に刊行された『綿糸布加工業における金融問題の本質』の「はしがき」で，押川一郎所長はこの調査のねらいをつぎのように述べた。

　「従来，いわゆる中小企業問題をテーマとした調査研究は多いが，しかし，問題を取り上げるに当って，経営規模の比較的大きい中企業とそうでないものとの区別を明らかにしたものはきわめて少い―というよりも小ないし零細企業については，殆ど顧られたことがない―というのが実状である。しかも，これら小，ないし零細企業のもつ社会的，経済的問題性は，周知の如く，我が国において最も特徴的といいうる。また，当府においても，一応この階層に属する者とみなされる従業者30人未満の工場は，全工場の6割以上，その従業者数は全工場のそれの1割5分以上をしめ，これら企業層の盛衰は，当府の社会経済的発展と直接大きな関連をもつのに他ならない。以上の理由にもとづき，当府経済行政施策の推進に当って，一般に中小企業問題のなかでも，とくに小企業問題の本質

---

30)　前掲報告書27)，192頁。
31)　同上，193〜194頁。

解明こそは，当府経済行政施策の推進に当って，きわめて重要な前提条件である」[32]。

同報告書は金融引締め政策の影響がとりわけ中小企業に強く現れた実態を明らかにするとともに，調査対象を中小紡績，綿スフ織物，メリヤス，伸鉄，金網，鋲螺（ねじ類），亜鉛鉄板，線材二次製品，作業工具，ゴム製品，琺瑯鉄器，紡機，ミシン，自転車部品，これらに関連する流通分野にも拡大させ，詳細な調査結果を残した[33]。同書は当時の代表的な中小企業性業種を網羅する貴重な報告書である。報告書は，特に零細工業群に共通する過当競争と金融難の現状をつぎのように結論づけた。

「小工場にとっては凡ての部面で組織化，協同化が必要であり，部品工場では専業化の方向も考慮されねばならない筈であるが，実際には零細企業の乱立によって共喰いがはげしく，つなぎ仕事による業務の多角化，

---

[32] 同『綿糸布加工業における金融問題の本質』（大阪府小企業金融実態調査報告書，昭和26 [1951] 年3月），はしがき。

[33] 産業別金融問題調査は大阪府商工経済研究会との共編で刊行された。詳細は『金融引締めの中小企業への影響』（第1輯～第10輯）を参照。こうした調査報告とは別に『大阪府下小工業の金融実情調査報告』（経研 No. 23，『調査研究報告』シリーズ第5号，昭和26 [1951] 年6月1日），内部資料として『金融引締めの中小企業への影響調査（資料）』（昭和29 [1954] 年6月12日）も刊行された。これらの業種は布施市周辺に集中立地して産地形成を為していた。この実態については，同『デフレ下の金属機械小工業の実態―衛星都市布施を中心として―』（経研資料 No. 82, 昭30 [1955] 年4月）を参照のこと。また，当時の流通分野の実態に関してはつぎの報告書を参照のこと。同『繊維商社の分析―弱体化過程を中心に―』（経研資料 No. 81, 昭和30 [1955] 年3月）。なお，当時は中小企業の資金難は金融問題的側面だけでなく，中小企業の内部留保を困難にしていると考えられていた税負担の側面についても調査が行われていた。この税負担問題については二つの側面があった。一つは政府側の徴税体制の問題。つまり，戦後インフレの下で中小企業もまた「ヤミ利益」があり，これへの徴税制度の不備から中小企業に温存されていたこと。しかしながら，徴税制度が整備されるに従って，中小企業の税負担が高まり，特にデフレ下で税率をめぐる利害問題が生じていた。こうした観点から，綿織物，パルプ，塗料，石鹸，ゴムの業界が調査対象となった。『戦後中小工業と税負担（上・下）』（経研資料, No. 45, No. 53, 昭和28 [1953] 年3月，6月）。

さらに堅実な親企業の従属的な系列に入ることが意図され，組織化，協同化への条件はますます崩れている。(中略)要するにスクラップにも等しい過剰設備にしがみつき，低い労働生産性により狭隘な限定された市場を対象として細々として営みを続けているこれら町工場の生態はデフレの影響の外に，構造上よりする制約によって苦痛は倍加し，労使にとってその経営維持は最早限界点にきている。」[34]

　昭和30年代の中小企業政策の骨子となる近代化と組織化路線の必要性を示唆する政策構想がすでに提示されていたことは注目しうる。このうち，組織化政策は戦前来の政策構想が継承されつつ，組合を中心とした協同化，協業化に加え，戦後の近代化路線を組み込んだ産業政策が新たな中小企業政策構想に付け加わった。昭和20年代の商研調査を貫いた中小企業問題とそれへの対応策への調査視点は，上述の調査報告書での結論に象徴されていた。

　つぎに商研の昭和30年代の調査研究活動をみておく。調査報告書(内部資料や翻訳資料も含め)の公刊数だけからみても，昭和30年代の活動は質量ともに昭和20年代を大きく凌駕した。この時期の実態調査活動を刊行物からみると，昭和20年代以来の産業(業種)別調査を基本として，(a)輸出工業，(b)技術問題，(c)中小企業問題，(d)労働問題，(e)地域経済，(f)政策関連，(g)翻訳・統計などに大別整理できる。

　これら調査分野に共通するのは，昭和20年代に指摘されその改善が焦眉の急とされた中小企業の低生産性であった。この問題は老朽設備と技術的低位性に起因した。このため，近代化視点が昭和30年代の商研調査の重要なモチーフとなった。また，下請関係への視点も継承された。ただし，多くの産業別調査で指摘されたのは，不安定な下請関係が中小企業の設備近代化のための資金蓄積を困難にさせつつ，その技術革新を妨げ，これがさらに下請関係を不安定なものとさせていた実態であった[35]。下請関係と設備近代化との関係は，中小企業問題の視角から取り組まれた調査でも繰り返し指摘され

---

34) 前掲33)『デフレ下の金属機械小工業の実態』，30頁。

た。

　中小企業近代化の遅れは必然，労働条件の改善に大きな足枷ともなっていた。昭和30［1955］年に刊行された『中小工業労働者の生活』と『中小工業労働者の生活実態（総合観察の部・問題別観察の部）』[36]は当時の町工場に働く労働者の生活実態を家計所得，消費形態，配偶者の内職状況，職業意識，さらには政治意識にまで立ち入って詳細に記録した報告書であった。『中小工業労働者の生活』は当時の零細工場の労働条件が依然として劣悪であり，労働条件の改善がなかなかみられない現状を紹介したうえで，そこでの問題点をつぎのように整理した。

　「『低賃金，労働力の酷使，過労』―『不健康な生活，低生活水準，無知無自覚』―仕事への無関心，無気力創意工夫の欠如，低い生産性」とい

---

35)　たとえば，つぎの報告書を参照。同『中小工業における技術進歩の実態分析―概観―』（経研資料 No. 221，昭和34［1959］年12月10月）。同「機械工業の実態分析」（経研資料 No. 165, No. 166, No. 171，昭和33［1958］年4月）。この機械工業の実態分析では，銑鉄鋳物，ベアリング，歯車が取り上げられ，「中小企業が従来の如く『見返り輸出』『下請的存在』としてのみとどまる限り，技術革新の時代を乗り切ることは困難で，より直接的に大企業との素材的，技術的補完関係の強化が要請されているからである。わけても，自律性ある技術の体系的整備が要求される機械工業部門においてはその必要性が大きい。茲では中小工業が，生産の前段階を担当し，部品や外注加工等の関係で，その製品が，大工業品に構造的に這入り込んで組立生産が行われているから下位企業群の遅れは全体としての技術の進歩に大きい障害となる。又これを大阪の工業というような地域経済についてみても，その技術的結びつきをより有機的ならしめることが必要で，従来の町工場的技術の下請利用ではその工業の高度化を図ることは出来ない」と警鐘が鳴らされた。同はしがき。また，特に鋳物では，従業員100人以下の特定親企業との安定的な取引関係にあるのは中小企業の上層であり，これ以下の規模層では小規模鋳物工場では不安定な下請関係がその技術革新を阻んでいる実態が紹介された。ベアリングでも中以下の企業群での低収益構造での技術革新の進展が遅いこと，歯車では使用機械の老朽化などの実態が紹介された。

36)　同調査では機械加工，機械部品，機械組立，繊維，雑貨など広範囲な分野の工場労働者323人がインタビュー調査の対象となり，当時の賃金水準，労働条件が子細に紹介された。この時期以降の商研調査では主として経済・産業調査的手法が取られていったなかにあっては，労働実態に焦点を絞った調査がほとんどみられなくなったことからしても，こうした社会調査は当時の町工場の労働実態を知る上で極めて貴重な資料となっている。

う悪循環に陥っている。換言すれば，中小工業の低賃金が生産の直接の担い手である労働者の低い生活の枷となっている。また，反面では，低賃金労働に主としてその存続の支柱を求めている我国の中小工業にとって，ａ．設備投資の怠慢，ｂ．経営合理化の意欲の欠如，ｃ．金融や下請従属関係の構造的な劣位の解決に向かう勇気を喪失せしめる結果となっている。蓋し，中小工場労働者の低賃金，低生活水準の問題は単に労働者の生活問題として見られるに止まらず，実は今日の中小工業が極めて停滞的である謎を解く鍵でさえあるといえよう」[37]。

戦後復興期から高度成長期にかけての労使関係や労務管理については，『中小企業における労務関係と労使関係の実態』で取り上げられた。そこでは，「中小企業の遅れた労使関係の存在ということが，日本の中小企業の近代化を阻む大きな要因」[38]として把握され，中小企業近代化は設備面だけでなくその労使関係の近代化や労働条件の改善なくしては困難であることが指摘された。

「労使関係の近代化が中小企業近代化の不可欠の要件と考えられた。しかし元々中小企業の低い労働条件や，労働市場の歪みを規整し，おくれた労務管理を余儀なくせしめている基本的要因は，むしろ日本産業の特殊な発展の仕方の内にある。従って企業における労務管理や人間関係の在り方を只それだけとして取り上げても，それによって労使関係を基本的にかえてゆくということは困難であるが，反面，社会経済的制約ばかりを問題としたのでは循環論に陥る危険性がある。そこでわれわれは，中小企業に於ける労務管理と労使関係の実態をまづ明らかにし，業種の性格や規模の相違或は業種の系譜や，技術の進歩等の関係で労務管理や労使管理の在り方に規整されるかを究明すると共に労使関係の近代化を促

---

37) 同『中小工業労働者の生活―実態調査の印象―』（経研資料 No. 77, 昭和30 [1955] 年 1 月），12頁。

38) 同『中小企業における労務管理と労使関係の実態』（経研資料 No. 253, 昭和36 [1961] 年 3 月），はしがき。

進するための諸条件を経営内部でつくり出してゆくにはどうすべきか……」[39]。

　他方，商研の中心を占めた産業別実態調査では，従来その業界構造があまり知られていなかった業種や産業分野が積極的に取り上げられ，総合的な業種別調査がつぎつぎと発表されていった。大阪府に集中立地し産地を形成していたいわゆる地場産業である繊維，機械金属という工業分野だけでなく，卸売業に関する調査も実施された。前者の工業分野では，輸出工業が重点的に取り上げられた。昭和31［1956］年には『輸出中小工業叢書』，『輸出貿易における中小工業の地位』，昭和32［1957］年に『輸出中小工業の生産構造』，『輸出中小工業の市場構造』がその代表的な報告書であった。昭和33［1958］年から翌年にかけて相次いで刊行された『輸出中小工業の経済構造』はこの時期の代表的な刊行物であった。このうち，『輸出中小工業叢書』は商研が中心となって，中小企業庁や地方調査機関全国協議会加盟の地域調査機関の協力を得て，全国の主要輸出中小工業31業種が網羅された画期的な調査報告書であった。同叢書のはしがきはこの調査のねらいをつぎのように記した。

　｜輸出振興が重点施策の一つとして凡有る角度から取りあげられていることは周知の通りである。外貨獲得の担い手として重要な役割をもつ輸出中小工業の実態については，殆ど明らかにされておらず，輸出振興対策樹立上重大な盲点の一つとなっている。しかし一口に輸出中小工業と言っても，それは混沌なる全体であって，異質多様の多くのものを含んでいる。従って先ず混沌たる全体を類型的に整理し，輸出適格工業を検出すると共に，相手国市場の条件を考慮して基本的に対策を考えねばならぬ。ところで此等中小工業は地域的には全国的に広く分布して地域的集団を形成しているが，総じて問屋や貿易資本に従属しており，その輸

---

39) 同上。調査対象業種となったのは繊維，金属，機械であり，そこでの労働組合の結成状況，労務関係専任職員の有無，労務問題の相談先，従業員の採用方法，労使交渉の現状などの実態が紹介された。

出取扱いは大阪が圧倒的で，大阪は輸出中小工業の生産流通過程に於いて機構的にも，地域的にも謂はば扇の役割を果たしている。従って輸出中小工業振興対策に資すべき調査は，この扇の要の軸として，各地調査機関と協力体制をつくりあげ，海外条件をも取り入れ，生産流通の総過程を把握することが最も効果的であると考えられる。」[40]

当時，わが国輸出に占める中小工業製品の位置は大きく，それだけに輸出振興の観点からも総合的な調査の必要性が認識されていた。31分冊にも及ぶ報告書は，商研が全国各地に創設されていた種々の地方経済調査機関との連携を図りながらまとめた広範かつ正確な調査の結果であった[41]。『輸出中小工業の生産構造』は『叢書』の総括報告にあたるもので，わが国の輸出中小工業を類型化しつつ，経済復興から高度経済成長へと展開しつつあったわが国の輸出振興策のあり方を探った。ここでも近代化や中小工業の問屋支配を脱した自立的発展の必要性が強調された。

この点は『輸出中小工業の経済構造』でも取り上げられた。特に，問屋については香川県の白鳥の手袋工業を事例として，「戦前における下請制の充用率はほぼ現在の元請層の水準にあったと思われる純自営層が皆無であった状態を考えれば」[42]，戦後においては自営層の発展がみられるものの，「概して下請層は復活の傾向にある。……下請業者の蕀出という基盤の上で，元請及び自営者は，戦後最近になる程，又，上層になる程，急速に生産者的性格を失って問屋的側面を強くする傾向」[43]があると指摘された。ここでは吉野等が，戦前に問題視した問屋と中小工業との関係が再現されていることは興味を引く。ただし，これとは対照的に愛知県瀬戸の陶磁器産地に関しては，

---

40) 同『輸出中小工業叢書（第1輯〜第31輯）』（経研 No.95〜，昭和31 [1956] 年3月〜），はしがき。

41) なお，これらの結果は昭和35 [1960] 年に商研創立10周年記念刊行物として『中小企業の実態的研究』にまとめあげられた。

42) 同『輸出中小工業の経済構造―実態編その1：白鳥の手袋―』（経研資料 No.115, 昭和33 [1958] 年1月)，49頁。

43) 同上，54〜55頁。

「戦後の陶磁器生産の回復過程は前期的な問屋制資本によって歪められた特殊な生産関係から生じる低位性と零細性がもたらしたところの以上の諸制約にも拘らず,問屋制資本の衰退を楯とした生産者の上向によって,自らの生産諸関係を次第に近代化せしめてゆく過程」[44]と分析された。

　他方,昭和20年代には取り上げられなかった各種卸売業を対象に精力的な調査が行われた。「生産の巨大化と消費需要の大量化に伴って流通過程も大きい再編に迫られ,したがって商業の町大阪においてはこの問題に対応してどのような商業対策をおこなうべきかということが大きな課題……過去われわれは多くの中小企業調査を実施してきたが,それは主として中小工業を中心とするものであり,商業については未開拓の分野として残されてきたからである。このことは単にわれわれの研究においてばかりでなく,日本の中小企業研究においても,また中小企業対策においても忘れられた部門としてのこされている傾向が強い」[45]という指摘に,大衆消費時代を迎えつつあった昭和30年代半ばの卸売業調査の背景と理由がよく示されている。大阪府下では化粧品,家庭電器,玩具,綿スフ織物,合繊織物,和紙,乾物,革靴,酒類,非鉄金属,石油,毛織物（既製服）,婦人子供服,大阪との比較の観点から広島県の木材,福井県の絹人絹織物,宮城県の乾のり,東京都の缶・瓶詰,愛知県の陶磁器が調査対象に選定された。

　以上にみた実態調査のほかにも,統計の整理・分析[46],その時々のわが国中小企業問題へ解決への糸口となるような外国文献・資料などの翻訳も行われた[47]。

---

44) 同『輸出中小工業の経済構造―実態編その3：瀬戸の陶磁器―』(経研資料 No. 158, 昭和33 [1958] 年3月), 7頁。

45) 同『わが国卸売業の概観―戦後におけるわが国卸売業の機能変化と近代化の推移―』(経研資料 No. 305, 昭和38 [1963] 年2月), はしがき。

第3節　問題認識と政策課題

　前節でみたように昭和27 [1952] 年に中小企業研究室が設置され，この研究室を中心に『中小企業シリーズ』が刊行された。この第1輯には「中小工業の典型的な業種で，しかも伝統をもつ郷土産業であり，現在不況深化に苦闘しつつある」鉄鋼二次製品が取り上げられた。この報告書のはじがきで，押川一郎所長はこのシリーズ刊行のねらいをつぎのように述べた。

　「当研究所では，大阪経済に於ける中小企業の重要性に鑑み，差し当りの業務として中小企業の経営動態を継続的且つ的確に把握するために不断に各業種の動向を実態調査によって明らかにし，その問題点，或は特殊

---

46) 昭和20年代については，大阪経済に関する基本統計の整理，大阪府個人所得の推計もおこなわれた。また，昭和27 [1952] 年には通産省官房統計調査部共編との『大阪府工業統計分析表（昭和25年版）』が刊行された。ここでの統計整理や統計分析方法は，やがて通産省による地方統計整備のあり方に大きな影響を与え，現在の各府県の『工業統計表』の原型様式となっていた。この調査のきっかけは大阪経済の分析で「到底詳細な項目にわたることができなかったので，我々は同工業調査（通産省『工業統計表』―引用者注）に使用されている調査原票を仔細に検討し，工業経済の分析に利用し得る分類，編成様式を研究し，全国統計とは別に大阪府のみについて統計整理の作成発表方を同省調査統計部に依頼した。（中略）大阪経済の研究に画期的な資料が提供せられたことは，全く本省統計部の援助に負うところである」という序文が同調査分析表に記されている。

47) 商研は昭和27 [1952] 年を境に中小企業関連調査重視の方向に転じたと同時に，外国の中小企業事情あるいは政策関連の事例調査に積極的に取り組み始めた。商研「翻訳資料」（内部資料）として欧州諸国の中小企業関連調査報告書の翻訳から開始され，やがて米国中小企業庁や連邦議会中小企業委員会の資料などの翻訳へと進んだ。国での取り組みと比較しても，地方自治体の調査研究機関である商研のこうした先見性に注目しておいてよい。また，当時ではめずらしいが，国連の委託調査でインド・ベンガル地方の産業実態調査にも所員が従事していたことも興味ある。これ等一連の商研翻訳資料の詳細については，つぎの拙稿を参照。寺岡寛「地方自治体と戦後中小企業政策の形成―大阪府立商工経済研究所の昭和20年代・30年代の調査活動を中心として―」(1)(2)『中京経営研究』第7巻第1号，第2号（1997年9月，1998年2月）。

性を究めると共に，その隘路となっている諸原因を基本的に調査することによって商工行政の指針の一助たらしめると共に，業者の運営上の参考に供すべく努力を続けているが，この動態調査をより強化し，科学的な視角から研究するためには，一業種の実態を深く掘り下げ分析することによって抽象的且つ形式的な調査は避け，具体的且つ体系的な調査方法を確立せねばならない。」[48]

これ以降，商研は従来の産業別調査を横糸に，中小企業問題への調査視点を縦糸とした調査方向を明確にした[49]。調査方法については，それまでの文献調査，歴史分析や事例調査からより広範なアンケート調査と聴き取り調査を併用した経営実態調査に特化していった。鉄鋼二次製品の調査については，90社近くの中小企業が対象となり，伸線業での中小企業の存立実態の特徴が①経営基盤の脆弱性，②技術水準の停滞性，③鉄鋼資本への従属性と伸線業者間の激しい競争，④素材原価の高さがもたらした商業的，投機的経営の傾向，などの点に整理された[50]。

同シリーズの第2輯として調査対象となったのは，大阪市内およびその近郊立地のいわゆる町工場（鉄工所）であり，特に当時顕著となりつつあった老朽設備の問題が分析の俎上に乗せられた。報告書はこの現状を「（利用機械の—引用者注）大部分は陳腐で老朽化し，油染みて塵埃にまみれ，機械の

---

48) 大阪府立商工経済研究所『鉄鋼二次製品工業の実態—府下枚岡町の伸線業を中心として—』（経研 No.41, 昭和28 [1953] 年2月），序文。

49) 同様の傾向は愛知県商工経済研究所（後の愛知県経済研究所）についても指摘できよう。いずれにしても，こうした地方調査研究機関が地域産業調査を通じて中小企業を調査重点対象として早期に特化していったことは注目される。同研究所の概要と刊行資料についてはつぎの拙稿を参照。寺岡寛「愛知県経済研究所の廃止を惜しむ」『中小企業季報』（大阪経済大学中小企業・経営研究所）No.4, 1998年。

50) 前掲48)『鉄鋼二次製品工業の実態』，88～90頁。この業界は景気変動を受けやすい体質もあり，昭和20年代後半のデフレ不況の中小企業への影響を探る目的でも調査された。詳細は『線材二次製品工業における小工場の実態』（経研資料 No.76, 昭和29 [1954] 年11月）を参照。

出生すら消え去っている。勿論，業主は機械の耐用年数などは念頭になく，使用年数すら知らないものがおおい。それはその筈で買った時から相当のセコハンであったからだ。しかも，町工場では数少ない機械設備しか保有し得ないにも拘らず，加工分野を極度に拡大し，最大限否過分の万能ぶりを発揮するため，1つの機械に過大の万能性を要求することとなり，従ってその機能が質的に著しく劣悪化するのである。……2，3の工場では戦災を蒙った機械を手直して使っている……」[51]と記録した。昭和30年代の中小企業近代化が本格的に開始される前のわが国中小企業の設備状況が象徴的に描かれた。また，経営面での家計と企業会計との未分離，計数管理意識の低さ，原料高・製品安の苦境の実態についても紹介された[52]。

　第3輯は金網工業が対象であった。当時の現状は「普通三次製品とも云われている金網工業にも，鉄線針金業者を通じて間接的にしわ寄せされ，原料高・製品安の問題に悩んでいる。鉄鋼業界でのこの様な不況のしわ寄せは最近の再編とからんで最も大きい問題を投じている。この様な縦からの不況のしわ寄せと同時に金網工業は更に特需の減少，輸出の不振によって，それ自体中小企業としての再編成を余儀なくされ，階層区分が顕著に現れて来たがそれが中小企業であるだけに一層複雑化され，殊に今後の発展，技術的構成の高度化に暗い影を投じている。布施地域の金網工業は殊に小及び零細企業が多い生産地域であるからして今次の不況に対しても根強い反面，又しわ寄せの問題再編成，技術的構成の停滞化等の諸問題も最も複雑に現れて金網業界に問題を投じている」[53]と指摘された。

　同報告書では，中小工業者はその存立をさらに低賃金に求め，技術向上へ

---

51) 同『町工場の生態―D工業企業組合を中心として―』(経研資料 No.42,『中小企業シリーズ』第2輯, 昭和28 [1953] 年2月), 4頁。

52) 同時に企業組合の現状についても分析された。企業組合は税金, 帳簿記帳など煩雑な事務からの解放, 売掛金回収が遅延した際の組合金融という面でその利点を見出せても, 組合自体の受注能力, 資金力の弱さ, 組合員企業間の格差という欠点が克服されていないことが指摘された。同上。

53) 同『布施地方金網業の実態』(経研 No.48, 昭和28 [1953] 年3月), まえがき。

の取り組みを遅らせている現状を紹介し,「大正年代の世界の金網技術が日本ではなおも続いていて何等不思議ではないのである」[54]という象徴的な表現で中小企業の近代化の必要性を説いた。また,第4輯は経済審議庁の委託により織布,メリヤス,鋳物,繊維製品,自転車,ミシン,ゴム製品などの業界の景況とその下での中小企業の存立状況を取り上げた[55]。

中小企業の存立状況とそこでの問題性の解明を目的とした一連の昭和20年代の調査報告書の末尾には,政策提言に近い記述がみられるものの,必ずしも明確な政策構想が示されたわけではなかった。政策提示を模索した調査ということでは,当時のデフレ政策の中小企業への影響を探りつつ,中小企業政策を意識したのは『デフレ下に於ける大阪経済と中小企業対策の方向』と『デフレ政策反省論』の2冊であった。いずれも外部向けでなく,前者は大阪府中小企業不況対策審議会での一般参考資料として,後者は所員竹内正巳の私見として大阪府庁内の関連部局などへの配布を目的とした部外秘資料であった。『デフレ下に於ける大阪経済と中小企業対策の方向』はデフレ下の中小企業の存立状況をつぎのように描いた。

> 「今次のデフレ政策は,金融引締めが中心となっており,それだけに商工企業に直接しわよせがきたが,大阪経済の基盤をなしている商工業特に商社や,中小企業に一層多くの犠牲を強いる性質のものであった。(中略)デフレ政策下に於ける大阪の企業の悩は極めて深いものがあるが,デフレに伴う経済の収縮は,凡ての部門,地域,階層に一様に働くものではなく,弱小企業にそのしわよせが強く,此等企業の整理,失業の増大も亦止むを得ないものがある。只それをして社会不安の増大,立直る契機のない経済の萎縮に迄発展させてはならない。」[56]

デフレ状況の改善については,(ア)中小企業が存立する場である大阪経済を

---

54) 同上,35頁。
55) 報告書では「(昭和―引用者)27年度は中小企業にとって戦後最大の苦難の年であった」とされ,業界再編成,金融難などの実態が紹介された。詳細は同『大阪に於ける中小企業の動向―昭和27年度―』(経研 No.54,『中小企業シリーズ』第4輯,昭和28 [1953] 年6月)。

「国民経済全体の立場」から「合目的な経済状態を打ちたて,機構的な不合理を修正して正しくその経済活動の効果を享受できるようにすること」と指摘し[57],「経済の基盤をなしている中小企業の特殊事情にこたえることでなければならない」[58]ことを前提として,実行すべき中小企業対策の方針をつぎのように提起した[59]。

(i) 不利是正—「大阪経済並びに中小企業の経済環境及び機構上の不利を是正」。

(ii) 輸出振興に沿った産業政策—「輸出振興を不況の突破口,拡大均衡への糸口とするため,その線に沿って産業貿易政策を総合的に実施」。

(iii) 中小企業のための総合政策—「中小企業の特殊事情を考慮し,組織化と安定化のための総合的施策を強力に推進すること」。

これらの指摘はいずれも昭和30年代に政府によって指摘され,やがて「中小企業近代化促進法」や「中小企業基本法」が制定されたが,すでに昭和20年代において大阪府の一調査研究機関においてこれらの政策課題が先見的に把握されていたことは改めて注目しておいてよい。中小企業のこうした「構造的」問題の解明を意図した調査は,昭和30年代における商研の調査領域の中心核を形成した。昭和32［1957］年に刊行された『中小企業の地位とその安定的発展の条件』は,商研の調査活動のなかで中小企業問題が重視されている理由をつぎのように明示した。

「日本経済の内部にあるおくれた部門の水準引上げ,その経済の二重構造解消の一つとして中小企業問題が大きくとりあげられなければならなくなったからである。戦前から存在していた経済発展の不均衡や二重構造が,最近特に問題となってきた根本の理由は,戦後に於ける海外市場条

---

56) 同『デフレに於ける大阪経済と中小企業対策の方向』(昭和29［1954］年9月),3～4頁。
57) 同上,6頁。
58) 同上。
59) 同上。

件の内部により深く根をおろした経済循環の在り方を要求するものであるからである。たとえていうならば経済循環のメカニズムの歯車の内に存在している回転の悪い中小企業の歯車は，従前では間接的なかみ合いで回転していたし，全体の回転速度にもぶつかったからそれ程問題とはならなかった。しかし，全体の回転速度が増し，かみ合わせが直接的となるにつれて，にわかに，それが問題となってきたわけである。いわば単に量の問題としてではなく，質の問題として国民経済循環構造の上から中小企業の問題が再検討されねばならないといえる。」[60]

実際の調査方法としては，二段階的接近方法が提唱された。すなわち，第一段階では「日本経済の近代化過程において中小企業が演じてきた役割とその変化並びに現段階に於ける役割を分析し国民経済構造の関係で中小企業の位置づけを行い」[61]，第二段階では「中小企業自体の内部構造とそこに横たわっている諸問題を明らかにし，最後に，国民経済の将来の発展方向からみて中小企業対策をどう考えその安定的発展の諸条件を育てるにはどうすべきかを検討」[62]することの必要性が指摘された。同報告書はわが国中小企業の生産性向上と安定的発展のための基礎条件整備のあるべき方向（＝中小企業政策）を明らかにしようとした。具体的には，つぎの諸点が重要視された。

① 「全体としての産業構造のもってゆき方，産業秩序維持の在り方という点についての基本的な政策の方向が打ち立てられる」[63]こと。

② 「大企業と中小企業並びに中小企業相互の間に於ける社会的分業と協業の関係を合理化し，労働条件を改善しつつ社会的総原価を低減せしむること」[64]。

---

60) 同『中小企業の地位とその安定的条件の条件』（経研資料No. 149，昭和32［1957］年10月）の竹内正巳所長による「はしがき」。この調査報告書は，大阪府商工経済研究会（委員長は竹中雄三）に委託された。この調査報告書の骨子は同研究会中小企業部会（藤田敬三グループ）の手になるものであった。

61) 同上。

62) 同上。

63) 同上，127頁。

③ 「大企業と中小企業の分業と協業，或は補完関係は両者の経済環境のあらゆる面で考慮され，企業集団として新たな企業連携方式が見出されねばならないこと」[65]。

④ 個別中小企業における生産性向上への認識と自覚。

昭和30年代半ばには国でも「中小企業基本法」制定をめぐって，大企業と中小企業間の生産性格差が問題視され，こうした「二重構造」問題は早急に解決すべき課題とされていた。商研も実際の調査活動を通じてこうした課題を強く意識し，日本経済の発展という全体目標の下であるべき中小企業政策構想の一端を報告書などで指摘していた。この視点は商研の『内部資料』として作成された『中小企業対策の基線』や生産性問題に焦点を絞った『中小企業生産性向上に関する調査』（総括編・資料編）でも貫かれていた。当然，商研の中心的な調査手法となっていた業種別実態調査でも同様であった。この時期には，二重構造問題が顕著であり，生産性向上が困難な中小企業が「整理再編」されざるを得ないと認識された業界が取り上げられた。具体的には，金型，家電・自動車下請，自転車，精密測定機器，工業用ミシンなどが調査対象となった。特に，所得倍増計画が発表されるなど高度経済成長を目指していた当時の日本経済発展の鍵を握るとみられた機械工業，あるいはこれを支える裾野産業に着目して調査を進めたことは慧眼であった。すなわち，

「政府の長期展望や所得倍増計画においても，機械工業の発展に最も多くの期待がかけられている。しかし，機械工業の発展には充分な市場の広さと，しっかりとした夜勤規定と，組立生産の前工程を担当する関連中小工業の技術の発展がなければならない。特に頂点にたった企業が関連諸産業の未成熟のままに，強力に育成，強化されるという形をとって発展したという歴史的，沿革的な理由もあって，大企業と中小企業の技術

---

64) 前掲報告書60)。
65) 同上，128頁。

の断層の大きいことが日本の機械工業におけるなやみでもある。従って内需の増大につれて，軽機械や産業機械の可成りのものが，機械をつくる機械である工作機，特に大型のものや高性能のもの，或は重機械部門や精密機械の多くのものは尚，国際競争力が充分でないものが多い。こういった条件をもつ機械工業が技術革新，消費革命，自由化という新しい条件に適応してゆくため，どのような変化をとげつつあるか，特に大企業の技術革新の受け入れと関連して，関連中小機械工業がどのように編成替えされつつあるか，亦そこには，どのような問題があるかを究明することは，今後機械工業の発展を考える上に極めて重要な問題である。」[66]

経済復興から高度経済成長への転換期であった当時，資本財産業の中核を占める機械工業の発展が技術革新，大衆消費の市場形成，貿易自由化（そしてやがて資本の自由化）を乗り越えるための大きな鍵を握っており，アッセンブラーである大企業を頂点として構築されつつあった下請制度の効率的な「編成替え」を促していた。商研のこうした機械工業調査は，中小企業が「ピラミッド型の拡がりが大企業の生産を支える強靭な支柱となっている反面，逆に此等底辺にある小零細のおくれた生産の形態が大企業の発展を阻む要因となって反作用している」[67]として現状を把握した上で，その問題をつぎのように位置づけた。

「機械工業は，業種別にその生産構造が，縦および横の分業関係では，それぞれ相違があるから，それらが合理的な形態となっているか否かが，国際競争力に大きな関係をもってくる。しかし，現実にはわが国においては先進国とは逆の形での機械工業の発展から，下請利用，その系列化による技術的補充，強化をはからねばならない状態になる。（中略）かくて機械工業における中小企業の再編成の問題は，つきつめれば，下請

---

66) 同『機械工業における中小企業の再編過程』（経研資料 No.278，昭和37［1962］年1月），はしがき。
67) 同上，3頁。

制の問題にしぼられる。……下請制そしてその一歩前進した形態とみられる下請系列化による社会的分業においてもその背後に力関係による対等でない取引関係をともない，下請側の適正な資本蓄積の余地がないところに問題がある。……現実において大企業が各社別に縦の系列化を進めての競争は，部品市場の横への拡がりをさまたげる許りでなく，ひいては多種少量生産から部品価値の割高は解消するものではない。だが，大企業と下請企業との技術水準の断層が大きいわが国の機械工業においては，容易に正常な社会的分業が進みがたいところに幾多の複雑な問題がひそんでいる。」[68]

　重要な点は，合理的な分業関係が機械工業の国際競争力に大きな関係をもつにもかかわらず，わが国の場合には対等でない下請関係が支配的であり，このため下請中小企業における合理化や技術革新に必要な資本蓄積が阻害され，これが大企業と中小企業との間に技術水準や生産性の格差を生み出し，わが国機械工業の発展の足枷になっているという構図が描かれたことであった。下請系列化はこうした構造のなかでの大企業による中小企業の技術的補完・強化の方策であると分析されつつ，これが容易に大企業と中小企業との正常な社会的分業関係へと展開しないところに，日本の中小企業問題の特徴があると強調された。必然，その解決策としての中小企業政策のあり方がこの調査で問われた[69]。

　これに並行して，商研が重点を置き始めたのは大阪経済自体の分析であり，地域経済政策としての中小企業政策の課題へ取り組み始めた。経済復興から高度経済成長への移行では機械工業が鍵を握っているものの，商社などに代表される商業と軽工業中心の大阪経済が機械金属業の発展を中心に急発展していた中部圏経済[70]や関東圏経済と比べて岐路に立たされていたことがこの背景にあった。と同時に，従来の大阪経済を支えてきた繊維や雑貨分野の

---

68) 前掲報告書66），4～5頁。なお，自動車下請工業の調査部分は愛知県商工経済研究所に委託された。

中小企業にもかげりが見え始めていた[71]）。当然ながら，地方中小企業の発展のためには，地方経済そのものの発展をいかに促すべきかという政策課題

---

69) この問題意識は商研における昭和40年代の調査活動の大きな柱の一つを形成していった。ここでは昭和40年代の商研の膨大な調査報告書についてふれる余裕はない。詳細は大阪府立商工経済研究所『要覧』（各年度版）の巻末資料一覧表を参照のこと。興味あるのはこうした問題指摘においてもその地域に立地する企業の地域的特性に言及されていることである。たとえば，大阪の大企業の下請利用についてのつぎの指摘はその一つの事例である。「大阪の大工業は中小工業を下請企業として支配利用するのに商業資本的できわめて合理的である。このようなあり方が価格の安い製品を生産し国内及び海外市場に積極的に進出し，それが大阪の工業製品の強みでもあったのである。最近のように技術進歩がいちじるしく，したがって品質的な競争が激しくなると，このような下請企業のあり方では，下請企業の設備近代化や技術進歩も行われ難く，よい部品や加工が保証されない。このような中小工業の設備近代化や技術の進歩を大阪の大工業が従来の慣習を打破してどのように促進するかが重要な課題となっている。」同『大阪の経済と産業構造』（経研資料 No. 213，昭和34 [1959] 年10月），170頁。

70) この問題に関しては，昭和33 [1958] 年度から昭和34 [1959] 年にかけて集中的に実施された「関西経済圏調査」があった。その一環として名神高速道路建設の波及効果を探った中部経済圏調査も実際された。この調査は，当時，自動車や工作機械を中心に産業構造の「高度化」を急速に進展させつつあった中部圏経済が「商社や軽工業資本に中心がおかれていた阪神経済」にどのような影響を及ぼすのかを分析した。報告書は「金属・機械器具工業等の発展は地方中小工業を巨大企業の下請に編成したが，それは一面ではいわゆる系列支配を通じ地方中小工業の一般的な近代化，合理化を促進させた。阪神経済の基盤の一つであった軽工業は従来の生産技術や販売方法では近代化した地方中小工業の生産する商品との競争に今までの優位な地位を保つことが困難になっている。地方の中小織布業においては新しい商品の登場は，従来の生産組織や販売組織を占い商業資本の支配から解放し，巨大資本の支配下に再編成しようとしている。阪神経済はこのような地域背後経済の構造変化に対応し，従来の対外交流における資本的機能をより一層高度化し，近代化することが要請される」と課題を提示した。同「中部経済の発展と阪神経済の関係」（経研資料 No. 192，昭和34 [1959] 年4月），64～65頁。なお，中部経済の分析は愛知県商工経済研究所に委託された。この当時，商研は近畿圏の地域構造調査だけでなく，四国圏についても本州・四国道路建設計画の地域経済への影響調査を建設省近畿地方建設局から委託され実施している。これらの詳細はつぎの調査報告書を参照。同『西日本の産業構造―本州・四国連絡道路経済調査報告書―』（経研資料 No. 234，昭和35 [1960] 年5月），同『四国地方における経済構造調査』（経研資料 No. 246，昭和36 [1961] 年3月）。

が検討された。昭和34［1959］年に刊行された『大阪の経済と産業構造』は，「常識的に日常使われている『大阪経済』という言葉もその意味なり，内容なりについてもっと吟味してみねばならない。……必要なことは国民経済の位置づけを行い，戦後の情勢に応じた大阪経済の在り方を究明することである。そのためには，大阪経済がもっている機能を国民経済の循環過程と関連せしめてはっきりさせ，その機能を充分生かしながら，国民経済内部の夫々の地域が社会的に分業関係にたって，全体としての経済発展を促してゆくにはどうすべきかを考えることが最も重要なこととなる」[72]と指摘した。

また，興味あるのは，商研がこの時期に大企業などの中枢管理部門や実質の本社機能が東京などへと集中し始めた実態に着目していたことであり[73]，その中小企業への影響を探った。関東，とくに東京圏を中心として日本経済の発展構造が地域経済とその下にある中小企業集積（＝産地）にどのような影響を与えつつあるのか，さらには与えていくのか，またそこでの中小企業問題は何であるのか。こうした問題と政策課題への手がかりが『地域経済と中小企業集団の構造』で模索された。調査対象業種として，枚岡の鉄線業，

---

71) 大阪の雑貨工業の現状についてはつぎのように指摘された。「大阪の雑貨工業は従来商業資本の支配のもとに発展し，その生産体制としては社会的分業がよく発展して集団的生産体制をつくり，その底辺には広範な家内工業，内職をも擁し，受注及び価格の変動に対して底なしといわれるような対応力をもっていた。これが大阪の雑貨工業の強みであり，あれだけ海外市場にも進出できたのであるが，それが『阪もの』といわれる粗悪品の輸出の要因となったわけである。しかし，このような大阪の輸出商品の市場はかなり変容しつつあり，これがために大阪の雑貨輸出市場は狭隘化して，高級製品生産の交換を要請されている」。前掲69)『大阪の経済と産業構造』170頁。

72) 同上，はしがき。

73) たとえば，昭和34［1959］年刊行の『近畿本店会社の地方に於ける活動状況―大阪経済の求心的機能の解明―』では，「機能中枢地域としての阪神経済の地方経済に対する支配力は，そこに本店を有する大企業の地方に於ける活動によって代表されるという見地から，資本金5千万円以上の近畿本店会社を中心として，その清算や取引の地域関係，資金の調達源泉，投融資並びに所得の発生と帰属の地域的連関を明らかにし，併せて立地上の若干の問題を知るために」調査が実施された。同『近畿本店会社の地方に於ける活動状況―大阪経済の求心的機能の解明―』（経研資料 No.196, 昭和34［1959］年5月），はしがき。

第3節　問題認識と政策課題　173

泉南機業，堺市の人造真珠，刃物業，富田林・河内長野市のすだれ工業，泉大津市の毛布工業，愛知県豊田市の自動車部分工業などが取り上げられた。
　ここでは各産地内での中小企業相互の分業関係の実態が分析の俎上に乗せられた。高度経済成長下の「大量生産化される商品や新商品の出現によって，(中小企業―引用者注) 集団存立の根拠が失われているものもあろう。又集団の形成とその後の展開過程で当該社会に残存している封建的な諸関係が，集団産地としての正常な経営の途をさまたげている」74)のかどうかが探られた。調査総括では，大阪府下の「中小企業集団」の類型を①伝統的郷土産業（敷物や刃物），②地方的重要産業（さらに繊維と雑貨に分類，毛布や人造真珠など），③その他（大企業併存型の作業工具，大企業補完型の自動車部品など）に整理して，今後の「集団的再編成」の鍵を握る要因として産地の「問屋商業資本」と「大資本による企業系列化」を掲げた75)。
　以上のような商研の中小企業問題に関連して政策課題を意識した調査結果は，通産省や中小企業庁あたりからも注目されており，必然，商研も当時の「中小企業基本法」制定の動きに沿って，大学教授などの研究協力を得つつ76)，中小企業政策関連調査の比重を高めていった。商研報告書は「今年

---

74)　同『地域経済と中小企業集団の構造』第1輯～第10輯（経研資料No.186～，昭和34 [1959] 年～），はしがき。
75)　詳細はつぎの報告書を参照。同上『第9輯―総括（大阪市周辺の中小企業集団に就て）―』（経研資料No.286，昭和35 [1960] 年2月）。こうした地域経済についても，「中小企業問題が地域社会と離れて考えられない意味で，重要な問題」と指摘されたように，商研の地域経済調査でも中小企業への視点が貫かれていた。また，この時期には地域経済の計量的・統計的分析などの方法論についても意欲的な研究も行われる一方，立地問題からもさまざまな調査報告書が刊行されていた。たとえば，つぎの報告書などを参照。同『地域経済循環交流―分析方法について―』（経研資料No.86，昭和30 [1955] 年6月），『近畿二府三県における工業立地の地域分析―工場配置の再編成に関する資料―』（経研資料No.286，昭和37 [1962] 年4月）。また，特定地域を選び，高度経済成長がその地域経済にどのような影響を及ぼしつつあるかという意欲的な調査も実施されていた。同『近代工業の発展が地域経済に及ぼす影響―大阪府高槻市を事例として―（総括編，商業編，農業編，工業編）』（経研資料No.280～，昭和37 [1962] 年2月～）。

（昭和38［1963］年—引用者注）春以降政府においては国民所得計画のアフター・ケアを行うこととなり，当所に対しても，中小企業並びに流通機構の問題についての検討に協力を求めてきた。そこで経済審議会臨時委員として直接所長がアフター・ケアに参加することとなったが，これを機会に茲2～3年来研究所において実施してきた中小企業関係調査を中心に整理補完して高度成長過程における中小企業の構造変化とそこにおける問題を」[77]整理することとなった当時の背景を記録している。

当時，中小企業政策，特に「中小企業基本法」制定を意識した調査には幾つかの流れがあった。一つめは中小企業政策立案の前提条件となる多分野における中小企業の存立実態の正確な把握であった。二つめは機械工業などわが国の戦略中核産業でのいわゆる格差問題と中小企業近代化によるその是正実態の把握であった。具体的な調査分野は①所得倍増計画の中小企業への影響，②高度経済成長下の機械金属分野の中小工業への影響，とりわけ，系列化，下請取引関係の変化動向，③商品流通機構の変化，④流通過程の変化と中小商業への影響，⑤消費構造の変化，⑥労働力基盤問題に及び，前述の経済審議会の臨時委員に就任していた竹内正巳所長が最終報告書である『中小企業の現状と政策の方向』を取りまとめた。ちなみに，竹内正巳は「中小企業基本法」案審議時の大阪市公聴会に意見参考人としても招聘され，わが国中小企業問題のあり方やこれに関わる中小企業政策の方向についても積極的な発言を行った[78]。同報告書はわが国中小企業政策の「今後あるべき」方

---

76) 当時は大学教授などの参加を求めた研究会も組織されていた。これは商研所内では手薄な問題領域についての充実を図ることに狙いがあった。たとえば，当時のオーバーボロイング問題などについては，大阪市立大学の末永隆甫教授，柴山幸治助教授による報告書も刊行された。同『戦後日本経済成長の諸問題について―中小企業基本問題調査関連資料―』（経研資料 No. 317，昭和38［1963］年4月）。

77) 同『中小企業の現状と政策の方向―中小企業基本政策検討資料(6)―』（経研資料 No. 334，昭和38［1963］年10月），はしがき。

78) 発言内容などについてはつぎの拙著を参照。寺岡寛『日本の中小企業政策』有斐閣，1997年。

向をつぎのように指摘した。商研設立以降10年近くにわたる地道かつ正確な実態調査に基づいた調査の蓄積がここに凝縮された[79]。長くなるが重要であるので引用しておく。
1) 産業構造高度化を促進させる「正常な社会的分業」関係の構築を目指した中小企業政策—「(国の財政, 金融の諸機構に於ける中小企業の不均衡

---

79) 商研の調査活動で重要な位置を占めたのは実態調査であったことはもちろんであるが, 重要性において無視できないのは外国研究であった。商研の『外国文献紹介資料』は内部資料として限られた範囲にしか配布されなかった事情から, わが国の中小企業研究史ではほとんど紹介されていないに等しいが, 中小企業庁や政府系の中小企業金融機関調査部や大学研究者よりも極めて早い段階で外国の中小企業研究動向把握への取り組みが行われていた。昭和20年代の6点から昭和30年代でも40点以上の翻訳資料が刊行された。地域調査機関である商研がこうした外国文献・資料へ取り組んだ理由と背景には, 当時の押川一郎といった「国際派」所長の関心と指導力によって海外調査機関との交流があったことに加え, また, 商研自身の調査方針が中小企業問題の解明に向かっていたことによって, わが国の中小企業問題の位置づけが重要なテーマとなったことで国際比較が必要になった事情もあった。昭和30年代の国別翻訳資料では, 米国が上位を占め, ついで英国, 途上国などとなっていた。特に米国中小企業庁の半年報(後に年報)の翻訳についてみても, 当時の限られた情報のなかで, 政策用語や金融助成関係の専門用語などの訳出において極めて水準の高いものであった。押川は米国中小企業庁半年報第1号(1953年)の訳出の意義を「はしがき」で次のように述べた。「なかんずく, われわれにとって興味のあるのは, これまでわが国ではアメリカの小企業にかんする報告, 紹介は殆ど断片的たるにとどまり, その全貌をとらえるには足りない感があったが, この報告書を通じてアメリカ小企業の—全貌とまで行かぬにしても—一応の輪郭をほぼとらえることができるという点である。……この報告書を訳出したのも, 以上の点から, ひろくわが国の中小企業問題に関心をもつ人びとにたいして参考資料の一つとなりうると考えてからである」。米国に関しては, このほかに米国連邦議会中小企業委員会の公聴会資料, 年次報告書も訳出された。また, 米国の研究者による論文や金融機関の月報から中小企業関連文献を集めて, 『アメリカ中小企業問題特輯—アメリカ中小企業の問題点とその対策—』(昭和32 [1967] 年6月) も刊行された。大学雑誌ということであれば, 『ハーバードビジネスレビュー』から中小企業経営問題に関する論文も訳出されたが, 全体的にみれば中小企業政策に関連する資料や報告書の翻訳が主流を占めた。発足後間もない米国中小企業投資会社などの資料もすでにこの時期に紹介されていた。このほかには, 英国バーミンガム市の中小企業に関する実態調査結果, イタリアでは機械工業での中小企業の経営実態, ソビエト連邦の小規模工業などの報告書も訳出された。

な取扱いの—引用者注）一つの原因が，日本の重化学工業化の在り方に無理な点のあることからきている。日本の重化学工業化は原料基底や，資本の弱さ，市場の狭さ，技術水準の低さから，関連諸産業の未成熟等々の結果，政府の保護育成，其の他直接間接の特権的措置にかかわらず，一般に国際競争力の弱いものが多い。その結果中小企業は高い原材料を使用しなければならなくなったり，国際競争力の強い中小企業への投融資等が間接的に削減され，或は下請企業へのしわよせ等を一層きびしいものとせざるを得ない。……重化学工業化，即産業高度化とはいえず，将来の国際分業を考慮して無理のない重化学工業化がはかられねばならないが，此等の点については，今日迄殆ど省みられることなく欧米の歩んできた重化学工業化の方向をその儘無理を承知で踏襲して来ている傾向が強い。……産業構造の方向とそれへのもってゆき方が中小企業の在り方に大きな影響を与える……日本経済の基盤からみて少なくとも中小企業がより繁栄する余地のある産業構造が想定される」[80]べきであること。

2) 「自由公正取引を建前とする競争の場と均等な発展の機会が中小企業に与えられる基本線」に沿った中小企業政策—「日本に於いては欧米先進諸国には見られない大企業からの直接的なしわよせ，対等でない取引関係の存在が一般的となっており，それを誰もあやしまないか，或は不可避的なものとすらかんがえるようになっている。従って日本の中小企業政策を問題とする場合には何よりも先ず，国の財政金融諸機構の中で中小企業が相対的に不利となるような条件を取り除くということが必要であり，更に独禁法の精神，自由，公正な競争を建前とする産業秩序を経済制度の基本線として貫くということが根本的な問題と云える。……しかし実際問題としては，社会的な力関係による不公平を完全にとりの

---

80) 同『中小企業の現状と政策の方向—中小企業基本政策資料(6)—』（経研資料 No. 334, 昭和38［1963］年10月），74〜91頁。

ぞくことは困難である。それは日本経済や産業の発展の仕方, その構造的な弱さがあるからである。そこで前述の如き均等の発展の機会, 自由公正な競争の場を提供するという基本方針に出来るだけそった政策をおし進めると共に, 中小企業側としても, それを促進し或は不公正な環境により外からの影響を防衛し, 正常な社会的分業をとりむすぶための組織的な活動を行うことが必要となって来る。外的条件が余りにもきびしいがために, 日本の中小企業の組織化には, 欧米では例を見ない経営共同事業を統制事業が数多く行われざるを得ない結果となっているが, 過渡的な段階としては止むを得ないところである。」[81]

3) 「社会的分業を合理的ならしめる」組織化を促進する中小企業政策—
「資本主義社会における協同組合事業にはおのずから限界があるということについては, 充分検討されねばならない。又既述のように日本の中小企業の組織化は, 諸外国にはみられない共同事業や統制事業が数多く行われているが, 反対に業界の自主的な組織として, 業界共通の問題に広くこたえるという面が欠けている。……中小企業側に主体性のある組織化に対して大企業側からする系列的な組織化が次に問題となる。協同組合や商工組合等の組織をかりに横断的組織とすれば, 系列化は, 縦断的な組織ともいえるが, その組織の主体性は大企業側にある。両者はいろいろな点で矛盾する面をもっているから, 両者の関係を調整し, 全体としての社会的分業を合理的にし, 適正規模化し, 専門化してゆくかが重要な問題となる。……組織化で注意されねばならない点は, これらの組織化がもともと大企業側の圧力, そのカルテル統制に対する対抗カルテル的性格を多分にもったものが多いということである。従って基本的には, 国民経済全体としての産業秩序のあり方に大きい問題があるわけで, この基本的な問題をぬきにして, 中小企業の組織だけを問題とすることは, 本来転倒のそしりをまぬがれない。……更に系列化をも含めて,

---

81) 同上。

社会的分業を合理的ならしめるものとして，組織化を問題とする上で，考慮しなければならないことは，大企業側自体も中小企業の組織を通して，関係諸産業を多種少量生産（取引）から，少種多量生産（取引）にもってゆけるように計画的な発注や，購入，販売を行うことが必要となる。このためには，大企業側自体の協調体制が要求されるのであろうし，専属的な下請系列利用というような形でなく，広い市場を求めての中小企業の発展を支援するという方向がとられなければならないであろう。こういう態勢に応ずる中小企業側の組織としての業界団体は，共同事業や調整事業だけを直接の目的とするのではなく，対政府関係から一般の広報の他，調査研究，試験或は，販売促進や標準化等々，欧米における業種団体が自主的に行っている諸活動を広範にとり入れることが，必要となってくる」[82]

4) 地域経済政策としての地方自治体による中小企業政策の樹立—「中小企業の多くは，それぞれの地域に足場をおいた経済循環を行い，大企業の経済循環にむすびついてはじめて，国民経済の循環につながりうる。……中小企業政策としては，地域の特性による『生産の特化』が考慮されねばならない面もある。……中小企業が地域社会と密接につながった存在であるということは，具体性をもった施策は，地方自治体の枠内で考慮されねばならないものの多いことを意味している。」[83]

5) 企業規模間にある格差解消を目指す中小企業政策—「格差解消の第一の方向としては，適限規模以下での企業の簇出を防止するということが考慮されねばならない。この防止は法的に規制しえないから，やはり防止する条件をそだててゆくということを基本的に考え，場合によっては」開業に一定の資格や条件を設定することを考へてさしつかえないといえる。……適度以下の企業の存立を可能にしている低賃金能力の存在，

---

82) 前掲報告書 80)。
83) 同上。

極端な労働集約的な家族労働を中心とする生業層，副業や内職層の存在は，最低賃金制の有効な実施や，家内労働法の制定或は，下請単価決定基準の設定による問屋下請のとりしまり等によって，ある程度実現されるであろう。しかしこういった法的措置が有効に行われうるためには，他方に近代的雇用形態での雇用の吸収の場を広めることが必要である。……しかし規模別格差解消は，現実には中小企業の生産性の上昇に依って実現しうるものであり，生産性向上の技術的条件としての設備の改善，近代化については，かなり積極的な政策がとられねばならないであろう。……大企業と対等に競争しうる条件が与えられれば，充分それぞれの分野でのびてゆく条件をもっていると考えている。だから中小企業はよわいから，これを助長するというのではなく，外的条件が不利だから，それを出来るだけ除く，なおのぞきえない部分や，或は，早急の発展が要求される部門については，直接的な方法による援助もやむをえないと考える。」[84]

6) 零細層対策の必要性──「雇用問題の表面化をおさえる理由で助成したり，非能率的であるという理由で，排除するというのではなく，一方で新しい企業への参加と成長を容易ならしめ，他方で零細，非能率的な産業層を温存させている諸条件をなくしてゆくことによって近代的な雇用形態で吸収する方策を基本的に考慮すべきであると考える。それでもなお救済しえないものについて，初めて社会保障制度による救済を考えるということが，必要となってくるといえる。……これらの層の多数の存在，不完全就業のたまり場の存在は，企業として伸びようとする企業層の足をひっぱっていることは否定できない。従って一方では組織化対策等の内で近代化の条件をつくると共に，他方家内労働法による取締りや，問屋下請制における苛酷な条件の法的規制によって企業として存続しうるもののみを育てるという方向をとることが必要である。……社会的に

---

84) 同上。

問題を考慮しなければならないものについて，社会政策的に対処することが必要であろう。」[85]

7) 経営指導，技術指導の必要性—「経営や技術の面における指導ということが，中小企業政策の一つとして重要な意味をもってくる。……政府が直接無料診断を行うよりも，有料でも一定の資格と条件をもった人々の専門家グループによる特殊法人を設立して，政府はそれに援助を与えるという方法が一層よいのではないか」[86]。

8) 中小企業への個別対策と社会的分業を正常化する全体政策との調整—「個別と全体をいかにして総合調整するかということが問題となる。……産業構造の高度化，国際分業のあり方を考え，そこにおける社会的分業を正常化する努力をつみ重ねることによって，近代化された雇用増大を育てるということが基本的なものとして考慮されなければならないわけである」[87]。

これらの指摘に共通する商研の政策思想は，中小企業政策が中小企業への助成を通じて産業構造をより高度化しつつ，社会的分業の正常化に寄与すべきものでなければならない点であった。そこにはつぎの4つの論理が併存していた。一つめは自由競争と公正取引を促進する反独占政策論理，二つめは産業構造の高度化を促進する産業政策論理，三つめは零細生業層への社会政策論理，四つめは地域経済政策論理であった。その後の展開についてみると，わが国の中小企業政策はこの4種類の論理によって構成されつつ，実際には産業政策論理が資本・貿易の自由化で前面に浮上し，高度経済成長下の大きな政府の成立と財政余力の拡大によって社会政策論理が時に応じて拡大していった構図を描いた。これに対して反独占論理は必ずしも強いものではなく，地域経済政策論理については中央集権の強まりの中で十分に考慮されたわけではなかった。

---

85) 前掲報告書80)。
86) 同上。
87) 同上。

その後のわが国中小企業政策は産業政策の延長にその役割を位置づけられつつ，近代化を前面に押し出し，政治的な利害調整の範囲で社会政策論理をも取り組んだ政策体系を形成していった[88]。これに対して，商研が昭和30年代に提示した中小企業政策構想は，下請取引における大企業と中小企業との企業間関係のあり方の地道な分析作業をベースにして，大企業と中小企業間の自由で公正な取引と競争を保証する正常な社会的分業の構築を最も重要な政策課題として位置づけ，実際の政策立案と制度運営に関してはそれぞれの地方自治体の主体的取り組みを基礎とする地域経済政策としての中小企業政策の必要性を明確に打ち出していた。このような明確な全体政策構想を中心軸として，社会政策と産業政策を取り込んだ商研の中小企業政策についての考え方は，いまなお傾聴に値する。

なお，以上にみた政策課題や具体的な制度整備に関しては，中小企業基本法関連の調査報告書が出された時期の前後に調査研究され，多くの報告書も刊行された。たとえば，金融機関の中小企業向け融資実態と問題点を探った『各種金融機関の中小工業融資態度（部内資料）』（昭和36［1961］年刊），地方自治体の中小企業金融対策を総括した『地方公共団体の中小企業金融対策』[89]（同），中小企業の資本蓄積促進を税制などからとらえた『政策と中小企業の資本蓄積』（昭和38［1963］年刊）が刊行された。小零細工場の実態と経営者の意識については，『小零細企業へのルポルタージュ』（昭和39［1964］年刊）で，経営者へのインタビューを通じて「中小企業政策への意見」（この代表的な意見は過当競争防止のための組織化政策の推進，設備近代化を目的とした公的資金助成の充実の必要性など）を掲載した。また，当時の日本経済にとって最大課題であった貿易自由化への中小企業への影響を探ったものとして，『自由化の進展と中小工業に対する影響』が昭和39［1964］年に刊行さ

---

88) 商業政策はこの典型を為すといってよい。こうした論理によって形成された具体的な中小企業政策の展開については，寺岡前掲『日本の中小企業政策』を参照のこと。

89) この調査報告書は中小企業庁金融課が各地方自治体に中小企業金融対策の現状報告を求めて，商研がそれらの全体的な取りまとめにあたった。

れた。

第4節　中小企業と地域構想

　大阪府がその苦しい財政事情のなかで設立した商工経済研究所の主要関心は，統計の未整備という制約の中でまずは大阪産業の実態を把握することにあった。こうした地方産業への分析視角はやがて中小企業という問題視角へと収斂していった。中小企業の振興なくしては，地域経済の復興と活性化にはつながらないことが強く意識されていった。当初は戦前期来の大阪経済の中核産業であった繊維や雑貨を中心に，戦後変容過程の実態把握に重点がおかれた。やがて，戦後復興が軌道に乗るに従い，調査分野は機械金属産業にも広がり，そこに形成されつつあった下請関係やあるいは系列化の動きの解明にも先駆的な多くの業績を残した。昭和20年代に商研の調査活動が明らかにした重要な点を列挙すれば，つぎのようになると思われる。

① 戦後復興に大きな役割を果たした中小工業は，その設備面などの老朽化によりやがて生産性の低迷・低下という問題に見舞われること。
② デフレ政策などの政策の影響はとくに中小企業に甚大な影響を与えていたこと。
③ 戦前の問屋制下請工業の存立が大きく変容しつつあったこと。
④ いわゆる工場制下請工業の拡大と系列化への動きへの着目。

　こうした問題や変化に対する政策課題ということでは，商研の当時の報告書で必ずしも明確に提示されていたわけではなかった。しかしながら，中小零細企業の経営実態分析を通じて指摘された問題は，決して個別経営の内部問題でなく，中小企業をとりまく制度上の制約や大企業などとの関係改善によって解決されるべき政策課題であることが強く意識されていた。これらの点を大別整理してつぎに掲げておこう。

(a) デフレ政策が典型的に示すように，政策の負の効果が中小企業に集中的に現れるような「社会経済的条件」（当時は「社会的基盤」という言葉

も同義的に使用された）のあり方への政策的接近の必要性。つまり，中小企業の「おかれている経済牽強や，機構上の不利を制度的に是正して経済基盤の拡大を合理的に行ひ得る条件が先づ調えられること」[90]。
(b) 中小企業の不利是正を促進するような財政・金融政策の必要性。
(c) 戦後復興期の「充分広い内外市場をもたない日本においては，中小企業による社会的分業と協業の関係を充分生かすことによって初めて大企業の安泰と利潤の確保」[91]ができる政策的配慮の必要性。
(d) 中小企業政策は地方行政の中心的課題であるべきこと。

さらに，昭和30年代の商研の調査活動での中心は，戦後復興から高度経済成長に移行しつつあった日本経済の下での中小企業の存立変化の解明へと移行した。この中心テーマは下請問題，系列，生産性など格差問題であった。さらに，「中小企業基本法」制定が政治日程に上るに従い，商研の調査領域は中小企業政策に関わるものへと拡大していった。商研がその豊富な中小企業に関する実態調査，政策研究あるいは外国事例の検討を通じて中小企業政策構想を提示していたことは前節ですでにみた。この構想で強調されたことは，地域経済と中小企業の密接な関係であり，地域経済政策構想としての中小企業政策の重要性であった。

いうまでもなく，地方自治体が中央政府とは別にその地域経済に特化した中小企業政策を立案，実行するためには，商研のような調査研究機関を必要としていた。商研はこうした政策課題の確定と政策策定に必要な実態分析結果の提供という面で，大阪府のみならず国（とりわけ，中小企業庁など）の要求に応じ得た。こうした研究調査機関を独立設置した大阪府などの先見性をいま一度評価しておくべきである。

というのは，中小企業政策における地方と中央の役割分担は重要であり，現実に則した政策の実施には地方においても商研のような機関を必要とした

---

90) 大阪府立商工経済研究所『デフレ下に於ける大阪経済と中小企業対策の方向―大阪府中小企業不況対策審議会一般参考資料―』（昭和29［1954］年9月），8頁。
91) 同上，19頁。

からである。国と地方との役割分担ということでは，前述の正常な社会的分業を促進させる役割を促す自由競争や公正取引を課題とする中小企業政策については，公正取引委員会などを中心に国の政策として統一的に実行されるべきであり，また，産業構造高度化にかかわる全体構想については通産省などの中央官庁が積極的な役割を果たすべきである。

ただし，地域経済がもつ問題や課題は必ずしも一様でない。このため地域経済の振興の方策や方法は，それぞれの地域経済の特性に従って機動的にかつ適切に立案，実行されることによってはじめて政策効果が期待できる。全国展開あるいは世界展開を行っている大企業と比べて，中小企業はその経済活動の場を地域経済に置いており，中小企業政策は地域経済の実態に即したものであるべきである。この意味では中小企業政策における地方分権化はその前提でもあった。

商研は，大阪府中小企業不況対策審議会の求めに応じて，昭和20年代後半のデフレ不況に伸吟する中小企業の実態と問題点，およびこうした問題への中小企業対策のあり方をまとめた報告書『デフレ下に於ける大阪経済と中小企業対策の方向』で，地域経済に則した中小企業政策の必要性と地方分権，地方調査機関の重要性をつぎのように強調した。

「大企業の場合と異なって，地方政庁の施策の範囲内で解決すべき問題を最も多く持っている。農村諸県の施策の中心が農政にあると同様に商工府県の行政施策の中心課題は中小企業問題にある。従ってこの面においては，集権的分権制がとられなければならないが，問題を常に全国的視野で考えてゆくためには，地方の調査機関は一層組織化され，強化されなければならない」[92]。

しかし，昭和40年代以降，現実には地方の調査機関は苦難の道を歩むことになる。このことは，これ以前において商研などの地方調査研究機関が自由な発想による調査活動と，これらの調査結果に基づく既成枠にとらわれない

---

92) 同上, 20頁。

政策提言を行いうる余地が大きい時代でもあったことを示唆した。また，当時のわが国経済に重要な位置を占め，輸出に貢献した繊維や雑貨関係の中小工業の比重も大きかった大阪経済の分析を積極的に行っていた商研の調査結果に，中小企業庁なども関心を払わざるを得なかったという背景もまたそこにあった。事実，通産省，中小企業庁や経済企画庁と商研との交流も活発であった。

にもかかわらず，商研など地方調査機関の機能，とりわけ，政策構想機関としての役割が変容していったのには，二つの理由があった。一つめは，昭和30年代後半に「中小企業近代化促進法」や「中小企業基本法」をはじめさまざまな中小企業政策立法が矢継ぎ早に制定され[93]，中小企業政策は国を中心として整備され，地方自治体はこうした政策の執行機関としての色彩を強めていったこと。昭和30年代後半以降，中央政府はその集権化を強め始め，画一的な政策実施における効率優先の点から中小企業政策においても国による一元化を急速に進めた。また，大阪経済についてみれば，繊維や雑貨という分野が停滞する一方，関東など機械工業を中心として発展をみせ，大阪経済の経済的地位は低下したことも[94]，商研の役割を岐路に立たせた。

この結果，わが国の戦後復興期から高度経済成長初期の地域経済，産業経済，中小企業分析に大きな足跡を残した商研は，昭和40年代に入って以前は

---

[93] 昭和30年代の中小企業政策立法については，昭和20年代に制定されたものの改正という流れと新規に制定された法律という二つの流れがあった。たとえば，前者では「中小企業金融公庫法」「中小企業等協同組合法」「商工組合中央金庫法」などの改正がその事例であった。後者では『下請代金支払遅延等防止法』（昭和31［1956］年公布），「中小企業資産再評価特例法」「中小企業団体の組織に関する法律」「中小企業信用保険公庫法」（以上，昭和32［1957］年公布），「中小企業退職金共済法」（昭和33［1958］年公布），「中小企業近代化促進法」「中小企投資育成株式会社法」「中小企業指導法」「中小企業基本法」「産炭地域における中小企業者に対する中小企業信用保険に関する特別措置に関する法律」（以上，昭和38［1963］年公布）などのほかに，これらの法律の頻繁な一部改正も昭和30年代に行われていた。詳細は寺岡寛『日本の中小企業政策』（有斐閣，1997年）の巻末「中小企業政策小史」を参照。

どの独創的かつ先進的な分析視点を持ち込んだ調査から中小企業の経営実態を定点観測するようないわゆるルーティン的な調査の比重を高めていった。この転換時期は，国の政策が数多くの立法措置とともに次々と打ち出されていった時期とも呼応する。国主導の中小企業政策が登場し，かつ国主導で全国一律の中小企業政策が定着していった。そして，昭和20年代の混乱期のなかでそれぞれの地域において独自に模索されていた中小企業政策構想は忘れられ，商研を始めとした多くの地方調査機関は，自らの調査領域の確保や独自の調査方法の確立という「問題発見」型の調査から[95]，国の機関による調査の下請的機関としての調査へとその役割の比重を高めていった。

　中小企業政策は商研の指摘にもあったように，地域経済政策の一環としての意味合いが強い政策であり，それだけに中小企業の問題の発見とこれに呼応した中小企業政策の立案は，地方の調査機関の調査・立案能力に多くを追わざるを得ない。だが，皮肉なことに，こうした地域経済に密着した中小企業政策の必要性の高まりとは裏腹に，皮肉にも，その後，地方自治体の調査機関などはその数を減じていった[96]。

---

94) ここで特に重要視されたのは，関東圏や中部圏と比べて重化学工業部門（特に機械工業）への積極的な投資で大阪が出遅れたことであった。特に大阪が強かった繊維や雑貨分野が転機にあったことから，重化学工業化への取り組みの遅れが強く危惧されていた。さらに，中小企業の近代化促進においても大阪系大企業の商業資本的性格のために，その翼下の下請工業の設備近代化や技術移転による技術力向上に熱心でないことなども指摘され，大阪の中小工業の相対的地位低下が問題となっていた。また，先に述べたように大阪系大企業の東京への中枢機能移転も進みつつあった。

95) 商研についてこの点を特色づけておくと，つぎのように整理できよう。①当初は文献調査，歴史分析の比重が大きかったものの，その後に広範なアンケート調査とインタビュー調査を併用させた実態調査手法を確立させたこと，②地域経済からの視点を強く出した統計分析・整理手法を確立させたこと，③地域経済や地域産業の分析に際して，そこに立地する中小企業の存立条件と存立基盤という問題視角を持ち込んだこと，④わが国の中小企業問題や政策対応の方向を位置付けるために，早期に外国研究に取り組み，その成果を調査に応用したこと，⑤調査活動において政府，地方調査機関，関連経済諸団体，経済界との広範なネットワークを組織したこと，⑥単に調査のための調査でなく，さまざまな政策的示唆を含んだ調査活動を行ったこと，など。

96) 昭和30年代半ばの地域研究機関の概要については,地方調査機関全国協議会編『経済調査研究機関要覧』(昭和34 [1959] 年) を参照.ここに記載された研究機関は大学付置などのものは除き,地方自治体の機関などではその後廃止あるいは再編されていったものが多い.

第4章 中小企業政策と国際比較

第1節 政策と比較

　わが国の中小企業政策は序論や第3章で論じたように,昭和30年代にその政策的枠組みを形成させていった。日本型ということでは,わが国の中小企業政策は,それまでの反独占政策論理の方向を弱体化させつつ,欧米諸国の産業構造への転換を短期間に目指した産業政策型論理を主軸とするものに移行していった。しかしながら,日本経済を取り巻く経済環境も変化したことで,中小企業の存立条件や基盤もまたそれにつれて変容せざるを得なかった。
　かつての輸出競争力の強い分野は弱い分野となり,産業政策論理だけでは解決し得ない問題も山積し,そこに社会政策論理が導入されていった。反面において,経済の国際化は中小企業に対する国内問題的解決方法の限界を示している。たとえば,昭和30年代や40年代の公認カルテルによる中小企業の過当競争体質の一時的是正は,自由貿易と海外生産の拡大の中でいまや以前のような効果は発揮されないし,また,こうした政策はとられなくなっていった[1]。
　ところで,前章で紹介した大阪府の商工経済研究所なども関与した「中小

---

1) 本書では戦前期と商研活動を取り扱った昭和20年代と昭和30年代を扱っている。昭和40年代以降今日までの政策展開について,寺岡寛『日本の中小企業政策』有斐閣(1998年)を参照のこと。

企業基本法」などの制定過程では，何度となく「先進国並み」という議論が行われた。これは先進国並みの産業構造への転換であり，自動車や電気機器といった産業の育成と，これに沿った産業構造への中小企業の方向転換を促す政策誘導が強く意識された。この政策論理においては，日本の産業構造の高度化を図るには遅れた部門である中小企業へのてこ入れなくしては困難であるという意識があった。この「遅れた」というとらえ方は，戦前期以来の日本経済「特殊性論」の命脈ともあいまって，中小企業政策の存在自体を日本的ととらえる潜在意識もそこにはあった[2]。

しかしながら，先進国であろうと中進国や途上国，あるいは移行期にあった諸国であろうと，中小企業政策はその概念と範囲はそれぞれの国で異なる部分もあるものの，おおむね存在する。それは中小企業がそれぞれの国民経済において生産や流通，あるいは雇用で大きな役割を担っており，中小企業への政策的対応の重要性があるからである。

こうした中小企業政策を助成制度面からみるかぎり，その内容に隔たりは少ない。しかしながら，この背後にある政策思想や政策論理は，それぞれの国における経済発展の歴史的経緯や中小企業者内部あるいはその外部の社会的規範や社会的価値観，さらには政策形成をめぐるさまざまな政治力学によって，その内実が与えられてきた。それだけにどの国も共通的な政策思想と政策論理をもつわけでは必ずしもない。

それゆえに，中小企業政策の国際比較を領域とする「比較中小企業政策論」は，単に制度面だけの分析に止まってはならない。その分析領域と対象は，実際の制度策定の前段階にある中小企業問題に関わる社会経済的背景のみならず，実際の政策決定に至るまでの政治過程，さらには政策とこれに基づく制度の受容に関係する社会意識のあり方をも包摂しなければならない。

---

2) こうしたとらえ方は，戦後も極めて長い期間にわたって展開された日本資本主義論争に系譜をもつ多くの著作でみられた。昭和40年代後半から50年代前半にかけて大学生活を送った私自身の個人的な経験でも，中小企業論の講義で日本の特殊性という言葉がしばしば使われていたことを記憶している。

こうした作業を通じて，その国のもつ中小企業政策の特徴と課題についてわれわれの認識を深めることができる。

また，国際比較分析はわが国の中小企業政策の有効性と限界性について有益な示唆を与えてくれるだけでなく，日本の中小企業自体がアジア地域を中心としてその活動領域を拡大させてきた現実そのものが，こうした国際比較分析を必要とさせてきた。ここで問われているのは地域経済政策としての中小企業政策，あるいは国内経済政策としての中小企業政策は，各国経済との緊密化が経済の国際化（＝グロバリゼーション）という概念に置き換えられてきたなかで，どのような政策効果を実際にもつものなのか。また，従来の中小企業政策は，経済の国際化のなかで派生してきた新たなる中小企業問題への有効な対応策たりえているのかどうかという課題をわれわれに突きつけている。

本章では，こうした諸点を念頭におきつつ，かつて欧米並みといった政策目標の対象とされた諸国のうち，とくに欧州諸国の中小企業政策の現状と課題を探りながら，国際化の下での中小企業政策のあり方を検討したい[3]。これは彼我の産業構造がますます近接し，中小企業の直面する問題もまたそれぞれの産業分野で多くの共通する問題を見出せるだけに，これからのわが国の中小企業政策を考える上で参考になる点も多い。

第2節 問題の比較

主要欧州諸国とも，全企業数の90％以上は従業者数10人にも満たない零細企業（very small enterprise）に分類される。これに10人～49人の小企業（small enterprise）や中企業（medium enterprise）を加えると，中小零細企業が全体の99％以上を占める。雇用数では中小企業が全体の約70％を占め，

---

3) 米国における中小企業の存立状況とその変化，中小企業問題と中小企業政策についてはつぎの拙著を参照。寺岡寛『アメリカの中小企業政策』信山社，1990年，同『アメリカ中小企業論』信山社（増補版），1997年。

このうち零細企業の占める割合は30％前後である[4]。

産業別に中小企業の存立分野をみると，鉱業，金融・保険では大企業優位が特徴的であるものの，上述の企業数で中小企業が圧倒的な割合を占める商業やサービス業は，中小企業，特に零細企業の典型的な存立分野を構成する。工業では業種により中小企業の比重は異なる。資本集約的分野である化学製品，電気機器，輸送機器では平均企業規模は大きく，金属製品，食品，繊維・衣服・皮革では平均企業規模が小さくなっていることは，労働集約的な分野で中小企業の比重が高いことを窺わせる。地域需要に密着した建設業や不動産，鉄道を除く陸上運輸業もまた中小零細企業の典型的存立分野を形成する。

産業別にみた中小企業の存立状況と雇用数との関係では，工業で雇用数の減少が顕著である。これは中小企業のみならず，大企業にも共通する。この結果，雇用の中心は各国ともに第三次産業へと移ってきた。これは大企業，とりわけ，工業分野の労働集約的部門の外国への生産移転，部品などの自社生産あるいは国内調達から国外調達への切り替えによって，その国内工場の縮小などによる雇用削減が進んだためでもあった。必然，こうした大企業と取引関係にあった中小企業もまたその影響を被った。

中小企業問題の国際比較という面では，欧州諸国の中小企業の存立状況にかかわる問題は日本にも共通する。特に，欧州諸国の中小企業も日本と同様に経済の国際化，特に取引先企業での外国生産の拡大，あるいはアジア諸国，市場経済体制に移行した中東欧諸国からの競合製品の輸入によってその存立を揺さぶられている[5]。つまり，ここでの中小企業問題は，中小企業個々の

---

4) European Network for SME Research (EIM Small Business Research and Consultancy ed.), *The European Observatory for SMEs*, Annual Report, 各年版。もちろん，国により中小企業の平均規模には変動がある。イタリア，ポルトガル，ギリシア，スペイン，アイスランドなどでは零細層の比重が極めて高い。これに対してオーストリア，スイス，オランダ，ルクセンブルクなどは小企業の比重が相対的に高くなっており。この中間にドイツ，フランス，イギリスなどが位置する。以下の分析は，特に断らない限り，この『ヨーロッパ中小企業白書』の数字に依拠する。

経営問題というよりも，中小企業の存立分野である産業そのものの再編を伴った形であらわれてきた産業構造問題[6]という性格をもっている。これは産業自体の縮小再編成による雇用問題を生み出してきた。それだけに，中小企業問題は中小企業性業種が集中的に立地する地域経済の停滞問題としても強く意識されてきた。

こうしたなかで，地域経済の活性化，あるいは地域の雇用創出に結びつく中小企業政策のあり方が欧州各国でも模索されてきている。

第3節　課題の比較

先にみた欧州諸国での中小企業政策の課題は，産業振興と雇用確保・創出，産業振興と地域経済活性化とが密接に結びつけられ理解されてきた。元来，

---

5) 日本の場合，特に電子機器工業が典型的であるが，アジア諸国を中心として大企業，中堅企業の海外展開は活発化してきた。1980年代以降，従来の民生用電気機器に加え，電子部品や同デバイスの海外生産は急拡大するとともに，日本への輸入額もかなりの規模に達してきている。家庭用電気製品など完成品についてみると，カラーテレビやVTRではマレーシア，オーディオ製品では中国からの輸入が目立つ。これにつれ，日本国内での工場は整理再編されつつ，一層の合理化の方向へ進み，雇用数からいえば1990年代前半は停滞，後半からは減少傾向が顕著となった。必然，こうしたことを反映して，国内で部品供給や加工を受け持つ中小企業は大きな岐路に立たされてきた。同様の傾向は，欧州諸国の加工組立型産業の大企業でも同様であり，部分調達は国内だけでなく積極的に外国部品などを使用する傾向を一層強めてきており，国内中小企業にも影響を与えてきた。詳細はつぎの拙稿を参照。寺岡寛「日本企業の『アジア太平洋圏』への進出―生産リンケージの観点から―」赤木攻編『アジア太平洋圏文明の構築をめざして　相互認識を通しての共通の価値観の模索―』(1995年～1997年科学研究費・研究成果報告書，大阪外国語大学)，1998年。

6) 昭和30 [1955] 年には，わが国輸出総額の約半分が中小工業製品であった。特に繊維や雑貨では中小企業が圧倒的な割合を占めた。これらの分野では中小零細企業が集中立地する産地を構成していた。しかしながら，こうした伝統的かつ労働集約的な分野は，1980年代以降急速に衰退し，今日，輸出産地という概念自体の再検討を求められている。詳細はつぎの拙稿を参照。寺岡寛「中小企業と世界市場―歴史的分析と現状分析―」中京大学・中小企業研究所『中小企業研究』第19号，1997年。

欧州諸国の中小企業政策の目的は，中小企業を取り巻く経営環境，特に社会経済的あるいは制度的な障害の除去と改善に向けられてきたことを考えると，こうした産業政策型論理への傾斜は各国における雇用問題などの深刻化を反映したものである[7]。ただし，ここでいう産業政策型論理では，単に既存産業での中小企業保護というのではなく，労働力を含むさまざまな経営資源を新たな産業へと移行させることに主眼が置かれる。

　雇用問題を地域経済の産業構成の面からとらえると，解決すべき政策課題は複雑である。つまり，国際競争力の点で転機に立つ労働集約的産業が集中立地する地域と，同じ労働集約的であるといっても，その内実が知識集約的である産業が集中立地する地域での雇用問題は明らかに異なる。地域経済の活性化をめざした，とりわけ，産業構造の転換促進政策には，社会基盤（情報関連インフラストラクチャーも含め）の整備や種々の開発促進措置が組み込まれるのが通常である。これに加え，国際競争力を保持しうる産業分野での新規開業促進という名目での中小企業政策も重要視される。

　この意味での新規開業促進は各国ともに重要な中小企業政策の一角を占めるようになってきた。オランダ経済省は新規開業促進のための環境作りの重要性について，「好ましいビジネス環境は新規企業の創出，そして雇用促進にとって重要である。……この環境は政策やその決定者によりある程度まで左右され得る。オランダ経済省は企業家精神の促進こそが経済成長と新規開業者にとってそのチャンスを増大させる上で刺激となるとみている」[8]と強調する。ただし，新規開業は単に助成措置だけですぐに促進されるとは限らない。新規開業はその国の労働市場，雇用形態あるいは社会保障制度のあり

---

7) 雇用問題の深刻化は，民間部門だけでなく公的部門が政府財政の悪化から縮小傾向にあったことにも起因した。たとえば，英国の場合には，サッチャー・メジャー政権の下で，さまざま事業の民営化が試みられる一方，中央政府や地方政府のみならず，パブリック・コーポレーションでも大幅な削減が行われた。この問題については，中村太和『民営化の政治経済学―日英の理念と現実―』日本経済評論社（1996年）を参照。

8) EIM Small Business and Consultancy, *Start-ups in the Netherlands*, Zoetermeer, 1995, p. 5.

様,さらには起業文化にも密接に関係する。

　オランダ中小企業研究所(EIM)は,欧州主要諸国の新規開業者を対象にその開業動機調査を実施し,その調査結果を発表している[9]。「失職」は英国,フランス,イタリア,デンマーク,ギリシャという国で大きな開業動機となっているが,ドイツ,ルクセンブルク,ベルギーなどでは重要視されてはない。これは一つには構造不況型産業での失職,とりわけ,非熟練職の場合には,起業後の成長が期待できる知識集約的高付加価値分野での新規開業が困難であることと関係する。他面,各国に共通するのは「自己実現」や「所得向上」が重要視されていることである。これは成功起業者[10]や専門的分野での起業家に共通する傾向である。

　こうしてみると,わが国も欧州諸国も労働集約的な熟練度の低い分野での新規開業は,途上国などからの競合製品の輸入もあり困難であることから,サービス業を中心とする第三次産業あるいは,製造業支援的な専門サービス業,あるいはハイテク分野でどのように新規開業を支援していくかという政策課題がそこにある。さらに,物品販売や個人サービス業はともかくとして,専門サービスやハイテク分野においては,日本や欧米諸国間の産業構造は共通しており,こうした諸国間の競争が厳しさを増しているなかにあっては,高学歴者の自己実現と開業をどのように結びつけて新産業を創出していくか

---

9) EIM, *The European Observatory for SMEs*, First Annual Report, 1993. もっとも,こういう国際比較調査にはさまざまな制約と問題もある。調査対象の選定が各国ともに異なる場合があるし,設問自体がそれぞれの回答者に共通して同じ理解の範囲にあるのかどうかという点もある。あくまでも,一つの傾向を知る上での参考ということで紹介しておく。

10) 成功起業家の動機付けといった質的側面についても計量分析的研究も行われるようになっているが,開業前の所得が高いほど,新規開業後の生存度と成長度の可能性も高いという調査結果もある。したがって,専門的知識をもつ高所得者がその専門性を生かす「自己実現」のための開業がその所得向上意欲と結びついて成功につながったと解釈すべきであろうか。英国の事例についてはつぎの論文を参照。Robert Cressy, *Pre-entrepreneurial Income, Cash-flow Growth and Start-up Businesses Model and Tests on U. K. Data*, Small Business Economcs, 1995.

に関心が高まっている。

英国の調査報告によれば,理工系の博士学位を有する人材が起した「新技術型企業」(NTBFs, New Technology-based Firms) が確実に増加してきた事実を踏まえて,理工系分野での高等教育の充実は「将来において新技術型企業の潜在的供給を与える唯一ではないにしても,重要な要因であろう」[11]と指摘される。ただし,高等教育との関係では,製造業でのハイテク起業だけでなく,サービス業でも高学歴者の開業が目立ってきたという調査結果もある。前述 EIM の調査では,「新規開業者は学歴が高いようである。ほとんどの国でその教育レベルは全体平均より高い。サービス業での新規開業者は製造業よりもより高い教育レベルである。起業家は過去10年間において高学歴化という一般的な傾向の中で高い教育レベルとなる傾向にある」[12]と実態を分析した。

教育制度と新規開業との関係,とりわけ,専門サービスあるいはハイテク技術分野での起業家との関係とその政策的示唆については必ずしも明確な共通認識が形成されているわけでなく[13],政策的関心はむしろ新規開業を阻害するあるいはその制約となっている諸条件の除去という面にある。具体的には,新規参入への規制撤廃あるいは緩和,資金供給面での改善である。資金については,一般開業資金に加え,ベンチャー資金やビジネスエンジェル資金の供給において公的部門がどのような役割を果たすべきかという政策課

---

11) David J. Storey, Bruce Tether, *A Review of the Empirical Knowledge and an Assessment of Statistical Data on the Economic Importance of New Technology Based Firms (NTBFs) in Europe*, Warwick Research Insitute, 1996, pp. 71-75.

12) EIM, *Start-up in the Netherlands*, p. 22.

13) たとえば,私自身が行った調査(ドイツのハンブルク地域での工業大学の卒業生とハイテク型起業との関係)でも,不況時には希望の大企業の研究開発部門への就職が困難であった博士号取得学生が新規開業に至ったケースがみられたが,好況あるいは大企業の研究開発部門強化による募集枠の拡大によって,新規開業件数が減少することもあった。博士号取得学生へのインタビュー調査では,大企業の実験設備と研究費,それに高所得という安定要因を優先する意見が多く聞かれた。

題がある[14]。このうち，民間ベンチャー資金について各国の事情をみると[15]，資金構成では，たとえば，日本と同様にドイツやイタリアでは銀行からの資金導入を元にベンチャー基金が構成されているのに対し，英国は銀行以外にも保険会社，年金基金，個人，機関投資家からも広範に資金を集めた均衡型となっている。ただし，いずれの国も政府からの資金導入割合は低い。

　欧州全体のベンチャー資金投資額では，英国が上位にあり，金融市場での資金調達がいまなお企業金融の主流を占めるドイツやフランスでの投資水準は必ずしも高くない。投資先産業分野でみれば，欧州の場合も米国と同様に，コンピュータ関連，通信技術，ライフサイエンスへの投資が重視されている。現在の傾向では，バイオテクノロジーで出遅れた米国への追い上げということでこの分野への投資の比重が引上げられてきた。

　問題はベンチャー資金が適切な起業家と必要な時期に投資されているかどうかの点である。米国でもベンチャー投資が起業当初のリスクの高い初期投資から企業発展のある程度の目安が立ったより後期の段階へと移行したが，欧州諸国でも同様の傾向が指摘されている。HarrisonとMassonは「今日，先進諸国のベンチャーキャピタルは，その性格を大きく変えつつある。ベンチャーキャピタルファンドの投資対象は，今や，成長初期からディプロメントキャピタルや Management Buyouts (MBO) や Management Buyins (MBI) へと変化している。英国では，1984年に投資金額で27％，社数で34％であったスタートアップ／成長初期企業への投資が急速に減少して，1993年には投資金額で6％まで急減した」[16]と指摘する。

---

14)　この資金問題への認識は国により異なる。オランダ中小企業研究所（EIM）の調査報告書は，「オランダではもっともよく指摘される隘路は競争と新規市場開拓であった。創業資金の入手は他の多くの国と比較して大した問題ではない」とむしろマーケティングが問題であると結論づける一方，デンマークでは「必要な資金確保と製品開発が障害」として資金面の問題を強調した。さらに，ポルトガル「金融面，高金利，市場開拓が問題である」と広範囲な問題の存在を指摘した。EIM, *op. cit.*, p. 19.

15)　データはつぎの報告書に基づく。EIM, *Venture Capital for SMEs*, 1996.

Harrison 等が依拠した数字からみても，英国のベンチャーキャピタリストによる創業初期あるいは成長初期企業への投資は1980年代後半から1990年代前半の期間に3分の1程度に落ち込み，投資件数でも半分以下となっていた。この背景には，投資審査のための調査・審査コストに投資額が見合わなくなったと判断された状況があった[17]。この点はベンチャーキャピタル先進国の米国でも同様であり，この創業期と成長期の間を埋め合わせたのがビジネスエンジェル（これは通常のベンチャーキャピタリストに対して，インフォーマルインベスターと呼ばれたりする）であった。規模こそ異なるが，欧州諸国でもビジネスエンジェルがみられるようになってきた。現在のところ，米国ほどでないにせよ，欧州諸国の中ではもっとも実態としてビジネスエンジェルが一定の役割を果たしつつあるのは英国である[18]。

全体傾向としては，ビジネスエンジェルやベンチャーキャピタル型の投資

---

16) Richard T. Harrison, Colin M. Masson, *Informal Venture Capital : Evaluating the Impact of Business Introduction Services*, Woodhead-Fauler, 1996（通産省ビジネス・エンジェル研究会訳・西沢昭夫監訳『ビジネス・エンジェルの時代—起業家育成の新たな主役—』東洋経済研究社，1997年，12～13頁）。同様の傾向は，私が1999年秋にドイツのハンブルク地域のベンチャーキャピタル会社の投資動向について調査した結果にも共通する。民間ベンチャーキャピタル会社は初期のリスクのある投資を忌避し，新規企業が年間売上額5千万マルクを達成した時期以降の段階で投資を行う傾向にあった。

17) 同上。なお，投資決定に至るまでには，多くのビジネスプランから投資対象となるべきものを選択し，そこから起業家に実際に会ってインタビューすべき案件を選び出し，さらにここから実際に投資すべき起業家を最終決定するまでの長い期間を要し，そのコストも必然大きくなるという事情がある。

18) 私のオランダにおける調査（1995年当時）で，同国経済省での中小企業政策担当者へのインタビューでも英米圏でのビジネスエンジェルと比べて，オランダなど欧州諸国では実態的にまだビジネスエンジェルの存在は認識できるほどの段階には達していないと聞かれた。なお，英国での Stevenson や Coveney の調査結果によれば，1件あたりの平均投資額も大きくなってきており，投資地域も拡大しつつあることなどが示唆されている。Hemish Stevenson, Patric Coveney, *A Survey of Business Angel : Fallacies Corrected and Six Distinct Types of Angel Identified*, Robert Blackburn, Peter Jennings ed., *Small Firms : Contribution to Economic Regeneration*, Paul Chapman Pub., 1996.

第3節　課題の比較　199

制度の充実が重要視されてはいるが，他方においてこうした株式投資の場合には「事業の所有権が外部の個人あるいは機関と共有されなければならない点で……多くの事業家は自らの意思決定機会の制約」[19]と見なす事業家もおり，その国々の企業文化もあり融資制度と投資制度をどのように組み合わせ，ハイリスクを伴う新しい事業や新産業分野などでの新規開業促進に結びつけるかという政策課題もある。

　さらに，こうした新規開業時の初期投資のあり方も含め，新規開業を促進していくための政策をどのように構築していくのかは，雇用創出という労働政策面からも重要な課題である。とはいえ，開業後の問題も残る。すなわち，新規企業の脆弱性と倒産率の高さが問題視されているからである。ハイテク分野などの新規開業を促進するよりもむしろ既存中小企業の成長を助長することの方が，雇用の維持・創出という点からも確実ではないかという見方も一方にある[20]。前述のStorey等は欧州7か国（英国，ドイツ，フランス，オーストリア，アイルランド，スウェーデン，ポルトガル）の調査結果を分析した上で，新規企業より既存の技術型中小企業の方が平均雇用創出力の点で優れているとした結論は興味深い[21]。

　技術型中小企業，あるいはハイテク型（技術開発志向型）中小企業の振興については，新規助成もさることながら，欧州各国とも人材育成やサイエンスパーク（Science Park）[22]といったインフラ基盤の整備も中小企業政策にお

---

19) David Storey, Bruce Tether, *op. cit.*, p.18.
20) 従業者数10人までの零細層は雇用増加率でこそ高いものの，雇用数の絶対増からする寄与度では50人～499人の企業層のほうが重要であるという調査結果もある。たとえば，つぎの報告書を参照。EIM, *Fast Growing Companies : The Netherlands and Europe*, 1997.
21) David J. Storey, Bruce Tether, *op. cit.*, pp.9-10.
22) サイエンスパークは単に工場地などのハード面の整備だけでなく，インキュベータ，近隣大学とのネットワーク機能，経営コンサルティング機能などいわゆるソフト面での支援機能がより重視されてきている。ただし，サイエンスパークに入居できる企業数は極めて限られている。この点では，既存の研究開発型企業への成長支援もまた重要な課題であることはいうまでもない。

ける政策課題となってきた。サイエンスパークについては米国が先行し，1950年代にすでにスタンフォード大学に隣接して整備され，その後フランスで1960年代，英国では1970年代に同種のハイテクパークが建設された。欧州諸国全体ではやや遅れ，1980年代に入ってから建設が相次いだ。米国との比較では，欧州のサイエンスパークでは立地企業数が比較的多くなっている。また，企業規模からいえば，米国より欧州諸国で小規模企業の多さが目立つ。欧州のサイエンスパークに立地する小規模企業が，今後どのような発展を遂げるのかが注目されよう。

とはいえ，1980年代および1990年代において，実際に欧州各国の雇用創出に大きな役割を果たしたのは製造業部門やハイテク新規企業ではなく，むしろ商業やサービス業など第三次部門であった。小売商業については，従来から資本や技術などの参入障壁は低く，従来から新規開業や新規参入が活発な分野である。政策課題は地域雇用の確保という点からもその「生存」を促進することにある。中小小売業の生存に大きな影響を及ぼしているのは，大型店舗の動向や欧州統一市場の下での人や物の自由な移動である。国別では大型店舗によって零細小売商が影響を受けてきた英国，ドイツやフィンランドなどに比べ，イタリア，ギリシャやポルトガルのように人口比あたりの小売店舗数が欧州全体平均をはるかに上回って存立している国もある。特にイタリアはEU加盟国の中にあって，人口当りの小売業店舗数はドイツの2倍近くある。また，その店舗の零細性も際立っている[23]。中小小売商の存立もまた国により異なる。

最後に，参考までに中東欧諸国の政策課題にふれておく。ドイツの経済研究所（RWI）のポーランド，ハンガリー，チェコ，スロバキアを対象とした調査結果によると[24]，中小企業者が抱える問題で上位を占めるのは市場経済移行に伴う法整備の不備や変更（特に税制）から派生する混乱に関するも

---

23) Commission of the European Communities, *Green Paper on Commerce*, Brussels, 1996.

のに加え，資金不足，高金利といった経営環境に関する問題，さらには経営管理に関する知識不足，経験不足といった内在的問題である[25]。金融問題の深刻さに関しては，移行期に零細企業（その多くは小売商業，飲食，各種サービス業分野での生業である）の簇生が続いたが，その成長や安定に必要な資金は民間金融市場の未整備によって充分でなく，また，政府による公的融資制度もまた不十分であった。ゆえに，内部留保が重要となっているが，税制のあり方が中小企業に大きな負担となっているという実態も指摘されている。これは第二次大戦後のわが国中小企業の税負担問題と中小企業側からの反税運動を連想させる[26]。

移行期経済諸国の中で「優等生」グループに入ってきたハンガリーの中小企業者への1990年代半ばに実施されたアンケート調査結果でも，経営上の障害として上位に位置づけられた問題は「過大な税負担」と「高金利」となっている。ちなみに，これに次いで問題視された課題は「行政上の手続き」「需要の低迷」「支払い遅延」「政府助成の欠如」「経営専門性の欠如」などが指摘された[27]。

---

24) Frederike Welter, *Development of Small and Medium Enterprises and Entrepreneurship Promotion in the Central European Economies in Transition*, Rheinisch-Westfalishes Institute für Wirtschaftsforshung, Essen, 1996.

25) こうした調査結果は1990年代半ばが調査時点であり，その後の時間の経過とともにポーランド，ハンガリー，チェコ，スロバキアなどはその混乱期を乗り切りつつあり，同じ移行期経験国とはいえ，こうした問題はブルガリアやルーマニアなどの諸国でより顕著である。

26) わが国戦後復興期の中小企業の税負担問題と反税運動については，つぎの拙著を参照。寺岡寛『中小企業政策の日本的構造―日本の戦前・戦中・戦後―』有斐閣，2000年。

27) Peter Futo, Laszlo Kallay, *Emancipation and Crisis: The Development of Small and Medium Business Sector in Hungary*, Institute of Industrial Economic/Foundation for Market Economy, Budapest, 1994.

第4節　政策の比較

ドイツ中小企業研究所（IFM）は，欧州諸国の現在の中小企業政策に影響を与えてきた要因として①欧州統合，②高失業，③低成長経済の3点を指摘する[28]。

最初の欧州統合については，それが中小企業に「国際化の軋轢」をもたらし，各国中小企業の国際競争力の強化と輸出振興の政策課題を浮上させたと同時に，地域間協力（たとえば，デンマークとバルト諸国など）を迫ってきた。輸出振興は直接的助成というよりも，輸出先市場の情報提供など間接的な助成がとられてきた。具体例としては，フィンランドの場合，商業会議所が中心となって輸出振興に関わる各種サービス提供の便宜が図られてきた。同様な事例は英国でも見出せる。特に，英国ではこうしたサービスの充実を通じて，輸出に従事する中小企業数を増加させることに政策目標がおかれた。他方で，スウェーデンのように直接的な助成措置を充実させようという動きもみられた。また，輸出振興に興味をもつ中小企業を組織化しようというフィンランドのような事例もみられた。

二番目の点と三番目の点は関連する。低成長経済から脱して持続的な経済成長を促進するマクロ政策の必要性はもちろんながら，これを担う企業，とりわけ，中小企業を振興しようというミクロ政策は各国ともに重要視される傾向にある。この背景に高失業問題があることはいうまでもない。これには，中小企業が活躍しうるための環境整備という外的課題[29]と，中小企業の経営管理水準の向上をはかろうという内的課題がある。外的課題としては，中小企業にコスト増をもたらす各種規制の撤廃，緩和という問題がある。これは規制措置にともなう書類作成費用の負担軽減などの面で，欧州各国でさまざまな取り組みがおこなわれてきた[30]。このほかに環境整備という面では，

---

28) EIM, *The European Observatory for SMEs*, p. 242.

金融環境が重要視されてきた。各国とも米国の NASDAQ と比べて出遅れたベンチャー資金市場の整備を目指す動きが1990年代において活発化した。

こうしたベンチャー資金市場だけでなく，ベンチャー型投資への優遇税制措置などについても整備が模索された。この動きは先述の技術開発型中小企業の育成・振興をはかるという政策目標に沿ったものであることはいうまでもない。ただし，ベンチャー資金は欧州諸国でも初期からそれ以降の時期への投資へと向かいつつあったことから，新規開業時の有効かつ現実的な初期投資政策としての前述のビジネスエンジェル支援策も検討されてきた。ビジネスエンジェル問題に関して重視されたのは，投資資金の仲介ネットワーク組織を行政がどのように支援できるのかという点である。Masson は英国の経験に触れつつ，ネットワーク組織のあり方についてつぎのように述べている。

「英国では，1993年にわずか17にすぎなかった投資仲介ネットワークは，今や40に増加している。その大部分は，Business Links のような国の中小企業支援機関や，各地域の中小企業に対して支援を行う非営利機関に

29) ただし，EIM は欧州での急成長企業500社を対象にした調査から，こうした外的課題の影響は企業により異なると結論づけている。「（急成長の企業家は―引用者注）概して，金融環境やインフラストラクチャーといった一般経済環境の整備は事業にとってプラスの影響を及ぼすとみている。お役所仕事，社会保障，法人・個人所得税，財政政策についてはマイナス要因であると指摘する。……ただし，急成長企業調査から得られる全体的な印象としては，こうした企業にとって，事業環境は大きな問題となっていない。これは急成長企業が障害を乗り越えることのできる能力を示していることでもある。とはいえ，その他の企業にとって，事業環境を改善する政策は成長を促すことにつながると思われる」。EIM, *Fast Growing Companies : The Netherlands and Europe*, Zoetermeer, 1997.

30) EIM は欧州各国での取り組み状況を「多くの国では委員会を組織し，行政負担の現状分析を如何にどこで行政負担を軽減するかについての勧告案を作成している。最も一般的な最初の取り組みは，新規規制や課税制度の変更によって課される行政負担」であるとした上で，最終的には現行の複雑な税制度とこれに付随する企業における事務負担などの軽減につながる単純な制度に変更することが模索されていると指摘した。EIM は特に中小企業への規制負担が大きいことを強調している。EIM, *The State of Small Business in the Netherlands*, 1995, Zoetermeer, 1995, p. 71.

よって運営されている。この分野の研究者や投資仲介ネットワークの運営担当者などは，外部の資金援助なしには，これを運営することは非現実的であると考えている。勿論，監査法人や銀行などの金融機関が行う営利目的の投資仲介ネットワークも存在するが，それは親企業のミルク補給があり，その業務だけで収益を上げているものは，ほとんどないのが現状である。」[31]

もっとも，失業問題の改善には新規開業促進とその初期段階におけるビジネスエンジェルのような存在，技術開発型中小企業とベンチャー資金との連携促進によってのみ達成されるだけではなく，ビジネスリンクスのような公的中小企業支援機関（経営指導や情報提供機能など）の投資仲介というネットワーク機能が注目されるようになってきた。雇用創出力からすれば，米国のレーガニズム[32]に呼応して英国においても，「新企業に焦点を絞られたのは，1980年代を通じてサッチャー政権の自助原則と起業が積極的に結び付けられ」[33]，起業促進あるいは起業家育成のための政策は，小さな政府の命題ともあいまって市場原理主義と自助精神を強調した極めて政治色の強い政策を形成していった。

この点，従来の「既存の中小企業は政治的に魅力的でなかった」[34]という英国の研究者の指摘は含蓄に富む。新規企業は初期段階が少人数（大半1〜2人）であるがゆえに，その後の雇用面での成長性が大きいようにみえるが，少し長い期間をとれば倒産や事業解散，成長が緩慢となることも多く，その雇用創出力が過大に評価されているという批判も一方に根強くある。既存中

---

31) 前掲『ビジネスエンジェルの時代』p. vii.
32) 米国レーガン政権下の中小企業政策の展開についてはつぎの拙著を参照。寺岡寛『アメリカの中小企業政策』信山社，1990年。
33) David North, David Smallbone, *The Role of Established SMEs in Regional and Local Economic Development : A Case of Neglect?*, Robert Blackburn, Peter Jennings, *op. cit.*, p. 88.
34) *Ibid.*

小企業の安定化がもたらす雇用維持力あるいは追加雇用もまた重要であり，既存中小企業を対象とした政策の必要性は減じてはいない[35]。既存中小企業の雇用保持力によって，失業保険などの社会保障関係費の増大が防がれている側面もあるわけであり，事実，雇用政策あるいは労働政策の一環として中小企業への補助金や税制優遇措置が実施されている国もみられる。

つぎに，中小企業個々の経営管理水準の改善を中小企業政策の対象とすべきかどうかという点について各国の考えと取り組みをみておく必要があろう。特に重視されてきているのは人材育成制度の充実である。製造業では技術革新が激しく，それだけに技術者教育の問題が出てきている。ベルギーやドイツでは，中小企業の従業員教育に対する補助金が導入されているし，また，英国でも訓練・企業協議会（Training and Enterprise Councils, TECs）を通じて中小企業での人材育成を促進しようという試みも行われた。また，技術革新は中小企業個々の対応では困難な面も多く，中小企業と大学，公的研究機関とのより密接なネットワーキングの育成と[36]，これを支える金融，税制面の支援を充実させていこうという動きも活発化してきた。

北欧諸国をはじめ英国，ドイツ，フランス，オランダなどでも大学や公的研究機関の研究成果や保有特許技術を如何に効率的かつ短期間に中小企業に移転させるかをめぐってさまざまな政策が導入されてきた。オランダの場合では，1980年代末に技術革新センターネットワーク構想が実行に移されてきた。同国経済省はこの構想の導入により，中小企業経営者における技術情報入手の遅れと，入手方法についての知識を欠いている現状を，最新技術情報をもつセンターとこうした中小企業との間にネットワーク関係を構築するこ

---

35) 既存中小企業での雇用成長率の時系列推計は必ずしも容易ではない。この背景の一端には大企業の雇用削減がある。つまり，大企業がその事業縮小による雇用削減を通じて，一端は中小企業の「中」の範疇に入り，好況期にまた追加雇用することで中小企業の雇用創出力が実質以上に過大評価されている場合が報告されているからである。こうした推計のテクニカルな問題についてはつぎの報告書を参照。EIM, *Job Creation by Size Class : Measurement and Empirical Investigation*, Zoetermeer, 1996.

とによって改善することを狙った。経済省は各地域の技術革新センターに対して，中小企業への指導費用に関してその一部を負担するなど助成を行っている[37]。北欧諸国のうち，フィンランドでは工業大学の周辺に整備されたサイエンスパークには公的研究機関，技術革新促進センター（いわゆる技術移転機関）やビジネスインキュベーション施設を配置して，中小企業との技術連携，新規開業への助成など活発な動きがみられてきた[38]。ドイツでもまた工業大学の保有技術の移転にも力が注がれてきている[39]。

---

36) ネットワーキング構築の重要性はなにも技術開発促進のためだけでなく，各国ですでに導入されているさまざまな中小企業助成制度の普及，浸透を図る上でも大きな鍵を握っている。Gunn等の調査結果は英国でのビジネスリンクや訓練・企業協議会の成功もまたこの効率的なネットワーキングの構築如何にかかっていることを示唆している。Susan Gunn, *The Impact of Small Business Development of A Dedicated Intermediary Networking Resources within TECs and Business Links. Ibid.* なお，欧州各国における研究開発投資の割合の構成比率についてみておくと，民間企業優位型と政府主導型（大学分を含む）に大別できる。前者がドイツ，フランス，ベルギー，英国，北欧諸国などであり，後者がギリシア，ポルトガルなどである。大学が大きな役割を果たす国としてはオーストリア，ギリシア，ポルトガルがある。企業規模別にみた研究開発活動は，大企業になるほど各国ともに投資比率が高くなる実態が報告されている。したがって，公的研究所や大学保有の特許技術は研究開発成果をいかに中小企業での実用化・事業化に結び付けていくかが重要な課題となっている。ネットワーク組織の構築が欧州各国で重要視されている背景の一端がここにあることはいうまでもない。

37) The Ministry of Economic Affairs of the Netherlands, *The Innovation Centres Network of the Netherlands*, Den Hague, 1997. なお，オランダ経済省の中小企業政策の全体的概要については，つぎの資料が有益である。Minissterie van Economishe Zaken, *Running a Business in the Netherlands : Information on Laws, Business Schemes and Advisory Services*, Den Hague, 1996.

38) フィンランドの事情に関してはつぎの報告書などを参照。寺岡寛「フィンランドの中小企業政策―ハイテク振興策を中心に―」大阪経済大学中小企業・経営研究所『中小企業季報』No.3, 2000年10月。寺岡寛「フィンランドのハイテク中小企業政策」中京大学・中小企業研究所『中小企業研究』No.22, 2000年。

39) ドイツのこうした事情についてはつぎの拙稿を参照。寺岡寛「ドイツ企業者教育事情瞥見」大阪経済大学中小企業・経営研究所『中小企業季報』No.4, 2000年1月。

他方，金融や税制面に関しては，オランダのように研究開発技術者の給与に関する税控除制度を導入した事例や，個別企業に対して一定額までの研究開発費に控除枠を設けたアイルランドのような事例もある。公的融資制度に関しては，事実上の補助金的性格に近いものから低利融資制度を採用している国までさまざまな制度が組み合わされている。

　ネットワークが構築され，金融・税制面の制度が整備されても，より重要なことは新規企業や既存中小企業の研究開発や新規事業を担う人材をいかに育成するかである。とくに起業家育成，その予備軍をどのように育成していくかに大きな政策的関心が寄せられてきた。いわゆる起業文化や企業文化を大学など高等教育機関，さらには中等教育機関に如何に根づかせるかという政策課題でもある。英国，ドイツ，スイス，オランダ，デンマーク，スウェーデン，フィンランドなどの諸国では大学のみならず，商業会議所などでも大学生，社会人を対象にした種々の起業セミナーが開催されるようになってきた。さらには，開業後の新企業家を順調に育て上げ，生存させるかという「アフターケア」についても，デンマークのように情報提供や経営指導を行うような制度整備を行った国もみられる。こうした創業後の公的支援サービスはその形態や内容は異なるとはいえ，各国でも大なり小なり実施されてきている。

　最後に中東欧諸国の中小企業政策の動向に簡単にふれておく。この地域については，欧米諸国の援助によって，さまざまな援助国の中小企業助成制度が移植されてきた。これは欧州各国の制度定着の歴史的な経緯や経験を踏まえて順次導入されたわけではなかった。つまり，それはいろいろな国のいろいろな制度がその援助支援策が時に応じて中東欧諸国に行われ，そうした援助の実施に沿って導入されてきたのが実態であった。したがって，制度間の整合性は必ずしも良くない。また，より本質的な問題は，西側諸国の市場経済制度を背景に導入されてきた種々の政策や制度が，当該国の市場経済制度の発達をみないままに摸倣されただけに，実際には市場経済制度の機構は働かず，中小企業の成長がむしろ阻害されるという皮肉な結果もみられてきた。

援助でなく，まずは新規開業あるいは中小企業の成長を促す会社法，商法，税法（政府による課税原則の明確化も含め）の整備，会計原則の確立，さらには民間金融証券市場の創設とその健全な発展をどのように図るかが，中小企業政策よりも先行されるべき政策課題となっている。

第5節　比較と視点

　前節で，欧州諸国における昨今の中小企業の課題と政策を概括した。一般に政策分析には3つの視点からの接近が不可欠である。一つめは法制（法律，施行規則，運用規則の制定と運用，具体的助成制度）の実態，二つめは組織（中央政府あるいは地方庁の政策立案，政策監督，政策実施に関わる機関），三つめは予算（現実に全体予算の中でどの程度の割合を占めているのか，あるいは，たとえば，農業政策との関係ではどのような比重を占めているのか。また，予算額の推移状況）からの接近である。

　第一番目の法制整備については欧州統合というより大きな経済単位の成立の一方で，各国の政策当局は地域経済への影響に大きな関心を示しつつ，地域雇用の維持と創出に大きな鍵を握るのは中小企業であり，既存中小企業の安定も勿論ながら，既存中小企業層は常に新規開業によって補充される必要があることの認識をますます強めてきた。こうした政策とこれをささえる第二番目の点である組織の整備の一環については，すでに概観したとおりである。経済の国際化あるいは諸国間の経済活動の緊密化により，欧州諸国あるいは日本でも問題認識の共有化と，政策面でのいわば均一化または収束化がみられてきたといってよい。

　制度からみる限り，欧州内あるいは欧州諸国と日本の彼我の相違がそう目立っているわけではない。かつて日本の中小企業政策体系で特徴づけられた政策論理は，一国という国レベルの視点ではともかくとして，各国（欧州諸国だけでなく，米国も含め）の地方庁での地域経済政策あるいは中小企業政策において見出し得る。さらに，制度比較という点では，欧米諸国や日本，本

章で少し取り上げた中東欧諸国,それに経済的離陸を終えたアジアのかつての中進国といわれた韓国や台湾,また,中進国に格上げされつつあるタイなど,また,最近ではベトナムなど,あるいはアジア最貧国に位置する南アジア地域のバングラデシュにおいてさえ,きわめて近似的な制度の整備がみられる[40]。

　つぎに第三番目の予算面から接近である。中小企業政策関連費については,中小企業は企業数の圧倒的多数を占めるゆえに,多数の国でその予算的措置が論議を呼んできた経緯がある。各国とも『中小企業政策のあらまし』といった印刷物を充実させてきたが,その予算面でのデータは必ずしも詳細ではない。また,記載されていても,それがどの程度,中小企業政策関連をカバーしてきているかは明確ではない。これは地域のインフラ整備関連費についてみても,その地域でこうしたインフラ整備の恩恵をうけるのは中小零細企業であるし,また,労働政策予算についてもその実質的対象は中小零細層であることも多く,中小企業政策全体予算として積算していくことは容易な作業ではない[41]。一見,農業政策が予算面で中小企業政策費に比べてその対象人口比からして多いような印象を受けるが,農業対策費は国によってかなり広範囲な費目をカバーしていることもあり,中小企業政策と農業政策の予算面での比較は慎重を要する。

　いずれにせよ,中小企業振興は欧州各国などの重要政策となってきた。この背景には,すでに何度も強調したように,欧州統合という経済環境変化のなかで,一方において国内産業の国際競争力強化,他方において地域経済の活性化という課題の同時達成という政策課題がある。この二つの政策課題の交差点に中小企業政策が位置づけられている。この方向は規制緩和(各国の実情を見る限り,これには中小企業振興や新規開業促進という側面と,すでに優位にある大企業による中小企業の排除という二律背反的効果があることに注意を

---

40) アジア諸国の中小企業政策についてはつぎの拙稿を参照。寺岡寛「アジアの中小企業点描—ベトナム・バングラデシュ事情—」大阪経済大学中小企業・経営研究所『中小企業季報』No.3, 1999年10月,「タイの中小企業政策」No.2, 2000年7月。

払っておく必要がある), 技術革新促進 (サイエンスパークなどの整備を含む), 人材育成, 産官学の情報ネットワークの構築, ビジネスエンジェル支援と金融・税制面での優遇措置等々の面で, 各国ともに取り組んできた経緯があった。この近似性についてはすでに指摘した通りである。

では, 政策面における近似性, 均一性, 収束性は政策効果の上でどういった差異を生み出すのか。第1章の「中小企業政策の基礎概念」で整理しておいたように, 中小企業政策はその対象となる中小企業数の「膨大性」, 産業面での「広範囲性」, その対象となる層の選定における「芒洋性」のために, 本来的にはその予算を常に拡大させていく内包的論理をもっている。しかしながら, 1980年代以降の「小さな政府」という至上命題の下で, 各国政府もいわゆるバラマキ行政的に中小企業政策を実施していくことなど困難である。この意味では, 中小企業政策においては, 一層明確な政策目標の設定と具体的な助成措置における効率的基準の採用が重要視されてきているのは, 日本のみならず多くの国に共通する。

このように, 中小企業政策の国際比較のためには, 第一の視点である法制やその下での制度整備, 第二の視点である政策立案・監督・実施の機構, 第

---

41) 中小企業政策が地域政策, あるいはその実質的中身である産業政策, さらには労働政策(雇用対策)と重なる領域は極めて大きい。たとえば, 辻は1980年代の欧州諸国の地域政策を「雇用と関連づけた助成制度が重要であった国は, フランス, イギリス, イタリアの3か国に止まっていた。その他の国々ではその制度はそれほど重要ではなく, 雇用と結びつけた助成措置は, サービス活動を対象とするか (ドイツ, アイルランド), 小企業を標的とするものであった」と振り返る。辻悟一「EU諸国の地域政策―産業助成措置の方向―」『経済学雑誌』第97巻第5・6号, 1997年3月。また, 雇用政策と中小企業政策との重なりに関しては, 第4回の『欧州中小企業白書』の冒頭でのつぎのような政策課題の提示は昨今の欧州諸国における政策的関心の所在を示している。「中小企業は純雇用創出に平均以上に貢献しているが, 雇用の多くは新規産業での比較的一部の急成長企業に起因している。したがって, (雇用創出という―引用者注) 社会的目標はすべての企業を対象とした政策か, あるいは一部の急成長かつ革新的な企業に焦点を絞った政策によって最もうまく達成されるのかどうか……」。EIM, *The European Observatory for SMEs, 1996*での欧州委員会・企業政策等担当委員による序言。

三の視点である予算といった面を明らかにすることが依然として前提作業となってはいる。ただし，中小企業政策の国際比較には第四の視点も必要となってきている。これはある意味で従来からの正統的な方法である歴史的視座からの接近である。これには当該国中小企業の活動の場である国民経済の発展のあり方，中小企業者をめぐる社会的価値観，中小企業政策をめぐる社会的規範，政策形成における政治過程などを丹念に歴史的に探っていく作業が不可欠である。つまり，これらは政策における目標の設定と手段の選択に関わり，その国での実際の政策の底流にある政策思想や政策論理を知る上でも重要な分析課題である。たとえば，手工業的伝統をもつ社会とこの部門を対象とする政策立法が生み出されてきた国と，こうした伝統をもたない国においては同じような中小企業政策が導入されても，その受容結果は異なることが予想される。

　これは同じ欧州諸国といえども，ドイツやフランス，英国など北の地域と，経済状況や産業構造が異なるポルトガル，スペイン，ギリシアなど南の地域とでは，近似的な助成制度が導入されても，その政策効果は必ずしも同一のものではありえない。また，昨今，欧州西側諸国のさまざまな中小企業助成制度が導入されてきた中東欧諸国でも，その定着過程はドイツやイタリアなどとは当然異なるであろうし，必然，その及ぼす影響もまた同一ではない。比較中小企業政策論では，こうした歴史的接近を軸とすることで，先述の三つのレベルでの接近方法による研究成果が実際の政策立案にあたってより有効に利用される可能性が高まる。

終　章　中小企業政策と政策論理

　以上，本書ではわが国中小企業政策の歴史，政策論理の基礎概念，国際比較という次元での政策特徴を探った。最後に問うべきは，日本の中小企業政策はどこへ向かうのか，日本の中小企業政策は今後どうあるべきなのか，ということになる。この課題を検討することは，とりもなおさず，中小企業政策の目的と役割を改めて問い直すことでもある。同時に，その有効性と限界性を問い直すことでもある。

　このためには，中小企業政策というものを政策段階別にとらえなおすことが必要である。第1図はその一つの試みである。政策領域と内容は第1表に示した。一国の経済発展促進の第一段階はより広範囲の政策となる。この段階では，社会構成員の意識変革，これを制度的に促す教育制度，国民教育あるいは初等教育制度の整備，政府組織や経済活動に関わる法整備，さらにはさまざまな社会基盤の整備が必要とされる。こうした政策的取り組みは，日本のみならず多くの諸国で共通してみられる特徴でもある。

　第二段階は広義の政策段階である。ここでは，財政政策や金融政策といったマクロ政策の立案と実施により経済発展がはかられるばかりでなく，技術者や技術などの普及を図る指導者の育成を目的とする中高等教育の整備や拡充が為される。また，企業活動を支えるとともに，企業間の取引などの経済活動を円滑化する種々の基準（会計基準など）が整備される時期でもある。これもまたわが国の歩んだ道でもあり，ここでは明確に中小企業を意識した政策はまだ登場しない。

第1図　政策段階・領域と中小企業政策との関係

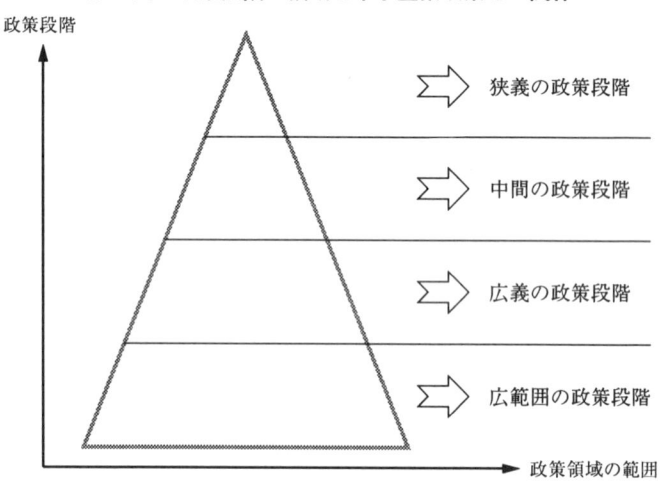

政策段階

⇒ 狭義の政策段階
⇒ 中間の政策段階
⇒ 広義の政策段階
⇒ 広範囲の政策段階

→ 政策領域の範囲

第1表　政策段階別における政策領域と具体的政策

政策段階	政策領域と具体的政策
広範囲の政策段階	社会構成員の意識変革 初等教育制度の整備 政府組織や法体系の整備 社会基盤の整備
広義の政策段階	中高等教育制度の整備 マクロ経済政策 経済諸制度（会計基準なども含む）
中間の政策段階	高等教育・専門教育制度の充実 政策浸透のための行政制度の整備 産業政策 ミクロ政策（＝企業政策）
狭義の政策段階	起業環境の整備 地域経済政策 企業規模による不利の是正 競争政策と市場ルール監視

中小企業政策，日本においては小工業政策が行政府あるいは立法府において実質的に意識され始めるのは，第三期の中間政策段階であった。時期的には序章「中小企業問題と政策認識」や第2章「中小企業政策と政策構想」で取り上げた大正期といってよい。この段階では，高等教育や専門教育制度の充実や政策浸透のための行政機関などの整備が行われるほか，産業政策が強く押し出される。かつて商工官僚の吉野信次が大正期に取り組んだ工業政策は，わが国の重要かつ中核的な輸出産業である中小工業性業種を対象とした。

　日本経済の近代化にとって必要不可欠な技術，資本・中間財あるいは素材を輸入するには，貿易収支の改善に現実的に寄与しうる繊維や雑貨といった中小工業（実態的には，小規模家内工業といった方が妥当である）政策は産業政策でもあった。これは日本のみならず，途上国やあるいは中進国でもいまなおみられる特徴でもある。したがって，ミクロ政策（＝企業政策）としての中小企業政策の対象と範囲は産業政策ときわめて多くの局面において重なる。

　こうして段階別にみると，わが国の第二次大戦の敗戦から戦後復興期にかけての時期も広範囲の政策段階，広義の政策段階，中間の政策段階を短期間に駆け抜け，高度成長期には中間の政策段階に達していたと解釈できよう。ここでも中小企業政策は必然，産業政策と重なり合う部分が多かった。ただし，重点産業分野は戦前や復興期の繊維や雑貨から，機械金属分野へと移行した。吉野等の時代の政策立案手法や制度整備といった政策スキルはその人材とともに継承された。これは第2章で論じたとおりである。

　しかしながら，わが国の中小企業政策は，序章でも述べたように，敗戦による米国占領政策と米国型政策論理の注入によって転換時期を迎えていた。必然，それは戦後復興期の米国型論理と高度成長初期の戦前型論理との角逐の下でその方向が与えられてきた。この機軸の一つはわが国の中間政策段階で経験した産業政策論理であった。途上国と先進諸国の中間にあった高度経済成長の一時期までの経営資源の制約があるなか，この政策論理は通産省などの政策主体が掲げる望ましい産業構造を念頭においた産業政策の下部あるいは補完的政策（＝中小企業政策）としてそれなりの効果を収めたといえる。

それなりの効果を収めたことには，つぎのいくつかの前提があった。

① 通産省の掲げた政策目標が受容される経済社会的条件の存在——外貨などの制約などにより，さまざまな経営資源を自由な市場競争に委ね効率的な配分を達成するよりも，政策主体の優先順位表（＝産業政策）による資源配分の有効性への社会的認識（＝コンセンサス）が広く各方面に共有されていたこと。

② 繊維・雑貨型から機械・金属などの加工組立て型への産業構造転換——比較優位視点を前提にして，産業政策における産業別優先順位の社会的認識があったこと。

問題はこうした前提が高度経済成長の終焉後に崩れつつあったにもかかわらず，従来型の政策が継承され，政策自体が新たな問題を生み出したことであった[1]。つまり，第1表に示したわが国の政策段階からみれば，狭義の政策実施の転換時期でもあったといえよう。①の点についてみれば，工業化から脱工業化，あるいは経済のサービス化・ソフト化が進展したこと。②についてみれば，貿易摩擦で象徴化されたように，世界経済との連動において水平分業的な産業構造への転換が遅れたこと。明らかにそれぞれの時期に政策の転換がはかられるべきであった。

狭義の政策段階への転換が遅れた背景には，政策における文字通りの政治の側面，すなわち，一党長期政権（もちろん，与野党伯仲や連立政権の時期もあったが，基調として）による政策利害関係の固定化と慣性力があった。必然，政策転換の政治コストは高いものと認識された。たとえば，政治的コストの政府負担能力の面からみれば，国際競争力の低下が著しい分野の「振興」はすでに困難となりつつあったなか，不況カルテルの維持や補助金政策なども袋小路にあった。しかも，国内不況期に組織されたカルテルもまた，

---

1) 中小企業政策の場合もそうであるが，この導入とその展開には三段階があることは第1章で述べた。だが，歴史的には，これにもう一段階を加えた方が妥当である。それは，政策の「慣性期」である。つまり，一度導入された政策は往々にして，その対象とした経済環境が変化したことで，その必要性が減じて後でも継承される傾向がみられることである。

自由貿易体制をとる限り，あるいは，経済のグローバル化（ここでは日本企業の外国投資によるブーメラン効果も含み）の下では実質的な効果など現実にはもてなくなってきた時期でもあった。

　では，この段階での中小企業政策はどうあるべきなのか。つまり，この問いには，すでに第4章の「中小企業政策と国際比較」などで指摘したように，つぎの二つの要素を考えておくことが重要である。一つめは政策対象として中小企業の数が多いことである。つまり，政策対象の「絶対的多数性」。二つめには，この中から政策目標に合致する政策被対象層を選択することの困難性である。ここでは，政策対象の「不特定性」と呼んでおく。本来なら，これに要するモニタリングコスト，さらに選考コストは膨大であるはずである[2]。

　したがって，中小企業政策はこれら「多数性」と「不特定性」という要素により市場機能重視の政策論理を本来的に取り込まざるを得ない。これは個別中小企業を対象とするのではなく，不特定多数の中小企業を対象として，多くの中小企業が市場でその潜在的可能性を十二分に伸ばしうる余地を与えうる市場ルールの設定と監視（＝モニタリング）に関連した中小企業政策を必然化させる。これはまた反独占，あるいは不公正な取引を防止しつつ，有効な資源配分を促進する競争政策型論理を重視した競争政策でもある。このためには，状況対応的な不透明な行政指導でなく，原理・原則性のある市場ルールが提示されねばならない。

　では，産業政策型論理はどうか。これは従来の直接的助成措置によって誘導することでなく，公的情報サービスの提供という面で民間側の主体に委ね

---

2) 政策については，その広報をより積極的に進めるべきだという意見がある。これは政策窓口担当者では常識的なことであるが，そうすると融資制度の場合，融資申請者の数は膨大なものになり，これに要する人員や予算もまた膨大なものとなる。現在の中小企業庁や実際にその法定事務（以前の機関委任事務）に関わる都道府県商工労働部の関係各課の人員では，どうてい処理できない。中小企業部，あるいは中小企業局という単位での行政処理を必要とする。

た上でその重要性を増すであろう。公的情報サービスは経済官庁や中小企業庁が有するさまざまな経済情報のほかに，民間機関との連携を促進する種々のネット情報なども含む3)。

　他方で，市場重視型の政策は市場の失敗問題をどうするのかという課題を抱え込む。これには二つある。一つめは市場への参入条件や退出条件が社会的不公正のために歪められている場合。二つめはいわゆる情報の非対称性による競争条件の不均衡が発生している場合。これらについては，是正のために政府の直接介入が，期間を限定した上で，競争政策の観点からも肯定されうる。こうした措置は起業促進のための市場環境整備や企業規模による不利の是正にもつながる政策でもある。

　にもかかわらず，市場での調整には退出者が伴うであろう。これには，失職者などの再訓練や教育など効率的な社会的システムの構築が必要となる。ここでは本来の体系・整備された社会政策（社会保障，年金，健康保険など）があり，中小企業政策はここへリンクさせた形で再構成される必要がある。

　さらに中小企業政策は地域経済政策としても重要性をもつ。これは第4章でも指摘した。欧州各国でもそうであったように，また，現在もそうであるように，経済のグローバル化の中では地域の実情に即した機動的なミクロ政策としての中小企業政策をどのように整備していくかがますます必要となる。ここで鍵を握るのは，かつて昭和30年代後半までわが国中小企業政策の立案に大きな役割を果たした大阪府立商工経済研究所のような地域経済調査機関の存在と機能である。経済のグローバル化の一方で，地方自治体はこうした機関の提供する中小企業実態に関する正確な調査結果に基づき，政策立案を行い実施することがますます重要となってくる。

　3）　この点に関しては，1990年代の米国中小企業庁のITによる情報化への取り組みがわが国にとっても参考になる。詳細はたとえばつぎの文献を参照。Sheldon Snook, *Small Business ; America's Engines of Growth*, Small Business Monograph Series, No. 14, 2000.

あ と が き

　本書はわが国中小企業政策の歴史的経緯を縦糸として，横糸に現在の中小企業政策の課題と今後のあるべき方向を織り込んだ。こうして織られた本書のモザイク柄は必ずしも均整の取れたものとはなっていないかもしれない。

　これにはそれなりの理由がある。終章で展開したように，中小企業政策に限らずさまざまな政策は，その社会のもつ経済発展の段階に固有の問題や課題へ対応した結果の産物である。とはいえ，政策の特徴をその時期ごとに一線を画し，鮮明に描き出すことは必ずしも容易なことではない。政策には必ず歴史的慣性作用ともいうべきものがある。

　われわれはそれまでの価値観を一定期間，時には極めて長期間にわたって保持する。これと同じで，政策もまたその有効性を喪失しても継承される場合が多々ある。序論で中小企業政策の歴史を振り返ったのは，この歴史的慣性作用の経緯をふりかえるためでもあった。現在を知り，将来を計るには，過去を知り尽くす必要がある。政策研究は政策史を前提とする。

　既述のように，第二次大戦後わが国の中小企業政策には戦前にみられなかったような制度がある。だが，この底流には吉野信次等の商工官僚が取り組んだ中小企業問題とその是正・解決策としての中小企業政策に連なる政策思想や政策論理があった。当時，問題視された中小企業の存立に関わる諸問題は，戦後復興期や高度経済成長期にもみられたし，必然，こうした問題への接近方法や制度整備には戦前における様々な試行錯誤と行政経験が生かされた面も多々あった。

　反面，戦後日本経済，あるいは，これを取り巻く世界経済には新たな動きも付け加わってきた。ゆえに，従来型中小企業政策も変容を迫られてきた。これは欧州諸国でも同様であり，欧州統合という一層大きな経済単位が生ま

れ，その競争と共存という仕組みの中で，地域経済重視の政策の必要性が他方で浮上してきたのもこのためであった。中小企業政策もまたこの中で変容せざるを得ないし，また，各国で変わりつつある。各国経済がこれほどの緊密性をもってきたいま，中小企業政策は一方で地域経済という狭い経済単位で，他方においてより広い経済単位の範囲でとらえる必要がある。

　要するに，中小企業政策に関する私の観察ではつぎの２つの政策傾向がみられる。すなわち，一つめは，中央政府レベルで広範な経済競争単位を考慮しつつ，より一層のマクロ的な視点から市場ルールの形成と監視といった点がますます重視されてきたこと。二つめには，地域経済レベルでは，地域経済活性化を目的としたより現状に即した政策立案とその実施の必要性を重視せざるを得ないこと。さらには政策効果のモニタリング（観察）機関の充実という課題が重要となってきた。ここではグローバル，セントラル，ローカルという視点から中小企業政策をとらえる必要がある。

　政策の歴史，政策立案での重要人物，さらには，戦後の地方調査研究機関の活動，そして欧州諸国を中心とした中小企業政策の比較という本書の章立構成は一見，取り上げた時と空間においてやや突飛な感じを与えたかもしれない。だが，以上のことを考えつづけた私の思考結果としてのモザイク模様である。

　とはいうものの，今回もまた多くの検討課題を積み残しての脱稿となった。この一つはわが国中小企業政策の今後を考える上で，より多くの国の事例とその歴史的経緯を検討したいと当初は企画したが，個人の能力と時間的制約で断念したケースが多々あったことである。特に，最近はタイでも中小企業政策が整備されつつあるし，また，ベトナムでもさまざまな政策が模索，実施されるようになってきた。

　さらには，旧ユーゴスラビア諸国でも戦後復興に果たす中小企業の役割に注目し，中小企業政策の立案を図っているボスニア・ヘルツゴビナなどの地域もある。私自身，ここ５年来，このような地域を訪れ，中小企業政策の関係者にインタビューを続けてきた。だが，未だに中小企業政策という大きな

枠組みに各国の取り組みをまとめ上げるほどの力を私はもちえていない。今後もこうした諸国での政策展開に注目しつつ，現地でのフィールドスタディーを重ねて，私自身の比較中小企業政策論の領域としていきたい。

　二つめは従来の中小企業政策の評価・再評価に関するものである。ある時期の中小企業政策がある程度の効果を収めたとしても，それが中小企業政策固有の政策効果であったのか，あるいは，当時のマクロ政策の効果であるのか，同時並行的に進行していた他の政策との複合的成果としてなのか，または，経済環境それ自体の改善によるものなのか等々，中小企業政策の効果測定についてどのような方法論があるのか。これについても取り組む必要がある。ここ10数年来，いろいろな側面からこの研究課題を考えつづけているが，まだ，私自身よくわからない。私にとっては引き続きもっとも重視すべき大きな宿題である。

　三つめは，特に制度面と運用面（組織も含む）から他の国との比較を通じて，いったいわが国の中小企業政策のどこが共通していて，どこが異なるのか。このことである。わが国中小企業政策の制度史についても機会があればまとめたいと思っている。ややもすれば，制度史は退屈極まりない分野のような印象を与えるかもしれない。だが，制度分析はその国の政策理念を知る上で意外と早道である。これは日本の中小企業政策に取り組む前に，米国の中小企業制度史に10年ほど関わった私の経験則でもある。比較制度史もまた私に残された宿題である。

　牛歩であっても，こうした課題を追って今後ともなんらかの成果を発表していければと思っている。

【索　引】

【事項索引】

【あ】

愛知県商工経済研究所（愛知県経済研究所）
　141
アウトサイダー（規制）　49, 108
アジア諸国　192
アジアNIES　29
アセアン諸国　29
一党長期政権　216
インフォーマルインベスター　198
インナーサークル　133, 134
営業税　42
営業収益税　12
エコノミスト　2
大阪経済　145, 170, 185
大阪経済調査会　143
大阪産業　182
大阪府経済部　140
大阪府産業再建審議会　140
大阪府産業推進本部事務局　140
大阪府中小企業不況対策審議会　184
大阪府（立）商工経済研究所（商研）
　140, 182, 185, 189, 218
大阪府立労働科学研究所　143
大蔵省　33, 49, 61
欧州諸国　192, 193, 207, 209
オランダ経済省　194
オランダ中小企業研究所（EIM）　195

【か】

海外生産　189
科学的諸管理手法　64
革新支援　40
寡占化　28
過当競争　47, 100, 134
家内工業　26, 27
為替ダンピング　72
カルテル　72, 78, 103, 105, 107, 189, 216
勧業銀行　80
関税戦争　71
関東圏経済　170
関東大震災　33, 119
機械制生産　27
規格統一　64
企業系列化　173, 177, 183
企業合同　72
技術開発型中小企業　40
技術革新　156
技術指導　31, 180
規制緩和　209
教育改革　36
九州経済調査協会　143
行政指導　89
競争政策型論理　217
競争促進政策　56
協調会　1
京都府労働経済研究所　143
協同化　155
共同事業　127
金解禁　34, 64
近代移植産業　2
近代化（政策）　29, 114, 133, 156, 157

2　索　引

近代思想　112
金融恐慌　33,42,119
金融助成　43,129
金融政策　56,124
金融問題　32,33,122,130
組合金融制度　80,128
組合検査　88,101
軍事型国家　39
経営合理化　46,127
経営（改善）指導　131,180
経済企画庁　185
経済審議会　174
経済復興　46,143
経済のサービス化・ソフト化　216
経済優先型国家　39
憲政会　111
五・一五事件　65,119
工　業　28
興業意見　30
工業組合　21,22,65,89,90,91,94
工業組合連合会　93
工業政策　60,69,91
工場統計　2
工場制工業　41
工場制下請（工業）　151,182
工場生産　86
公職追放　44,133
公正取引　180
公正取引委員会　37,38,184
高度経済成長（期）　10,39,139,158,160,169
後発国　25
広範囲性　55,57
合理化カルテル　38,133,134
小売商法案促進協議会　50

国際化　202
国際博覧会（万国博覧会）　62
国際比較　191,210,217
国産品愛用運動　64,70,100
国産奨励化（運動）　83,84
国際競争力　194,209,216
国民金融公庫　137
国家主義　131
国家統制　104
個別助成（ミクロ）政策　55
雇用問題　194

【さ】
サイエンスパーク　199,200,206
財政政策　56
財閥解体　36,44
在来企業家　41
在来産業（工業）　2,74,116
サービス業　28,55
雑　貨　82,215
産業構造（転換）　40,60,176,190,195
産業構造高度化　174,184,193
産業合理化（政策）　34,64,69,74,80,82,84,100,109
産業合理化審議会　134,137
産業政策（型論理）　9,10,16,22,23,35,130,133,156,189,194,215
産業政策型理念　40,180,181,217
産業組合　12,91,97
産業統制　20,64,100
三税（営業税，織物消費税，通行税）　42
事業税　50
四国地方総合開発調査所　143
市場経済体制　192
市場競争原理　40,204

市場原理　204
市場重視　218
市場の失敗　218
市場ルール　56
下請・外注関係　147, 151, 156, 169, 174
下請工業　154
下請工場　153
下請問題　183
失業問題　12
実業組合連合会　43
質的定義　54
指導政策　35
資本論　7
自民党　54, 137
自民党中小企業振興議員連盟　137
自民党中小企業基本政策調査会　137
社会政策（論理）　17, 22, 23, 39, 129, 130, 180, 181, 218
社会政策型理念　40
社会政策時報　5, 11, 15, 67, 74, 121
社会主義運動　82
社会主義思想　4
社会党　49
社会福祉政策　26
手工業　27, 28, 41, 211
小（規模）経営　2, 9, 28
商業　28, 55
商工官僚　134
商工組合　47, 49, 51, 95
小工業（問題）　2, 15, 17, 18, 20, 68, 123, 125, 215
所得倍増計画　168, 174
重化学工業化　46, 176
自由競争　21, 37, 129, 184
自由公正取引　176

自由主義（経済）　15, 35, 78, 119, 120
自由民権運動　41
情報の非対称性　218
重要産業統制　109
シュルツ型信用組合　124
商工会議所　12
商工協同組合　4
商工協同組合中央会　135
商工組合中央金庫　34, 135, 138
商工会　50
商工省　8, 63, 109, 132, 133, 134
商工審議会　63, 97
商工相談所　127
昭和恐慌　11, 12, 21, 34, 42, 119, 125
殖産興業　74
助成制度　190
しわよせ　176
人口（過剰）問題　15, 17, 19, 20, 21, 130, 148
新技術型企業　196
新産業　195
信用組合　80, 125
信用調査機関　128
信用保証　126
政策　25
政策研究　25
政策論理　11
製糸（生糸）　83
税制審議会　137
政治的圧力団体　41
政治的調整コスト　56
政党内閣　111
政府の能力　55, 57
製品検査制度　88
青年団運動　117

4　索　引

政友会　109, 111
世界恐慌　33
設備近代化　156
繊維　82, 108, 149, 215
全国小売市場総連合会　50
全国商工業者大会　42
全国商業会議所大会　42
全国中小企業等協同組合中央会　137
全国中小企業団体協議会（全中協）　45
全国中小企業団体総連合　137
戦後中小企業政策　108
戦後復興期　158
戦時経済体制　33, 34, 133
戦時生産　35
戦前型中小工業政策　108
先発国　25
全商連　50
全日商連　50
ソシアル・ダンピング（問題）　13, 15, 17, 21, 72
組織化（運動）　41, 44, 108, 155, 156
租税問題　6
粗製濫造（問題）　9, 29, 34, 74, 99, 100, 125, 131
損失補償制度　126

【た】

第一次大戦　63
大企業　28, 172, 177, 192
大工業　3, 83, 86, 92, 102
第三次産業　192, 195
大正デモクラシー　4, 5, 7, 60, 109, 112, 116
対症療法的対応策　25, 59
大量生産　86
多数性　55, 57

短期的な対応策　26
ダンピング問題　70, 71
地域経済（政策）　172, 178, 180, 191, 193
小さな政府　210
地方経済復興政策　139
地方調査機関全国協議会（地全協）　143, 159
地方分権化　36
地方産業　41
地方自治体　139
中企業　191
中央公論　2, 11
中央集権　180
中間階級　87
中国地方調査会（中国地方総合調査協会）　143
中産階級（論）　5, 6, 8, 9, 68, 121
中小企業（家）　1, 3, 6, 34, 41, 44, 52, 54, 162, 177, 192
中小企業安定審議会　19
中小企業近代化　157, 158, 174
中小企業研究室　145
中小企業振興審議会　137
中小企業政策　26, 28, 35, 36, 52, 54, 55, 133, 137, 144, 156, 170, 178, 184, 213, 217
中小企業庁　4, 50, 56, 138, 159, 173, 185
中小企業等協同組合全国大会　137
中小企業問題　26, 32, 54, 144, 156
中小企業助成会　46
中小企業助成銀行　46
中小企業擁護局　56
中小工業（者）　19, 20, 62, 74, 87, 92, 96, 97, 102, 121, 148, 154, 164, 215
中小工（企）業性業種　108, 155
中小工業金融（制度）　80, 95, 98

中小工業政策　8, 18, 85
中小工業統制　101
中小商工業（者）　2, 7, 8, 41, 121
中小商工業金融機関　128
中小商工業政策　29
中小商工業問題　11, 12, 43
中小零細企業　192
中期的な対応策　26
中部圏経済　170
中進国　190, 209, 215
中東欧諸国　192, 200, 207, 209
長期的な対応策　26
直接金融助成　31
直接貿易意見一斑　30
通産省（通商産業省）　37, 133, 134, 173, 185, 216
低賃金　15
テイラー手法　73
デフレ政策　165, 181, 182
デフレ不況　154
転業・転換政策　35
ドイツ　64, 105, 107, 124
ドイツ中小企業研究所　202
東欧諸国　59
東京都商工協同組合協会　137
同業組合　10, 30, 43, 47, 91, 123
統制（政策）　20, 77, 78, 107
統制協定　108
統制経済　6, 15
統制立法（政策）　35, 150
東北経済調査会　143
動力化　18, 19
独占禁止政策　56
独占禁止政策型理念　40
特別ダンピング税加重　71

途上国　190, 215
ドッジライン　154
トラスト　27, 78, 106
問屋（商人）　21, 29, 65, 79, 92
問屋金融　80
問屋支配　100
問屋資本主義　99
問屋制下請工業　182
問屋商業資本　173
問屋制工業　150

【な】
長崎県経済研究所　143
日露戦争　110
日中連　50
日中戦争　34
二・二六事件　66, 119
二重構造問題　168
日本興業銀行　33, 128
日本中小企業連盟（日本中小企業団体連盟）　135, 137
日本中小企業政治連盟（中政連）　44, 47, 51, 53
ネットワーク組織（構想）　203, 205
農業政策　26, 55
農村共同体　27
農村対策　130
農商務省　2, 30, 31, 47, 61, 62, 114
農地改革　36
農工銀行　80

【は】
バイオテクノロジー　197
廃税・反税運動　4, 9
ハイテク（起業）　196, 199
ハイテクパーク　200
羽二重　63, 88

反産運動　8, 43
反独占政策論理　28, 35, 133, 180
反百貨店運動　8, 43, 57
ビジネスインキュベーション　206
ビジネスエンジェル　196, 198, 203, 204
ビジネスリンクス　204
ヒューマニズム　117
兵庫県産業研究所　143
兵庫県労働研究所　143
ファシズム　119
プール　27
不完全就業　179
不況カルテル　38, 133, 134, 216
普通選挙制　7, 109
復興金融委員会　137
物資統制　95
米国型政策理念　133, 215
米国占領政策　215
米国中小企業庁　56
ベンチャーキャピタリスト　198
ベンチャー資金（キャピタル）　196, 198, 203
ベンチャー投資　197, 203
貿易摩擦　216
貿易自由化　181
保護政策　9
北海道科学技術連盟　143
北海道労働科学研究所（北海道立総合経済研究所）　143

【ま】
町工場　163, 164
マルクス主義　4, 7, 119, 120
満州重工業開発　45, 67
満鉄調査部　140, 141
民主化　139
民本主義　60
綿（工）業　37, 84, 147
無尽講　123, 126
モニタリング（機能）　56, 217

【や】
輸出組合　88, 89
輸出（型）中小工業　15, 21, 22, 81, 160
輸出産業　15, 60
輸出促進　72

【ら】
ライフサイエンス　197
量的定義　54
労使協調　64, 82
労使問題　12
労働改革　36
労働集約的　194
労働条件　157
労働問題　62, 82
臨時産業審議会　92, 93, 97, 105
臨時産業調査局　62, 64
零細企（工）業　50, 157, 191
廉価販売　43
ロシア革命　109

【人名索引】

【あ】
赤間文三　140
秋山斧助　11
浅野和三郎　115

麻生久　11
荒畑寒村　112
鮎川義介　45, 46, 47
一色信一　11

磯村英一　11
上田貞次郎　17, 18
大岡育造　4
大隈重信　4
大杉栄　112, 113
岡庭博　128, 130
押川一郎　140, 152, 154, 162
大竹平八郎　11
岡松成太郎　65
　【か】
加藤高明　4
河合栄治郎　116
河田嗣郎　6
岸信介　134
木村増太郎　130, 132
清浦圭吾　5
桑田熊蔵　5
後藤新平　4
小林丑三郎　5
　【さ】
椎名悦三郎　134
渋沢栄一　5
　【た】
高橋亀吉　18, 19, 20
高畠素之　7
竹内正巳　174
田沢義鋪　116, 117

田島錦治　1
谷村勇　11
出口なお　115
出口仁三郎　115
徳川家達　4
床次竹二郎　5
豊田雅孝　134, 137
　【な】
新渡戸稲造　60, 112, 119
　【は】
浜口雄幸　34, 64
原敬　2, 109
長谷川公一　11
平生瓜三郎　66
深井信之　11
　【ま】
前田正名　30, 41, 118
松崎壽　17
美濃口時次郎　11
三浦鉄太郎　11
　【や】
柳宗悦
柳田國男　114
山崎恒夫　11
吉野作造　109, 112, 119
吉野信次　20, 22, 60, 67, 74, 81, 85, 109, 160, 215

【法律・法案索引】

　【か】
カイム試案　36
銀行条例　33
工業組合法　32, 34, 65, 90, 102
鉱業法　67
工場法　67

小売商業調整特別措置法案　50
　【さ】
産業復興法　106
事業者団体法　36
支払猶予令　33
資本利子税法　42

所得税法　42
重要産業統制法　3, 34, 104, 106
重要物産同業組合法　31, 88, 94
重要輸出品工業組合法　31, 65, 88, 90
重要輸出品同業組合法　31
商工会法　51
税制整理諸法（所得税法，地租条例，営業収益税，資本利子税など）　42
選挙法　111

【た】

地租条例　42
中小企業基本法　35, 38, 39, 40, 50, 51, 166, 167, 173, 183, 185
中小企業業種別振興臨時措置法　38, 50
中小企業近代化促進法　38, 39, 166, 185
中小企業退職金共済法　50
中小企業団体組織法　49
中小企業団体法案　51
中小企業庁設置法　36
中小企業対策要綱　4
中小企業労働福祉振興法　50
同業組合準則　31, 94
同業組合法　31
独占禁止法　36, 38

【は】

米国中小企業法　35
米国反トラスト法　36

【や】

輸出組合法　3, 88, 94
輸出検査法　32
輸出品取締法　32

〈著者紹介〉

寺岡　寛（てらおか・ひろし）

　1951年　神戸市生まれ
　　　　　中京大学経営学部教授，経済学博士
　　　　　専攻は比較中小企業政策論

〈主　著〉

『アメリカの中小企業政策』信山社，1990年
『アメリカ中小企業論』信山社，1994年，増補版，1997年
『日本の中小企業政策』有斐閣，1997年
『日本型中小企業―試練と再定義の時代―』信山社，1998年
『日本経済の歩みとかたち―成熟と変革への構図―』信山社，1999年
『中小企業政策の日本的構図―日本の戦前・戦中・戦後―』有斐閣，2000年
Economic Development and Innovation; An Introduction to the History of Small and Medium-sized Enterprises and Public Policy for SME Development in Japan, Japan International Cooperation Agency, 1996

中小企業と政策構想――日本の政策論理をめぐって――

2001年(平成13年) 6月30日　第1版第1刷発行

　　　　著　者　　寺　岡　　　寛

　　　　発行者　　今　井　　　貴
　　　　　　　　　渡　辺　左　近

　　　　発行所　　信山社出版株式会社
　　　　　　　　　〒113-0033　東京都文京区本郷6-2-9-102
　　　　　　　　　　　　電　話　03(3818)1019
　　　　　　　　　　　　ＦＡＸ　03(3818)0344

　　　　発売所　　大　学　図　書
　　　　　　　　　　　　電　話　03(3295)6861
　　　　　　　　　　　　ＦＡＸ　03(3219)5158

Printed in Japan

©寺岡 寛, 2001.　　　　印刷・製本／松澤印刷・大三製本

ISBN4-7972-2195-X　C3032